KB232390

한국인을 위한
하룻밤에 읽는
세계사

한국인을 위한
하룻밤에 읽는
세계사

오귀환 · 이강룡 지음

페이퍼로드
paperroad

일러두기

· 고유명사는 현지 발음에 가깝도록 표기했고 이미 굳어진 명칭은 교과서 또는 통례를 따랐습니다.

· 중국의 경우 편의를 위해 1911년 신해혁명 이전까지의 인명과 지명은 한자음대로, 이후부터의 인명과
지명은 현지 발음을 따랐습니다. 다만 양쯔강과 황허는 현대식 표현을 사용했습니다.

· 중국 역대 왕조와 국가의 명칭은 이해의 편의를 위해 관용적으로 굳어진 '위나라' '당나라' '송나라', 줄
여서 '위' '당' '송' 등으로 표기했습니다.

· 나라 이름은 당시 명칭으로 표기하되 이해를 돕기 위해 현대식 표현을 가미했습니다.

· 아라비아와 아랍의 경우 지명은 '아라비아'로, 문화 및 언어 민족 등은 '아랍'으로 표기했습니다.

· 기독교의 유일신 표기는 가톨릭에서는 '하느님'으로, 개신교에서는 '하나님'으로 하고 있으나, 역사적
으로 기독교가 가톨릭부터 시작되었기에 '하느님'으로 표기하게 되었습니다. 개신교 등장 이후로도 같
은 '신'을 가리키는 것이기에 '하느님'으로 통일했습니다.

맥락으로 보고 시대정신으로 다시 쓴 세계사

국내 최대 자동차 회사 사장을 지낸 선배가 말했다.

"이전에 (우리 그룹의 엘리트 육성 코스에 따라) 저명한 영국 금융 회사에 가서 근무한 적이 있어. 그런데 이상하게도 내가 속한 투자부서에 경영학과나 경제학과 출신이 하나도 없는 거야. 전부 외국인이었는데, 모두 역사니 철학이니 하는 '문·사·철' 출신이었지. '경' 자 들어간 학과 나온 사람은 나뿐이었어. 세계를 무대로 투자를 하는 부서라 어느 특정 지역에 대해 투자할 때면 먼저 그 나라에 대해 열띤 토론을 펼치지. 그러자 이 '문사철'의 파워가 나타나더군. 이름조차 생소한 나라일지라도 그 나라의 역사에서부터 시작해 문화, 예술, 신화, 인물, 이웃나라와의 관계, 특이사항 등을 줄줄 꿰고 있는 거야. 이들의 최종 투자성적도 매우 뛰어났지. 놀라웠어. 내가 나중에 사장이 됐을 때 인문계 출신을 적극 뽑은 것도 그 때문이야."

역사는 힘이 있다. 역사를 아는 것은 분명 이 세상을 헤쳐 나갈 수 있는 보이지 않는 힘을 갖게 해준다. 특히 오늘날처럼 세계화가 진행된 시대에는 우리와 관련을 맺으면서 살아갈 수밖에 없는 다른 나라 역사도 알아야 한다. 세계사를 의무적으로 공부하는 학생들뿐 아니라 스스로 공부하겠다는 성인들이 부쩍 늘어난 건 다행스럽다. '학창시절에 더 공부했어야 하는 과목'을 묻는 여론조사에서 세계사가 늘 1, 2위를 다투는 데는 그만한 이유가 있다.

"학생이나 일반인이 쉽게 한 권으로 읽을 만한 세계사 책을 써보라"는 출판사의 권유에 감히 응한 뒤 시중에 나와 있는 여러 세계사 책을 살펴보았다. 이전과는 비교할 수 없을 정도로 책의 종류도 늘어나고, 외양도 한층 화려해지고 있었다. 우리 사회에서 세계사 서적의 가장 기본 도서라고 할 수 있는 고교 세계사 교과서도 시각화 혁명에 동참하고 있었다. 주요 역사 사실을 도표로 잘 정리해놓은 한편, 이해를 돕기 위해 사진이나 회화도 풍부하게 제공한다. 학생들이 주요 정보를 암기하기 편하도록 단원별 끝부분에 깔끔하게 정리해주는 등 상당히 공을 들이고 있었다. 이런 하드웨어의 발달은 그 자체로 바람직한 측면이 있다. 그러나 소프트웨어 면에서는 깊은 아쉬움을 느낀다. 무엇보다 독자 스스로 역사적 문맥을 읽고 시대정신을 이해하는 데는 미흡하지 않나 하는 생각이 든다.

역사를 통찰하는 힘: 주체와 조건, 맥락과 시대정신

역사에 수학이나 물리학처럼 무슨 법칙이 있다고는 할 수 없다. 그러나 역사의 흐름을 이해하려면 역사의 주체와 그 주체를 둘러싸고 있는 조건이 상호 조응해서 어떻게 변화했는지, 맥락을 살피는 게 무엇보다 중요하다. 그래야 그 역사가 진정한 '자신의 것'이 된다. 연구자가 아닌 일반 독자의 경우에는 더욱 그러하다. 맥락과 시대정신을 제대로 파악해야 역사를 놓고 진지하게 토론할 수 있으며, 자기주장을 자신 있게 표출할 수 있다. 역사적 맥락이라고 해서 그리 어렵고 복잡한 이야기는 아니다.

메소포타미아와 이집트는 거대 하천 유역에서 관개농업을 바탕으로 비슷하게 고대 문명을 발달시켰는데, 왜 한쪽은 작은 도시국가끼리 서로 치고받으며 흥망을 거듭한 반면, 다른 한쪽은 통일왕조로 3,000여 년이나 비슷한 문명을 유지하며 장수할 수 있었을까? 프랑스는 서유럽 최대의 농업국가이자 유럽의 중심이면서 로마 문명의 보다 직접적인 수혜자로서 훨씬 유리한 조건을 지녔음에도 왜 영국에 뒤처져 만년 2인자에 머문 것일까? 서구의 강요로 개항한 일본은 어떻게 불과 20여 년 만에 이웃 조선에 개항을 강요할 정도로 빠르게 힘을 키웠을까? 게다가 국가 통일을 이룰 때마다 이웃나라를 침략하는 군국주의를 거듭하는 까닭은 무엇일까?

이런 의문에 대한 해답을 명쾌히 주고 싶었다. 역사의 맥락과 시대정신을 중요하게 부각하지 않으면 그것은 잘 드러나지 않는다. 이 책은 맥락을 이해함으로써 시대정신을 파악하고, 그 연장선에서 현재와 미래까지 조망할 수 있는 역사적 통찰력을 기르는 데 도움을 주려는 시도에서 시작했다. 그 시대에서 가장 중요한 현상이 무엇이며, 그 현상에 깔려 있는 시대정신이 무엇인지 파악하려 노력했다. 경제와의 상관성에도 주목했다. 중국을 예로 들면 인구 증가가 시대 발전에 어떤 영향을 미쳤는지, 북방 유목민족과 남방 농경민족의 상호관계 속에서 중국이 어떻게 발전했는지, 농업과 철산업 등 주요 산업의 발전이 역사에 어떤 결과로 이어졌는지, 청나라와 영국의 무역 갈등이 어떻게 현대 중국의 개막으로 이어졌는지 주목했다. 삼국 시대에 '위나라가 이길 수밖에 없었던 이유' '중국 철기 문명의 나비효과: 유럽 민족 대이동 이끌어' '아편전쟁: 중국, 반제 투쟁으로 현대를 열다' 등은 이렇게 해서 쓰였다.

피해자와 패배자의 역사를 들여다보다

또한 서구 중심, 승자 중심으로 설정한 기존의 역사 주체를 보다 넓히려는 노력도 기울였다. 역사는 유한한 자원과 무한한 욕구 사이의 협곡을 흘러가는 인류 욕망의 거대한 흐름에 대한 서술이라고 할 수 있다. 그러나 인류는 최초로 잉여가 발생한 신석기 이래 21세기까지 욕망과 능력의 불균형을 해소하는 방법 가운데 인간능력을 더 키우는 데만 골몰해왔다. 그 결과, 이 세상에 더 유익하면서도 간단하고 쉬운 방법인 욕망의 축소를 위해 노력하는 데는 소홀했다. 생존의 논리로, 승패의 논리로, 흥망의 논리로 역사는 누군가를 희생시키는 피와 어둠의 강물로 흘러갔다. 이에 따라 가해자와 승리자의 욕망 반대편에서 어떤 피해자와 패배자의 역사가 이뤄졌는지 다양한 측면에서 보여주려 했다. '교황 우르바누스 2세가 열어젖힌 1,000년 전쟁' '갈가리 찢긴 아프리카를 보라' '신자유주의: 세계 부의 80퍼센트를 차지한 1퍼센트 인류' 등은 이렇게 해서 쓰였다. 역사가 과거에 갇혀 있는 게 아니라 현대와 끊으려야 끊을 수 없는 연관을 맺는다는 것을 주목하고 이 점을 부각하려고 노력했다.

그러면서도 인물과 흥미에 대해 완전히 눈감은 것은 아니다. 사료나 증거는 충분하지 않지만 역사적 사실처럼 전해지는 이야기는 나름대로 그 '역사적 의미'를 살리려 했다. 이 책에서는 객관적 타당성이 부족해 보이는 이야기일지라도 그것이 해당 사건의 맥락이나 인물의 본질을 파악하는 데 결정적인 역할을 하는 경우 배제하지 않았다. 그러나 근거가 지나치게 미흡한 에피소드는 되도록 지양했다.

짧게는 몇 백 년에서 길게는 수천 년에 이르는 시대를 원고지 20여장 분량 한 꼭지로 담아낸다는 것은 불가능하다. 완전한 시대요약보다는 독자들이 시대상을 직접 떠올리면서 저자와 함께 그 시대를 짧게나마 함께 호흡해보는 일이 더 중요하다 생각했다.

이 책이 세계사 전문서가 아니라 일반 독자를 '세계사'라는 바다 앞에 서도록 이끄는 쉬운 입문서로 쓰였다는 점을 감안하면 더욱 그렇다. 비판력과 상상력을 모두 담고자 했다는 점에서 참신하면서도 위험스러운 세계사가 돼버렸다는 것을 고백하지 않을 수 없다. 세계사는 워낙 방대하기에 웬만한 배짱과 용기, 거듭 고백하건대 '만용'이 없다면 접근조차 하기 힘든 영역이다. 그저 겁 없는 아마추어들의 도전정신이 그래도 뭔가 독자 여러분의 통찰력이나 상상력을 자극해낸다면 어떤 질책을 받더라도 조금은 위안이 될 것 같다. 거듭 질책과 편달을 바랄 뿐이다.

2012년 초판 발행 이래 강산이 한 번 바뀌고 남을 시간이 흘렀다. 시대의 흐름에 따라 내용을 조금 더 쉽게 다듬고, 사진과 자료도 더 보기 편하게 실었지만, 세계사에 입문하고자 하는 독자들에게 비판력과 상상력을 전달하려 했던 초판 당시의 노력은 고스란히 살려두고자 했다. 이 책이 세계사 입문에 좋은 동반자가 되면 좋겠다.

2026년 1월

오귀환 · 이강룡 올림

차례

머리말: 맥락으로 보고 시대정신으로 다시 쓴 세계사 | 5

자료로 보는 인류의 출현 · 선사 시대 · 고대 문명 | 14

1부 | 문명의 새벽과 고대 문명

1장_문명의 발생

- 메소포타미아 문명: 『함무라비 법전』에 나타난 고대 문명의 실상 | 23
- 이집트 문명: 나일의 풍요가 죽음 예찬론자를 낳다 | 26
- 인더스 문명: 카스트 제도, 인도 분열의 첫 씨앗이 되다 | 29
- 중국 문명: 대제국을 다스리는 전략의 탄생, 봉건제 | 33

2장_고대 아시아 세계

- 고대 중국의 형성과 통일 제국1: 분열과 경쟁도 역사의 원동력, 제자백가 | 41
- 고대 중국의 형성과 통일 제국2: 현대 중국의 초석이 된 진시황의 한자 통일 | 45
- 고대 중국의 형성과 통일 제국3: 중국 철기 문명의 나비효과, 유럽 민족 대이동 이끌어 | 48
- 서아시아의 고대: 서아시아에서 '페르시아'라는 이름이 사라지지 않았던 이유 | 53
- 인도 고대 세계의 발전: 통일인도 불교 제국의 흥망 | 58

3장_고대 지중해의 세계

- 그리스 문화: 능동적인 개인의 힘이 모여 100배 큰 페르시아를 물리치다 | 63
- 헬레니즘 문화: 알렉산드로스와 천재 의존형 모델의 한계 | 69
- 로마 제국의 탄생: 로마 제국의 운명을 결정지은 기원전 1세기의 내전들 | 73
- 로마의 발전: 개인은 뒤처졌지만 시스템으로 세계 제국을 열다 | 82

2부 | 아시아 세계의 확대와 동서 교류

1장_동아시아 세계의 형성과 확대

- 위 · 진 · 남북조 시대의 변화: 위나라가 이길 수밖에 없었던 이유 | 93
- 당 · 송의 흥망: 한족의 저력을 과시한 당 · 송의 세계 제국 | 97

• 유목민족과 정복왕조의 성립: 몽골 제국의 유라시아 네트워크 | 102

2장_이슬람 세계의 형성과 확대
• 이슬람교의 성립: 동서 교역로가 막히자 아랍인은 세계 종교를 만들어 돌파했다 | 109
• 인도의 성장: 인도의 힌두 문화 성립과 이슬람화 | 113

3부 | 유럽의 봉건 사회

1장_봉건 사회와 비잔틴 세계의 성장
• 봉건 사회 형성: 로마 멸망 이후 바바리안이 유럽에 건설한 신세계 | 125
• 기독교 세계: 비극으로 끝난 교황과 황제의 전략적 제휴 | 130
• 비잔틴 세계: 유럽을 지키려는 로마 제국의 마지막 몸부림 | 135

2장_중세 유럽 사회의 변화
• 중세 유럽의 변화: 교황 우르바누스 2세가 열어젖힌 1,000년 전쟁 | 141
• 중세 유럽 문화: 대학, '중세'를 밝혀 '현대'를 찾아내다 | 148
• 중앙집권국가: 영주는 무너지고 왕이 최후의 승리자가 되다 | 152

4부 | 아시아 사회의 성숙

1장_명 · 청대의 중국 사회
• 명의 성립: 오랑캐 극복 뒤 또 다른 오랑캐에 무너진 마지막 한족 왕조 | 163
• 명의 경제: 정화의 원정, 화교의 세계 진출을 열다 | 168
• 청의 성립: 현대 중국의 국경선을 확정한 오랑캐 나라 | 170

2장_동서아시아의 변화
• 인도 사회의 변화: 인도의 뿌리 깊은 분열주의, 결국 영국 식민지화로 | 177
  – **히든 히스토리** 티베트 불교의 팽창과 전륜성왕 | 182
• 서아시아 세계의 변화: 오스만 투르크, 동유럽 지배는 다문화 수용으로 가능했다 | 184

5부 | 유럽 근대 사회의 성장과 확대

1장_근대 의식의 각성
- 르네상스: 베네치아와 피렌체의 경제가 르네상스를 열다 | 195
- 종교개혁: 종교개혁의 최대 공헌자는 구텐베르크 인쇄술 | 200

2장_절대주의의 성립과 발전
- 신항로 개척: 향료 찾아 출항했다가 세계 언어지도를 완성하다 | 207
- 절대왕정: 무적함대를 격파하고 세계 바다의 지배권을 쥔 잉글랜드 | 212
  - **히든 히스토리** 17세기를 지배한 뉴턴 | 216

3장_산업혁명과 시민혁명
- 산업혁명: 역사상 최초로 최대 권력을 창출하게 된 과학 | 221
- 영국혁명: 내부 역량을 보존한 잉글랜드, 모든 역량을 소진한 프랑스 | 225
- 미국혁명: 제국의 세금 폭탄에 대한 저항에서 탄생한 민주정 | 230
- 프랑스혁명: 처음으로 민중의 리더가 된 사상가들 | 234

4장_시민 사회의 발전과 19세기의 문화
- 자유주의와 민족주의: 흑인을 2등 국민으로, 인디언을 멸종으로 내몬 남북전쟁 | 241
- 러시아의 발전: 세계 최대의 영토 대국이 된 비결 | 246
- 19세기의 문화1: 자유경쟁의 세계관을 심은 맬서스 | 250
- 19세기의 문화2: 마르크스주의, 만국의 노동자들이 단결하면 새 세상이 온다 | 252

6부 | 아시아의 근대적 발전

1장_동아시아의 근대화 운동
- 아편전쟁: 중국, 반제 투쟁으로 현대를 열다 | 263
- 중국혁명1: 곱하기 10억의 논리로 집권한 공산당 | 269
- 일본의 근대화: 위로부터의 급진적 개혁, 메이지 유신 | 276
- 일본의 제국주의: 천황 중심의 군국주의-제국주의 | 281

2장_인도와 중동의 근대적 성장
- 인도의 근대화: 간디, 비폭력으로 제국주의를 타격하다 | 287
- 오스만 제국의 해체: 오스만 제국에서 석유수출국기구로, 현대 중동의 역사 | 291

7부 | 제국주의와 세계대전

1장_제국주의와 제1차 세계대전
- 제국주의의 식민지 쟁탈전: 갈가리 찢긴 아프리카를 보라 | 301
  - **히든 히스토리** 외국 자본에 장악된 '바나나 공화국' | 308
- 제1차 세계대전: 제국주의의 충돌이 결국 세계대전으로 | 310
- 러시아혁명: 뿌리 깊은 모순에서 탄생한 인류 최초의 사회주의 정권 | 317

2장_두 차례 세계대전 사이의 세계
- 제1차 세계대전 이후의 세계: 윌슨의 전후 처리 원칙이 초래한 작은 평화, 큰 전쟁 | 325
- 중국혁명2: 중국의 실험과 중국 특색의 사회주의 | 328

3장_전체주의와 제2차 세계대전
- 세계 경제 공황: 대공황을 타개한 건 뉴딜정책이 아니라 제2차 세계대전 | 335
- 전체주의: 대공황을 틈타 '죽음의 권력'을 쟁취한 파시스트 | 338
- 제2차 세계대전: 에스파냐 내전에서 시작해 냉전으로 마감한 전쟁 | 343

8부 | 전후 세계의 발전

1장_냉전체제의 변화와 사회주의의 몰락
- 국제연합의 성립: 냉전과 열전 사이에서 간신히 움켜쥔 평화 이니셔티브 | 355
- 사회주의의 몰락: 정치 · 경제 양면에서 자본주의에 완패한 현실 사회주의 | 359

2장_세계의 오늘과 내일
- 기독교와 이슬람 세계의 대립: 이데올로기 대립을 대체한 종교 갈등과 문명 대립 | 364
- 신자유주의: 세계 부의 80퍼센트를 차지한 1퍼센트 인류 | 368
- 세계의 내일: 인류의 미래에 닥칠 도전 | 372

참고문헌 | 379

인류의 출현 · 선사 시대 · 고대 문명

호미니드 화석. 침팬지나 고릴라가 아닌 인간류
로 진화한 종을 '호미니드'라고 부른다.

공주 석장리에서 출토된 신석기 시대의 돌낫. 원시농업
발전에서 중요한 역할을 했다. ⓒ 국립중앙박물관

신석기 혁명

식량 채집
단계

→

- 기원전 7000년경 '비옥한 초승달 지대'
- 농경(밀·보리)과 목축(염소·양·돼지)의 시작
- 경작을 통해 자연을 개발하는 단계

식량 생산
단계

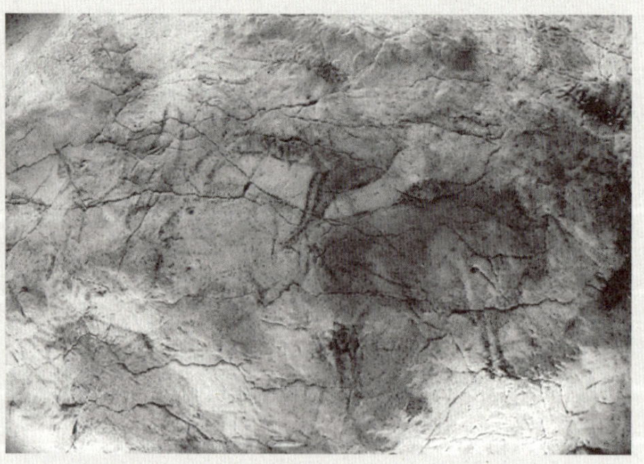

구석기 말에 그려진 라스코와 알타미라의 동굴 벽화. 동굴 벽에 생생한 사물
을 본 대로 묘사했다.

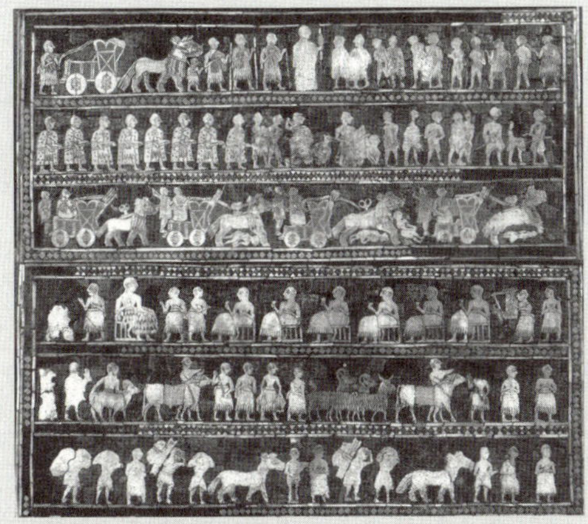

우르 유적지에서 발견된 수메르 최대 목조물의 하나인 '우르의 스탠다드Standard'. 사제, 농민, 노예 등 온갖 계급의 사람들을 그린 그림으로 초기 수메르 왕조의 전차 군단과 갑옷으로 무장한 병사들도 보인다.

4대 문명 발상지

메소포타미아의 쐐기문자와 이집트의 파피루스.

1부
문명의 새벽과 고대 문명

인류는 스스로 두 발로 서기 시작한 뒤 도구를 만들면서 생산력을 비약적으로 높였다. 구석기를 시작으로 신석기-청동기-철기를 거치며 인류의 생산성은 더욱 향상됐고, 그 위에서 문화가 발전했다.

청동기 무렵 메소포타미아, 이집트, 인도, 중국의 큰 강 유역에서 고대 문명이 발생했다. 고대 문명은 저마다 우수한 농기구와 무기를 만들 수 있는 금속기와, 집단생산과 집단방어를 가능케 하는 도시국가, 그리고 거래와 교역을 뒷받침하는 문자를 발달시켰다. 문자의 등장과 함께 인류는 역사 시대로 들어섰다.

고대 문명은 각 지역의 생존조건과 조응하면서 독특한 성격을 지니게 됐다. 두 강 사이의 지역인 메소포타미아는 비옥한 반면 티그리스강과 유프라테스강은 장마 때면 홍수를 일으켰다. 이 때문에 강에서 떨어진 비옥한 땅에 물을 대는 대형 관개수로가 발달했다. 대형 공사의 필요성 때문에 곳곳에서 일찍부터 작은 도시국가들이 생겨났다. 동시에 사방이 개활지처럼 열려 있기에 전쟁과 침략이 자주 벌어졌다.『함무라비 법전』은 이런 지역에서 사람들이 어떤 식으로 도시국가를 통치하고, '정의'를 실현하려 애썼는지 보여준다.

이집트는 비교적 안정적으로 범람하는 나일강 때문에 풍요와 안정을 누리며 거의 3,000년 동안 동질적인 문명을 누렸다. 이집트인들은 현생의 풍요를 사후세계에서도 이어가려는 열망 속에서 피라미드와 미라, 엄청난 부장품을 만들었다.

중국은 황허의 고대 문명에 이어 하, 은, 주를 거쳐 여러 나라들이 분립해 경쟁하는 춘추전국 시대로 들어갔다. 여러 나라 간의 경쟁은 정치·군사·경제·사회·문화·농업·상업 등 각 분야의 비약적인 발전을 가져왔다. 경쟁을 선도한 제자백가 집단은 천지의 도와 국가 경영의 요체를 둘러싸고 치열한 논쟁을 벌였다. 춘추전국 시대는 진나라 시황제에 의해 통일됐고, 시황제는 나라마다 심각하게 이질화되던 한자를 안정화함으로써 중국의 통일성을 확보하는 데 기여했다.

고대 인도에서는 인더스 문명 이후 아리아족의 침입에 따라 종교와 문화에서 많은 변화를 겪었다. 인도는 아리아족이 들여온 브라만교와 카스트 제도의 영향으로 사회 분열상이 극대화됐다. 카스트에 대한 반발로 불교가 일어나 아시아 여러 나라로 퍼져나갔다.

그리스인들은 여러 섬과 산악으로 흩어져 있는 좁은 농지 때문에 각 폴리스를 중심으로 독립적이고 자유로운 문화를 발전시켰다. 폴리스 간의 경쟁 속에서 이룬 높은 문명으로 지중해 지역을 선도했다. 그리스 문화는 알렉산드로스의 동방원정으로 중동에 유입됐다. 알렉산드로스 이후 그리스는 지나친 경쟁과 분열로 활력을 잃었고, 이탈리아 반도에서 일어난 로마가 신흥세력으로 성장해갔다.

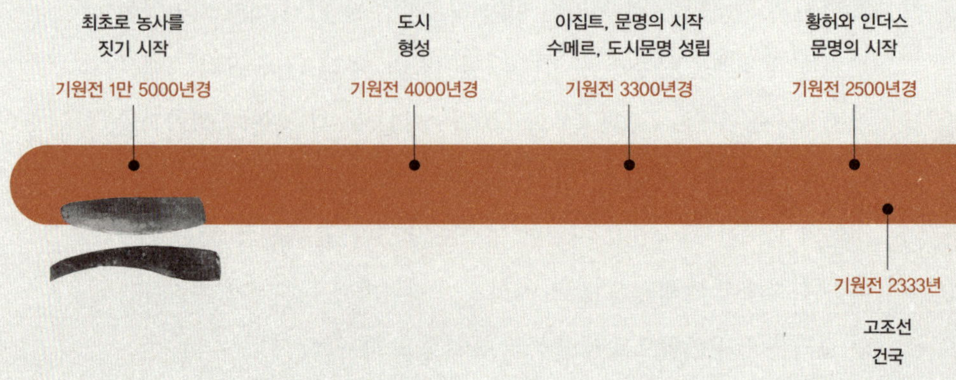

최초로 농사를
짓기 시작
기원전 1만 5000년경

도시
형성
기원전 4000년경

이집트, 문명의 시작
수메르, 도시문명 성립
기원전 3300년경

황허와 인더스
문명의 시작
기원전 2500년경

기원전 2333년
고조선
건국

페르시아 전쟁
시작
기원전 492년

중국,
전국 시대 시작
기원전 403년

알렉산드로스,
동방 원정 시작
기원전 334년

찬드라 굽타,
북인도 통일
기원전 320년

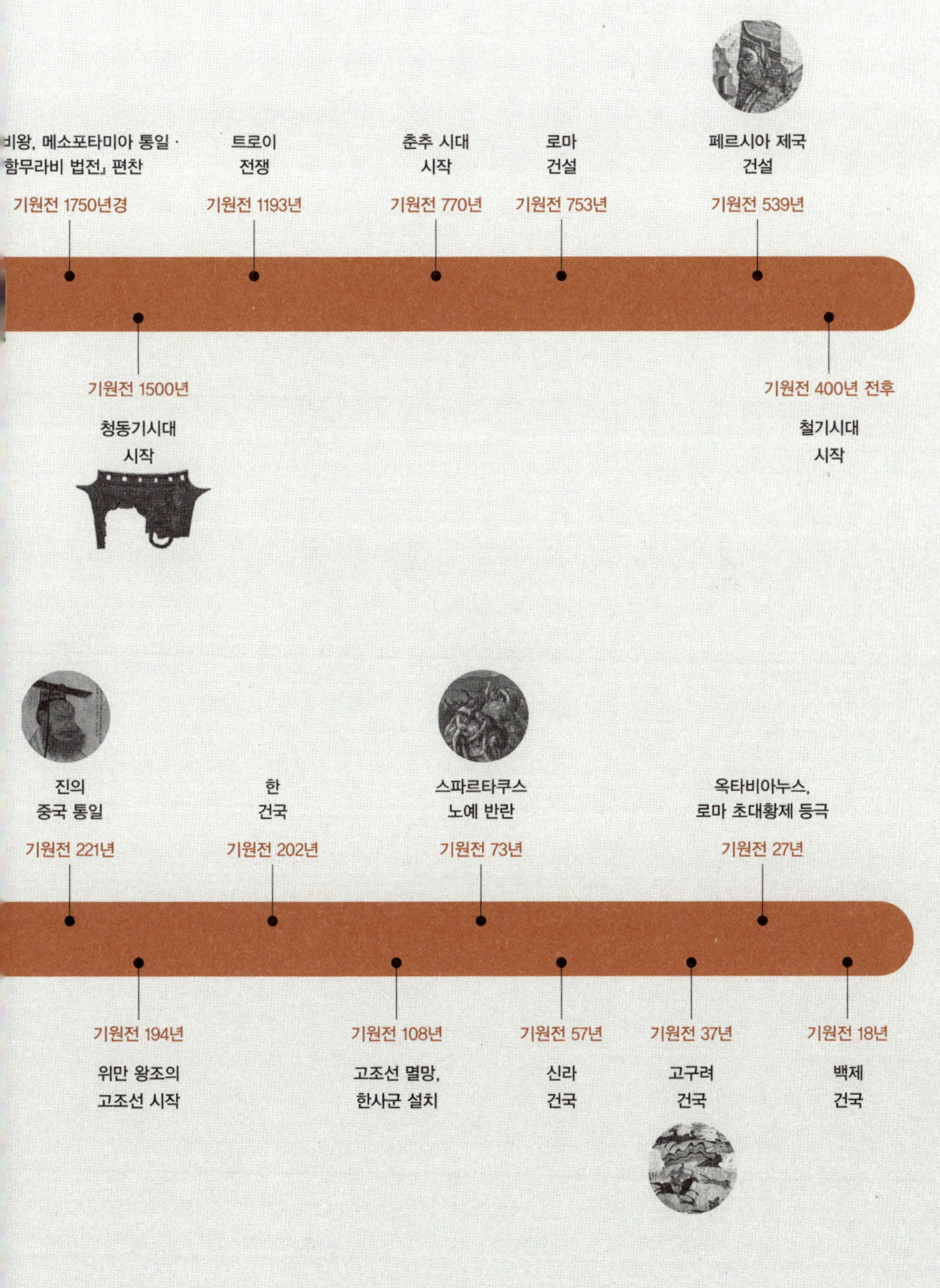
비왕, 메소포타미아 통일ㆍ
「함무라비 법전」 편찬
기원전 1750년경
트로이
전쟁
기원전 1193년
춘추 시대
시작
기원전 770년
로마
건설
기원전 753년
페르시아 제국
건설
기원전 539년
기원전 1500년
청동기시대
시작
기원전 400년 전후
철기시대
시작
진의
중국 통일
기원전 221년
한
건국
기원전 202년
스파르타쿠스
노예 반란
기원전 73년
옥타비아누스,
로마 초대황제 등극
기원전 27년
기원전 194년
위만 왕조의
고조선 시작
기원전 108년
고조선 멸망,
한사군 설치
기원전 57년
신라
건국
기원전 37년
고구려
건국
기원전 18년
백제
건국

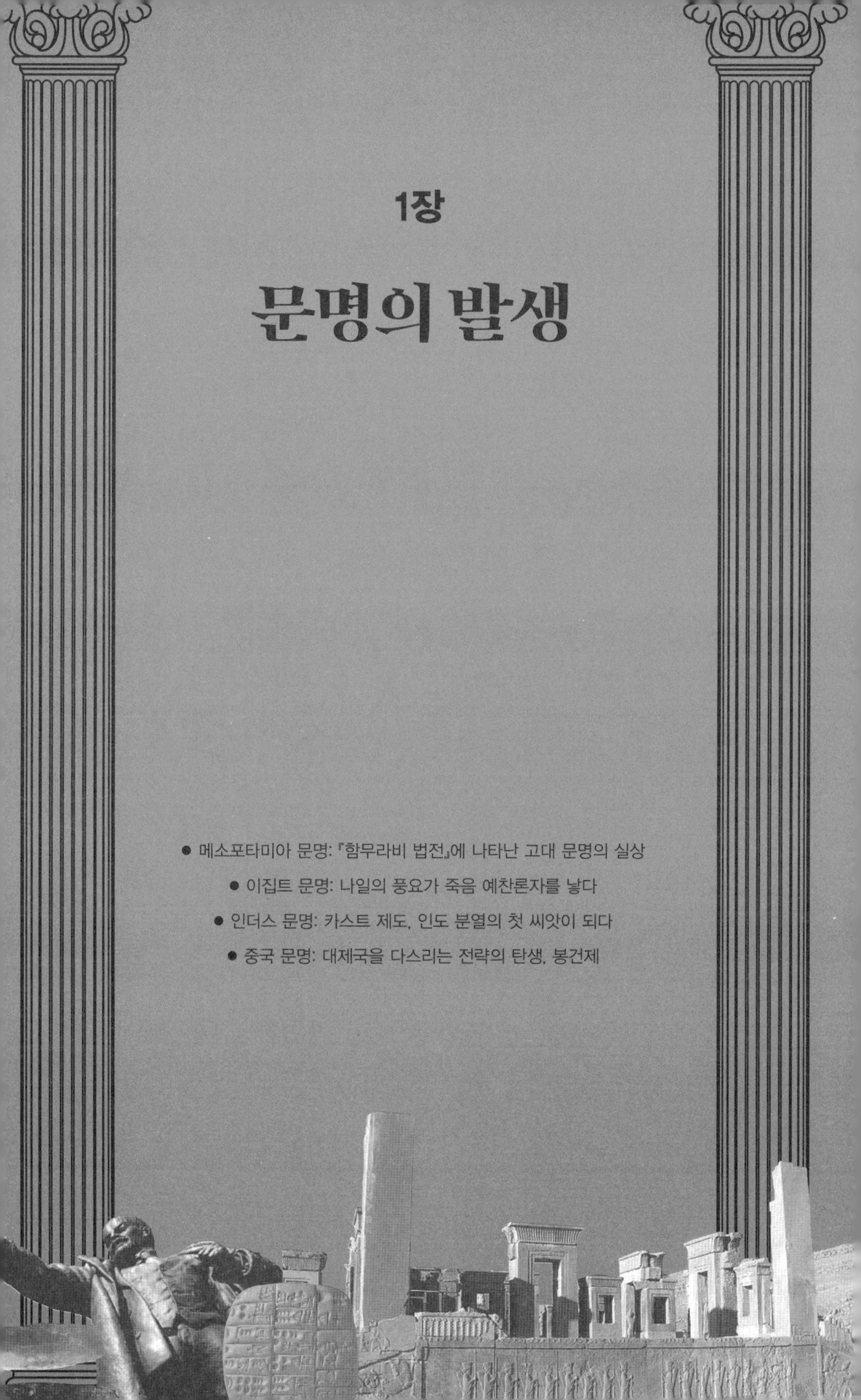

1장

문명의 발생

- 메소포타미아 문명: 『함무라비 법전』에 나타난 고대 문명의 실상
- 이집트 문명: 나일의 풍요가 죽음 예찬론자를 낳다
- 인더스 문명: 카스트 제도, 인도 분열의 첫 씨앗이 되다
- 중국 문명: 대제국을 다스리는 전략의 탄생, 봉건제

『함무라비 법전』에 나타난 고대 문명의 실상

'정의란 무엇인가'는 하버드대 마이클 샌델 교수만의 관심사가 아니었다. 지금으로부터 3,700여 년 전 바빌론의 현명한 군주도 이 문제에 심혈을 기울였다. 함무라비, 그는 메소포타미아를 통일하고 '바빌론의 정의'를 돌에 새겼다. 그의 제국은 멸망했지만 그가 만든 법전은 오늘날까지 유구한 생명을 누리고 있다.

탁월한 통치자, 함무라비

바빌론 제1왕조 6번째 왕 함무라비(재위기간 기원전 1792~1750년)는 통치술과 외교력을 발휘해 다민족으로 이뤄진 메소포타미아의 여러 도시국가를 정복해 통일을 이룩했다. 그는 통일왕조를 이루는 과정에서 놀라운 능력을 발휘했다. 한마디로 '창업'과 '수성' 양쪽에서 탁월한 능력을 갖췄던 것이다. 그는 먼저 '수성'에 집중해 힘을 응축한 다음, 전광석화처럼 치고나가 지역 패권을 장악하는 더 큰 '창업'에 성공했다.

오늘날 이라크의 유프라테스강과 티그리스강 사이에 있는 메소포타미아 지역은 세계 4대 문명 발상지의 하나로 비옥한 농경지를 갖추고 있었다. 하지만 평야지대라

함무라비 법전비. 상부의 우측에는 옥좌에 걸터앉은 정의의 신 '샤마시', 좌측에는 함무라비가 서서 법전을 받는 모습이 새겨져 있다.

인근 도시국가는 물론 외곽의 산악지대나 강 상류의 세력들이 빈번하게 침략해왔다. 두 강 사이의 평야에 저마다 높은 성벽으로 둘러싸인 수십 개의 도시국가를 건설하고 경쟁했다. 이른바 '중동판 전국 시대'였던 것이다.

도시국가 바빌론의 왕이었던 함무라비는 먼저 북쪽의 라이벌 아시리아와 우호관계를 맺은 뒤 자신이 지배하는 도시국가의 성벽을 구축하고 보강하는 데 온 힘을 기울였다. 운하를 새로 만들고 보수해 농업 생산을 높이고 각 도시 인구를 늘렸다. 당시는 농업생산과 인구가 바로 국력이었다. 그렇게 왕은 치세 중반까지 30년 동안 내치와 국력 신장에 집중했다.

함무라비는 '정의'를 실현하는 최상의 도구로 성문헌법을 설정했다. 지름 61센티미터, 높이 2.2미터의 검은 돌에 새겨진 『함무라비 법전』 중에는 살벌하면서도 흥미로운 내용이 제법 눈에 띈다.

제22조 강도질을 한 사람이 붙잡히면 그 사람은 죽인다.

제195조 아들이 그의 아버지를 때렸을 때는 그 손을 자른다.

제196조 사람이 남의 눈을 멀게 했으면 그(가해자)의 눈을 멀게 한다.

제198조 평민의 눈을 멀게 하거나 뼈를 부러뜨리면 은 1마나를 지불한다.

제199조 남의 노예의 눈을 멀게 하거나 뼈를 부러뜨리면 그(은 1마나의) 반액을 지불한다.

제203조 사람이 사람의 뺨을 때리면 은 1마나를 바쳐야 한다.

제205조 노예가 귀족의 뺨을 때리면 그의 귀를 자른다.

『함무라비 법전』은 대략 다음과 같은 특징을 지닌 것으로 평가된다.

『함무라비 법전』의 특징

신분에 따른 차별 규정	동일한 양태의 복수법	법률 신수설 및 성문법	왕의 법률 독점권과 왕국 안의 동일한 법 집행

『함무라비 법전』은 세계 최초의 성문법으로서 역사적인 의미를 지닌다. 법전은 여러 경우에 사형이나 사지절단 같은 가혹한 처벌을 부과하고 있다. 동시에 무죄추정 원칙, 증거주의 등 현대 법체계에서 그대로 채택하고 있는 정신을 이미 반영하는 등 상당한 법철학 수준을 보여준다.

아직 예수가 나오기 1,700년 전, "누가 왼편 뺨을 때리면 오른편 뺨도 갖다 대라"는 광야의 소리는 들려올 수 없는 때였다. 그래도 바빌론 사람들은 불완전하나마 자신들의 정의를 세우기 위해 점토판과 석비에 쐐기문자로 자신들의 성문헌법을 새겨 넣었다.

나일의 풍요가
죽음 예찬론자를 낳다

4대 문명 중 이집트 문명은 거의 3,000년 이상 동질성을 유지했다. 이집트는 왜 독특한 문명을 이토록 오래 유지했던 것일까? 나일강 유역에는 유프라테스나 인더스, 황허와 다른 어떤 비밀이 숨어 있었던 것일까?

풍요의 강, 기적의 강

지구상에서 가장 긴 나일강은 고대 문명기 해마다 범람하면서 나일강 유역에 '기적'을 안겨줬다. 이에 대해 한 학자는 이렇게 분석했다.

"이집트인들은 대체로 나일강 홍수량이 7.6~8미터 정도면 그해에는 풍년이 들 것으로 예측했다. 범람으로 새로운 영양분과 물을 넉넉히 공급받을 수 있었기 때문이다. 그보다 너무 낮거나 높으면 평년보다 약 20퍼센트 정도 소출이 줄어들 것으로 예측했다."

나일강은 기원전 3400년 무렵 기후변화로 강 왼쪽이 사막으로 변했다. 사하라 사막이다. 강 오른쪽은 높은 산과 구릉으로 뒤덮여 계곡을 단단히 막으면 적이 쳐들어오기 힘들었다.

물산이 풍요로운 데다가 외부의 침략을 막기 쉬운 여건은 이집트 문명만의 특색을 발전시켰다. 바로 지독한 보수주의였다. 이집트가

죽은 자의 부활과 영생을 기원하는 장례문서의 하나인 '사자의 서'.

얼마나 보수적이었는지는 기원전 약 3000년부터 기원전 30년 로마 침입 때까지 3,000년 동안 동질문명을 유지한 것만 봐도 알 수 있다. 그들이 얼마나 변화를 싫어했는지는 통치규범에 잘 담겨 있다.

"만일 어떤 일이 운영되고 있으면 고치려 하지 말라."

사후세계에 집착한 이집트

이집트인들이 치열하게 집착한 것이 한 가지 더 있다. 바로 '사후세계'다. 피라미드와 신전, 미라, 엄청난 벽화와 상형문자는 모두 사후세계를 향한 이집트인들의 끝없는 예찬 속에서 만들어졌다. 이집트인들은 자연의 순환을 경험하면서 생명의 재탄생에 대한 믿음을 정착시켰다. 농업을 뒷받침하는 태양은 정확하게 하루를 주기로 어둠 속에서 '되살아나고', 1년을 주기로 계절이 순환하며 만물이 '재탄생'했다. 이집트인들은 태양신을 가장 중요하게 여겼고, 1년을 365일로

고대 이집트의 '진리, 정의, 질서의 여신' 마아트.　　　　왕관을 쓰고 앉아 있는 토트.

한 태양력을 사용했다(훗날 율리우스 카이사르는 이것을 '율리우스력'으로 만들어 시행했다). 위로는 파라오로부터 아래로는 평민에 이르기까지 어떻게 사후세계로 무사히 건너가 영생을 누릴지 골몰했다. 이에 반해 메소포타미아의 종교는 현세적이고 기복적인 성격이 강했다. 메소포타미아인에게 현세는 위험하고 불안정했다.

메소포타미아인은 홍수를 '신의 징벌'이라고 했고, 이집트인은 '신의 은총'이라고 했다.

카스트 제도, 인도 분열의 첫 씨앗이 되다

인도는 약 4,600년 전에 인더스 문명을 건설했다. 그러나 문명을 건설한 원주민들은 훗날 침략해온 아리아족이 만든 카스트 제도에 의해 최하위계급으로 전락했다. 21세기에 이르기까지 카스트 제도는 인도 내부 분열의 씨앗으로 맹위를 떨치고 있다.

계급이 지배하는 사회

'카스트Caste'는 원래 '순수', '단절', '다른 집단으로부터의 분리' 등을 뜻하는 라틴어 '카스투스castus'에서 나왔다. 15세기 말 인도로 진출한 포르투갈인들이 인도의 계급제도를 라틴어에 뿌리를 둔 포르투갈어 '카스타casta'라고 표기했고, 이것을 영국인들이 '카스트'라고 불렀다.

인도는 어떤 나라인가? 약 4,600여 년 전에 인더스강 유역에 계획도시를 세우고 상하수도 시설에 대중목욕탕, 수세식 화장실까지 쓴 나라, '0'의 존재를 처음 알아낼 만큼 수학에 뛰어난 나라…. 그런 인도에서 어떻게 카스트처럼 불합리한 제도가 오래도록 위력을 발휘하는 것일까?

기원전 2600년경 인더스강 유역 모헨조다로와 하라파에 주변 문명보다 훨씬 앞서 계획도시를 세운 고대 문명은 수수께끼처럼 소멸했다. 그 후 기원전 1500년 무렵 중앙아시아에서 인도-유럽어 계통의 아리아족이 침입해왔다. 흰 피부에 건장한 체격을 지닌 아리아족은 농경생활을 하던 드라비다족이나 문다족을 어렵지 않게 복속시켰다. 아리아족은 인도 서북부 인더스강 유역에 정착했다가 오랜 세월 동쪽으로 이동을 거듭해 기원전 1000년경 인도 동북부 갠지스강 유역까지 진출했다. 인도 원주민들은 전쟁 능력이 그다지 뛰어나지 않았다. 그들이 세웠던 모헨조다로 유적에서는 무기가 한 점도 발견되지 않았다.

지배계급이 된 아리아족은 엄격한 계급구조를 만들었다. 자기들보

아리아족의 이동

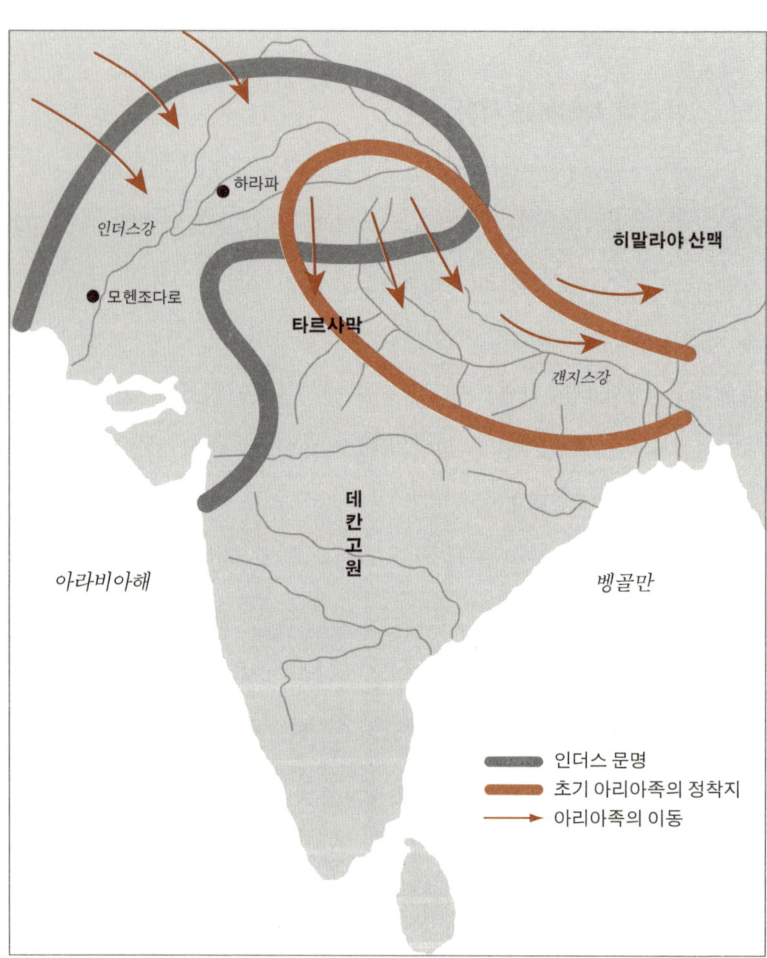

다 인구가 훨씬 많은 원주민들을 억누르기 위해서다. 카스트 제도는 인도어로 '바르나(종성) 제도'라고 부른다. '바르나'는 원래 '색깔'을 뜻하는데 정복자와 피정복자가 피부색이 서로 다른 것을 계급의 기준으로 삼은 것이다.

카스트 제도에 의하면 아리아족은 브라만(사제계급), 크샤트리아(전사계급), 바이샤(평민계급), 피정복민족은 수드라(천민계급)로 나뉘었고 계급은 세습됐다. 처음에는 싸움 잘하는 전사가 제1계급이었다. 그런데 오랜 정복을 거치며 순서가 슬쩍 바뀌었다. 사제인 브라만이 전사인 크샤트리아의 지위를 '탈취'한 것이다. 그 비법은 여전히 비밀에 가려져 있다. 종교와 문자를 사제계급이 장악했기 때문이 아닐까 추정할 뿐이다. 어쨌든 지배계급에서 변화가 일어난 결과, 카스트 제도는 같은 민족끼리도 거부할 수 없게 견고해졌다. 세월이 흐르면서 바르나는 '색깔'보다 '계급' '신분'의 의미로 바뀌었다.

카스트 제도

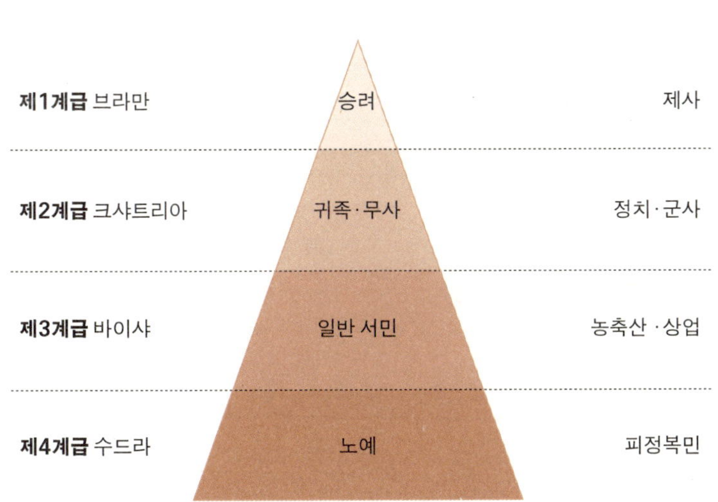

종교와의 결합으로 영속화된 계급

　카스트 제도는 다시 브라만교의 윤회와 업 사상을 결합시켜 계급을 더욱 영속화시켰다. 그 논리는 대략 이렇다.

　'인간은 삶과 죽음을 반복하며 윤회한다. 개인은 전생에서 어떻게 살았느냐에 따라 일정한 계급으로 다시 태어난다. 자신이 속한 계급의 규범을 잘 따르면 죽은 뒤 재생할 때 한 단계 높은 계급에 오르고, 그렇지 않으면 낮은 계급으로 떨어진다. 서로 다른 계급끼리 결혼하면 그 자식은 부모보다 낮은 계급으로 떨어진다.'

　기원후 4세기 굽타 왕조에 접어들어 브라만교가 힌두교로 변화하면서 카스트 제도는 완고한 계급성을 완성시켰다. 힌두교는 카스트에 따른 의무를 중시해 왕과 국가에 맹목적으로 복종하게 했다. 게다가 카스트 제도의 부당성을 비판했던 불교와 자이나교가 세력을 잃자, 카스트 제도 앞에는 그 어떤 세력도 상대가 되지 못했다.

　현재 인도에서는 헌법상 카스트 제도가 위법이지만 현실에서는 아직 맹위를 떨치고 있다. 인도 정부는 여러모로 카스트의 폐해를 해소하려 노력하지만, 최하층 집단의 고통은 여전히 진행 중이다.

대제국을 다스리는 전략의 탄생, 봉건제

기원전 11세기 주나라는 은나라를 멸망시키고 거대한 제국을 통치했다. 첫 번째 반란을 진압한 뒤 주나라는 봉건제를 도입했다. 서양에 봉건제가 들어서기 거의 2,000년 전의 일이다.

900년간 지속된 봉건 왕조

원래 주나라는 은나라 서쪽의 작은 나라로 기원전 1079년 '목야의 싸움'에서 은을 격파해 패권을 쥐었다. 그 결과, 주는 중국 중원을 비롯해 동쪽 바다(우리의 황해)에 이르는 거대한 영토를 다스리게 됐다. 드넓은 영토를 어떻게 통치할 것인가? 주는 새로운 정치적 도전 앞에 섰다.

이런 상황에서 등장한 것이 봉건제다. 주나라 통치자들은 제국의 '안정'과 '영속성'을 중시했다. 주의 봉건제는 실제로 이 목적에 들어맞는 유용한 통치법이라는 것을 스스로 증명해냈다. 전국 시대 들어 제후들이 스스로 왕을 칭하고 통일전쟁에 나서면서 주 왕실의 권위는 땅에 떨어졌지만, 실제 주나라는 거의 900여 년 동안 이어졌다.

주의 창업세력은 봉건제를 치밀하게 연구했다. 그들은 3가지 원칙을 밀고 나갔다.

1) 가장 효율적으로 통치할 수 있는 크기로 통치단위(봉토)를 나눈다.

2) 이 통치단위를 믿을 수 있는 '우리 편'에게만 맡긴다.

3) 제도의 영속성을 위해 통치단위는 세습시킨다.

우선 왕은 수도 부근의 직할지만 직접 통치하고 나머지 지역과 복속되지 않은 지역은 봉토로 나눠줬다. 봉토를 받는 '우리 편'은 왕족이나 공신, 이전 왕조의 후손들이었다.

혈연관계에 따른 일족 지배체제

봉건제에서는 세습 영토를 '봉토', 봉토를 세습받는 자를 '제후'라고 불렀다. 제후는 봉토를 받는 대신 왕에게 공납과 군사의 의무를 졌다. 제후들 역시 신하들에게 지위와 봉토를 나눠준 뒤 공납과 군사의 의무를 지게 했다. 주의 봉건제는 지배층이 같은 성씨고, 앞으로도 그

주나라 봉건제도

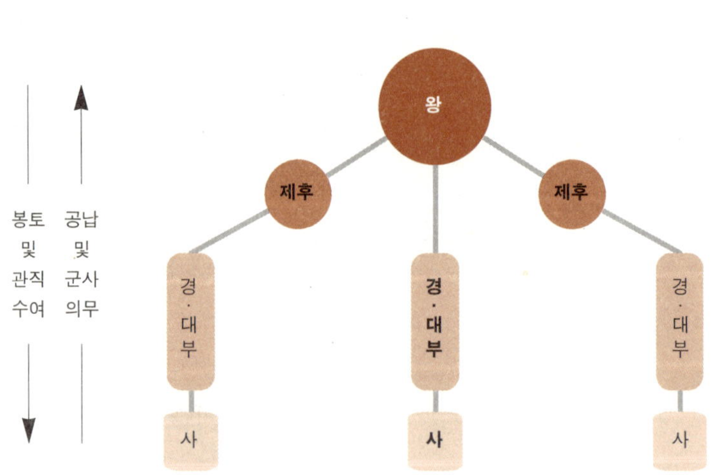

릴 것이라는 기대에 기반한 것이었다. 어떻게 거대한 봉토를 남에게 줄 수 있었겠는가? 실제 주 왕실의 가신은 모두 희姬 씨였다. 주의 봉건제는 따라서 왕과 제후가 본가와 분가라는 '종법관계'에 따라 운영됐다.

주의 봉건제는 영토 확장과 생산 증대에 적잖게 기여했다. 복속되지 않은 지역도 봉토에 포함시키자 제후들은 자발적으로 대외 팽창에 나섰다. 그 결과 주는 동쪽으로 산동 반도, 서쪽으로 황허 상류, 남쪽으로 양쯔강 이남, 북쪽으로 요하 지역까지 영토를 넓혔다.

중국의 역대 황제들은 자신이 무너뜨린 이전 왕조의 통치술을 섭사리 부정했다. 그 폐단을 너무나 잘 알았기 때문이다. 대신 왕조가 바뀔 때마다 새로운 제도가 등장했다. 주의 봉건제 역시 진시황이 중국을 천하통일하면서 폐기됐다. 진나라 중신 이사는 시황제에게 "주나라의 분봉제는 이미 실패한 정치제도임이 증명됐습니다. 제후를 두는 것은 옳지 못합니다" 하고 간했다.

중국을 최초로
천하통일한
진시황제.

봉건제에서 군현제, 군국제로

시황제는 황제가 천하의 모든 땅과 통치권을 갖는 강력한 직접통치 모델인 군현제를 택했다. 전국을 36개 군으로 나누고 황제가 중앙 관리를 파견해 다스린 것이다. 군 밑에는 여러 개의 현을 두었다. 그러나 군현제도 성공하지 못했다. 재위 12년 만에 진시황이 죽었기 때문이다.

초나라 항우를 무찌르고 통일을 이룬 한나라 유방은 군국제를 도입했다. 황제가 중앙에서 관리를 파견해 다스리는 '군'과, 제후가 봉토를 받는 '국'을 병행한 절충형이었다. 이 제도는 유방이 처한 현실을 그대로 반영한 것이었다. 한량 출신으로 세력이 약했던 유방은 막강한 초나라 귀족 출신인 항우에 맞서기 위해 장량, 한신 등 여러 세력과 끊임없이 연합해야 했다. 결국 유방은 여러 공신들에게 땅을 나눠주고 제후국에 승상(상국)을 파견해 제한적인 안전장치를 마련했다. 훗날 유방은 저 유명한 고사 '토사구팽(兎死狗烹: 사냥이 끝나면 사냥개를 삶

서초패왕에 즉위해 진나라를 멸망시키려 했지만
유방에 패하고 자결한 항우.

역사상 중국을 두 번째 통일한 한고조 유방.

아먹는다)'을 낳은 대대적인 공신 제거작전을 벌인 후에 황족인 유 씨에게만 제후국을 나눠줬다.

군국제 역시 영속하지 못했다. 후한 시대의 혼란으로 군국제는 빈사 상태에 빠졌다. 유 씨 아닌 다른 성씨들이 제후 자리를 차지하고 패권 다툼에 나섰다.

삼국 중 가장 강했던 위는 한에서 교훈을 얻어 제후들의 병권을 빼앗았다. 제후들은 군대를 보유할 수 있었지만 작전권은 철저히 황제에게 귀속됐다. 그러나 이 때문에 위의 권력은 고스란히 진으로 넘어갔다. 제갈공명의 정벌을 막아낸 사마의가 병들고 실성한 것처럼 가장해 황족 조 씨들을 방심하게 한 뒤, 위나라 제도의 허점을 찔러 조 씨 왕조를 무너뜨렸다(266년).

삼국을 통일한 사마의의 후손들 역시 스스로 파놓은 함정에 빠져들었다. 사마 씨들은 위나라의 사례를 반면교사 삼아 사마 씨 제후들이 병권을 쥐고 다른 성씨의 반란에 대비했다. 이번에는 사마 씨들끼리 16년 동안 '8왕의 난'을 벌이며 싸우다가 일족 8명이 죽었다. 진은 이를 계기로 사마 씨 분봉왕들이 각각 끌어들인 이민족에게 낙양을 함락당해 서진 시대를 마감했다. 이후 황족 한 명이 남쪽으로 피난해 '동진'을 세우고 간신히 왕조를 연명했다.

진실로 창업보다 수성은 훨씬 더 어려웠다. 제국이 크면 클수록 이 진리의 위력은 더욱 막강했다.

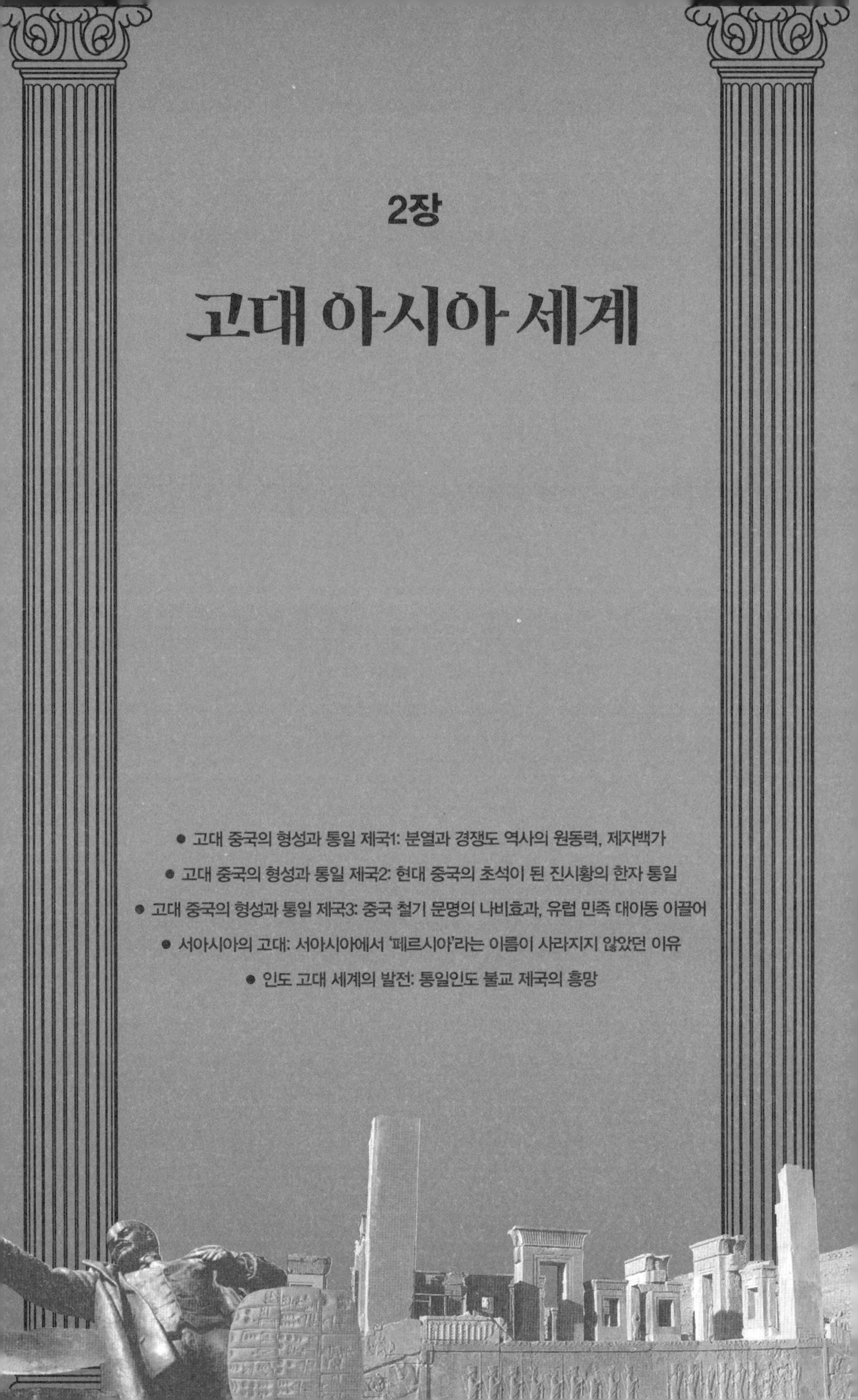

2장

고대 아시아 세계

- 고대 중국의 형성과 통일 제국1: 분열과 경쟁도 역사의 원동력, 제자백가
- 고대 중국의 형성과 통일 제국2: 현대 중국의 초석이 된 진시황의 한자 통일
- 고대 중국의 형성과 통일 제국3: 중국 철기 문명의 나비효과, 유럽 민족 대이동 이끌어
- 서아시아의 고대: 서아시아에서 '페르시아'라는 이름이 사라지지 않았던 이유
- 인도 고대 세계의 발전: 통일인도 불교 제국의 흥망

분열과 경쟁도 역사의 원동력, 제자백가

전국 시대 종횡가(縱橫家, 열국을 돌아다니며 변설로 책략을 도모하던 사람) 귀곡자는 두 제자를 두었다. 제자 소진은 당시 날로 강성해지는 진의 침략을 막으려면 제, 초, 한 등의 여섯 나라가 연합해야 한다는 이른바 '합종책'을 주장해 15년 동안 진이 동쪽으로 쳐들어오지 못하게 했다. 그는 혀 하나로 6개국 재상직을 동시에 수행하는 광영을 누렸다. 또 다른 제자 장의는 6개국을 하나씩 설득해 진과 손을 잡게 하는 '연횡책'을 펼쳐 난공불락처럼 보이던 합종책을 깨뜨렸다. 그 공로로 그는 진나라 재상에 올랐다. 한 인물이 두 제자로 전국 7웅의 재상을 석권한 것이다.

시대정신의 추동자, 제자백가

기원전 8세기 중국에 춘추 시대가 열린 뒤 기원전 222년 진시황제가 천하를 통일할 때까지 중국은 대격변에 휘말렸다. 혼란스러운 시기에 시대정신을 만들고 추동해간 사람들은 다름 아닌 제자백가들이었다. 제자백가는 토론과 저술, 유세 등으로 지식과 사상의 대폭발을 주도했다. 유가, 도가, 법가, 명가, 묵가, 종횡가… 모두 189개로 알려진 '제자백가' 집단은 천지의 도와 인간의 본질, 치세, 천하통일을 위한 방략을 둘러싸고 치열하게 경쟁했다.

능력을 인정받은 유세가는 여러 나라를 오가며 고위직에 올랐다. 병가인 오기는 위나라 장군을 지내다가 이후 초나라로 건너가 재상이 됐고, 범수는 위나라 말단 직책에 있다가 진나라로 건너가 재상이 됐다. 그러나 제자백가의 도전은 목숨을 잃을지 모르는 위험부담을 안고 있었다. 법가인 한비자는 진나라로 갔다가 경쟁자인 이사가 진왕을 이렇게 설득하는 바람에 목숨을 잃었다.

유가를 창시한 공자. 유가는 인(仁)을 중시하며 덕치주의를
강조했다.

공자와 그 제자들의 대화를 기록한 『논어』.

"결국 (한나라 출신인) 한비자는 한을 위해 일하지 우리 진을 위해 일하지 않을 것입니다. 그러니 지금 그를 그대로 돌려보내면 스스로 뒤탈을 남기는 것입니다. 죄를 뒤집어씌워 죽이는 것만 못합니다."

제자백가의 전성기는 짧았다. 제자백가를 키운 '분열 속의 경쟁'이라는 시대적 흐름이 진의 통일에 의해 근본적으로 변한 것이다. 진시황은 사상 통제를 목적으로 수백 명의 학자를 파묻어 죽이고 수많은 서책을 불살라버리는 '분서갱유'를 저질렀다.

그나마 한나라 초의 무제, 성제 등이 과거 제자백가가 쓴 책들을 모아 '집서계획'이라는 사업을 벌이고, 수많은 학자들이 탄압 속에서 서책을 지켜낸 결과 제자백가 사상은 간신히 되살아났다. 한나라 경제 때 노나라 공왕이 궁궐을 넓히기 위해 공자의 옛집 벽을 헐다가 『서경』『예기』『논어』『효경』 등 진나라 이전의 서적 수십 권을 발견했다

춘추전국 시대 제자백가의 시초였던 도가의 노자. 대표 저서로 『도덕경』이 있다.

묵가의 창시자 묵자. 묵가는 전쟁반대를 설파하는 '비전론(非戰論)'과 차별 없는 평등의 사랑인 '겸애(兼愛)' 등을 주장했다.

는 일화는 제자백가 사상이 어떻게 오늘날에 전해졌는지 알려준다.

제자백가의 주요 사상

구분	내용	인물
유가	인륜의 파괴에서 혼란의 근원을 찾음 개인의 수양을 통한 사회 질서 유지	*공자 → 인(仁) 중시, 덕치주의 강조 *맹자 → 호연지기·의(義) 중시, 성선설 주장 *순자 → 예(禮) 중시, 성악설 주장(법가에 영향 미침)
도가	인위적인 도덕과 제도에서 혼란의 근원을 찾음. 무위자연설	*노자 → 무위자연(無爲自然), 상선약수 *장자 → 제물론(齊物論), 물아일체(物我一體)
법가	부국강병의 수단으로 신상필벌의 엄격한 법치주의를 강조	*상앙, 한비자, 이사
묵가	유가의 차별애 대신 무차별적 사랑을 주장함	*묵자 → 비전론(전쟁 반대)과 겸애설(무차별적 사랑＝박애주의) 주장

현대 중국의 초석이 된 진시황의 한자 통일

기원전 221년 진시황은 전국을 통일한 뒤 여러 가지 통일정책을 펼쳤다. 그러나 그의 통일은 아주 짧았다. 기원전 210년 시황제가 죽자 곧바로 진승·오광의 난 등으로 천하통일은 무너졌고, 8년 만에 새 왕조 황제까지 나타났다. 그래도 진의 통일은 중국 역사에 가장 중요한 것을 남겼으니 바로 '중국'이었다. 진시황의 통일 정책 중 그 무엇이 중국을 하나로 남게 만든 것일까?

한자 국유화로 중국이라는 아이덴티티 통일

진시황은 천하통일을 이룬 뒤 다음과 같은 통일사업을 펼쳤다.

1) 황제 호칭 사용 및 시호의 폐지

2) 새로운 역법의 채용

3) 천하 통치를 위해 군현제 실시

4) 도량형과 화폐의 통일

5) 차궤의 통일

6) 도로의 정비

7) 남북 영토의 개척

8) 한자의 통일

9) 분서갱유를 통한 사상 통일

10) 만리장성 축조

그의 정책 중에 현재까지 중국을 하나로 유지하는 데 결정적인 기여를 한 것은 무엇일까? 그것은 한자 통일이었다. 결과적인 얘기지만 한자 통일로 하나의 '중국'이라는 아이덴티티 통일이 가능하게 됐다.

전국 말기에 7국 간의 유일한 커뮤니케이션 수단이었던 한자는 큰 변화를 겪으며 통일성이 흔들리고 있었다. 수많은 속자가 우후죽순 생겨나고 속자를 읽는 방법도 제각각 달라졌다. 오죽하면 '호남십리부동음(湖南十里不同音: 호남성에서 10리만 떨어져도 발음이 다르다)'이라는 말까지 나왔을까.

진 통일 지도

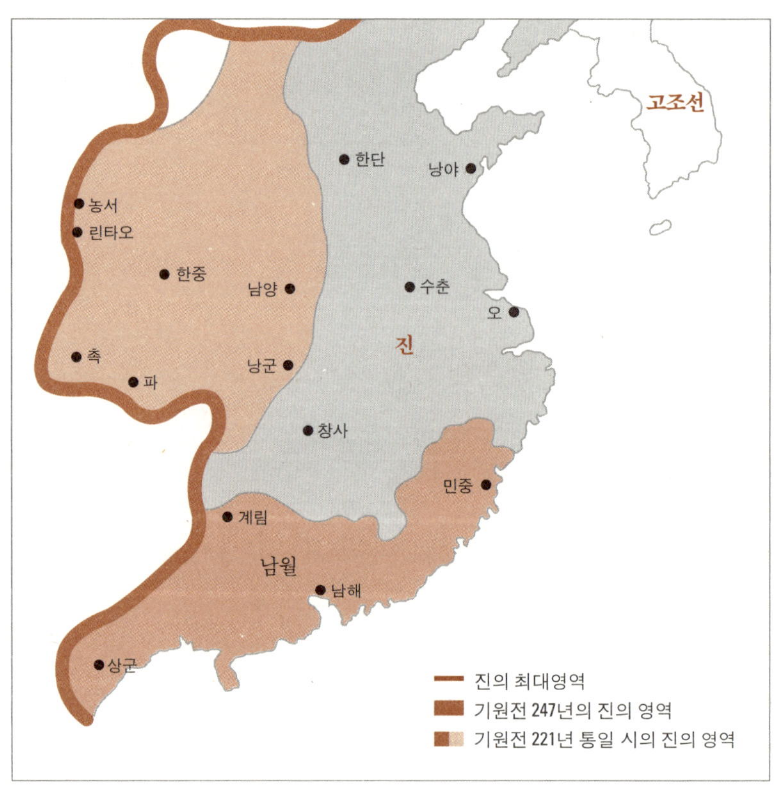

한자를 창제했다고 전해지는 중국 고대 인물 '창힐'. 전설에 따르면 그는 눈이 4개 달려 있었다고 한다. 오늘날 중국의 타자 입력법인 창힐수입법은 그의 이름을 딴 것이다.

시황제는 분열의 위기에 처한 한자를 간편한 소전체로 통일하고 읽는 방법도 통일시켰다. 1자 1음=1음절 원칙을 세운 것이다. 오늘날 모두가 따르는 이 원칙이 이때 세워졌다. 나라마다 혼란스럽게 사용하던 속자도 모조리 금지시켰다. 이런 조치로, 자칫하면 분열됐을 한자의 운명을 바꿔놓은 것이다. 한 역사학자는 "만일 한자 통일을 이루지 못했다면 중국은 오늘날 동일한 알파벳을 쓰면서도 나라마다 언어가 다른 유럽과 비슷한 운명이 됐을지 모른다"고 말했다.

현재도 중국은 각 지방마다 사투리가 심해 서로 알아듣는 것이 거의 불가능하다. 이 문제를 해결한 것이 바로 한자다. 시황제는 한자를 통일함으로써 그의 생전에 존재하지 않았던 나라 '중국'을 만들었다.

중국 철기 문명의 나비효과,
유럽 민족 대이동 이끌어

세계사에도 '나비효과'가 있었다. 기원전 1세기에서 기원후 1세기 무렵. 중국에서 철기 문명의 발달에 따라 농업생산량이 급증한 결과, 300~400년 뒤 유럽은 게르만족의 대이동에 휘말렸다. 중국에서 일어난 나비의 날갯짓이 새로운 유럽을 창출한 것이다.

오랑캐에게 헌상된 절세미녀

"오랑캐 땅에는 화초가 없으니 봄이 와도 봄 같지 않더라(胡地無花草春 來不似春)."

한나라 원제 때 황실에서 가장 아름다운 후궁이었던 왕소군은 억지로 동흉노 왕에게 시집간 뒤 이런 시를 지었다. 1세기 중엽 한나라는 오랑캐 왕의 비위를 맞추려고 고급물품은 물론 고귀한 신분의 미인까지 바쳐야 했다. 그만큼 흉노는 막강했다. 몽골고원 일대에서 유목을 하던 흉노족은 인류 최초의 기마민족 스키타이로부터 기마술을 배운 뒤, 기원전 4세기 무렵부터 강대한 유목국가로 변신했다. 흉노족은 중국과 충돌하지 않을 수 없었다.

진시황은 만리장성을 쌓고 흉노를 고비사막 북쪽으로 몰아냈다. 그러나 그의 사망 후 혼란한 틈을 타 세력을 다시 키운 흉노는 기원전 200년 한나라 고조 유방이 이끄는 군대를 백등산(오늘날의 산서성 대

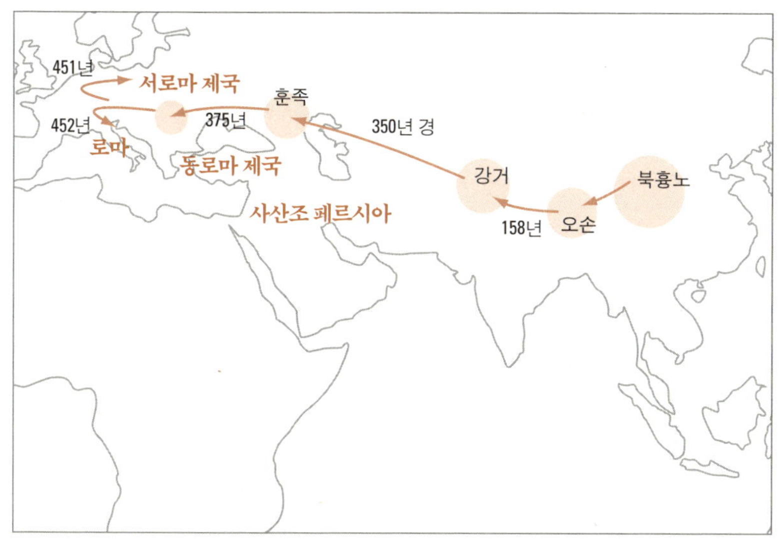

동 남동쪽)에서 패배시켰다. 결국 중국은 매년 거액의 물품을 흉노에게 주고 평화를 '구걸'하는 굴욕적인 역사를 이어갔다. 황실 후궁이나 공주 중에서 흉노 왕과 정략혼인을 하러 가는 '화번공주'의 행렬은 계속 됐다. 왕안석은 「명비곡明妃曲」에서 이렇게 읊었다.

"명비 처음 흉노 사내에게 시집갈 적에 흉노 수레 백량이 뒤따라도 주변엔 호희(胡姬)뿐이네."

흉노족을 굴복시키려면 멀고 험한 초원과 황무지를 건너야 했다. 흉노 전쟁의 전진기지까지 군량 1석을 보내는 데 60석 이상의 비용 이 들었다. 군비를 감당하기 위해선 국가 재정이 튼실해야 했다. 마침내 한나라 7대 한 무제가 흉노 전쟁을 시작했다. 당시 한나라 재정에 대해선 이런 기록이 전해진다.

"나라 곳간에 곡식이 가득 차 더 이상 넣을 수 없어서 바깥에 겹겹이 쌓아뒀는데 결국 썩어 버릴 지경이었다. 구리로 만든 화폐는 헤아리기 쉽도록 화폐에 구멍을 뚫어 끈으로 묶어뒀는데 너무 오랫동안 그냥 놔둬 끈이 닳아 없어져 돈을 셀 수 없을 지경이었다."

한나라 철기 문명에 패배한 흉노

한나라가 개국 70여 년 만에 만리장성을 넘어 흉노를 공격하면서 상황은 바뀌었다. 위청과 곽거병의 공격으로 흉노는 결국 분열됐고, 동흉노가 한에 투항했다. 1세기 무렵 다시 대공세가 재개되자 흉노는 남흉노와 북흉노로 분열됐다. 91년, 끝까지 저항하던 북흉노마저 후한에 대패해 본거지를 잃고 서쪽 이리 분지쪽으로 옮겨갔다.

한이 흉노 전쟁에서 이긴 것에는 철기 발달이 결정적인 영향을 미쳤다. 전한 시대 철과 소금은 국가독점이었다. 한은 전국 48개소에 '철관'이라는 관리를 두고 철의 확보와 농기구 개선에 힘썼다. 철기는 생활 전반에 보급됐다. 날이 멀다 하고 새 도구가 세상에 나왔다. 『염철론』 「수한편水旱篇」에는 "농업은 천하의 대업大業이 됐다. 철기는 백성의 대용大用이 됐다"고 기록됐다. 철기는 대형 저수지와 제방 건설에 위력을 발휘해 무기의 대량 조달도 가능하게 했다. 소를 이용해 쟁기를 끄는 농법이 중국 전역에 보급된 것도 전한 시기다.

흉노족이 자취를 감춘 뒤 약 280여 년이 흘렀다. 게르만족이 살던 남러시아 초원에 갑자기 동쪽에서 말 잘 타고 활 잘 쏘는 유목민족이 쳐들어왔다. 중앙아시아의 투르크계 유목 기마민족인 훈족이었다. 문헌에 따르면 이들은 4가지 특징을 지녔다. "작은 키, 넓적한 얼굴, 가는 눈, 납작한 코." 맨 먼저 공격을 받은 게르만 일족인 동고트족은 금세 격파됐다. 주변 부족 사이에 훈족에 대한 무시무시한 소문이 퍼져 나갔다.

로마 시대 후기 군인이자 역사학자인 암미아누스 메르켈리누스는 이렇게 말했다.

"훈족은 산 속에서 일어난 회오리처럼 적이 미처 발견하기도 전에 순식간에 적진을 점령했다."

훈족 왕 중에서 가장 강력한 왕이었던 아틸라 왕(434~453년).

서고트족은 라인-도나우강을 경계로 맞서던 동로마 제국에 요청해 영토 안으로 피신해도 좋다는 허락을 받았다. 다른 게르만 부족도 일제히 강을 건넜다. 로마와 게르만 세계를 가르던 라인-도나우강 라인이 무너지고, 동로마 안에는 훈족을 피해 들어온 게르만 부족들이 득시글거렸다. 이 불안정한 상황 속에서 서고트족은 대우 문제로 로마와 충돌했다. 훗날 '아드리아노플 전투'라고 알려진 전투에서 놀랍게도 로마군은 대패했다.

382년 서고트족은 동로마의 새 황제 테오디우스와 조약을 맺고 '동맹국'으로서 제국 안에 정주할 수 있도록 허락받았다. 이후 서고트족은 401년부터 세 번의 원정 끝에 410년 로마를 점령했다. 406년 반달족, 스웨비족도 차례로 라인강을 넘어 갈리아를 침공했다. 서로마는 힘이 없었다. 476년 서로마는 게르만 용병대장 오도아케르에게 멸망당하기 전 이미 역사적 수명을 다한 것이나 다름없었다.

서아시아에서 '페르시아'라는 이름이 사라지지 않았던 이유

아케메네스 페르시아, 사산조 페르시아…, 페르시아는 서아시아에서 유일하게 멸망 후 이름이 되살아난 왕조다. 기원전 6세기부터 기원후 600년까지 1,000여 년 동안 무엇이 서아시아인들을 '페르시아'라는 이름에 이끌리게 한 것일까?

해방자 페르시아인

영국의 역사학자 아놀드 토인비는 『인류와 어머니 되는 지구』라는 책에서 이렇게 썼다.

"페르시아인은 예속민의 종교를 존중하고 보호했다. 이런 정책은 예속민들로 하여금 페르시아 제국의 통치를 수용하게 하는 데 큰 도움이 됐다. 바빌로니아 정복자에게 거세게 저항한 시리아 민족들은 페르시아인의 통치와 화해했다. 페르시아 황제의 정치적, 종교적 자유주의 때문이었다. 페니키아인, 사마리아인, 유대인에게 페르시아인은 해방자였다."

다리우스 1세. 아케메네스조 페르시아 제국의 세 번째 왕으로 제국을 전성기에 올려놓았다.

아케메네스 왕조의 수도였던 페르세폴리스 왕궁 유적.

페르시아인이 해방자라고? 그리스 연합군에게 패배하고, 알렉산드로스가 이끄는 군에게 멸망당한 페르시아를, 20세기 최고의 역사학자 토인비는 거침없이 '해방자'라고 했다.

고대 오리엔트를 최초로 통일한 왕조는 아시리아다. 티그리스강 중류 아슈르에서 발전한 아시리아는 철제 무기, 강한 활, 기병대의 힘으로 기원전 671년 메소포타미아와 시리아, 이집트를 병합했다. '가장 잘사는 사람부터 가장 못 사는 사람까지' 동원해 정복전쟁에 나선 아시리아는 피정복민을 가혹하게 다스렸다. 아시리아의 무단통치에 각지에서는 반란이 끊이지 않았다. 아시리아는 기원전 612년 메디아와 신바빌로니아 연합군에 의해 결국 멸망했다.

그후 분열된 고대 오리엔트(레반트)를 다시 통일한 것이 아케메네스 페르시아(기원전 550~330년)다. 페르시아는 아시리아와 달리 매우 평화적이었다. 놀랍게도 페르시아는 기원전 550년에 나라를 세우고 불과 25년 만에 중동을 통일했다. 인도 접경에서부터 터키, 이집트 접경에 이르는 방대한 영토였다. 민중들의 마음을 사지 않았다면 불가능했을 일이다.

무엇보다 페르시아 제국은 종교 관용정책을 폈다. 페르시아의 창건자 키루스 2세가 세운 이 정책은 역대 왕들의 기본노선이 됐다. 특히 키루스 2세는 신바빌로니아 제국 때 바빌론에 끌려온 유대인 강제 이주자들을 고향으로 돌아가도록 허락하고 예루살렘 성전을 재건할 수 있게 해줬다. 이른바 '바빌론 유수'를 풀어준 것이다(기원전 539년).

제국을 강성케 한 정책운용의 묘미

페르시아는 제국의 안정을 꾀하기 위해 종교 관용정책뿐만 아니라 관료기구를 탄력적으로 활용했다. 다리우스 1세 즉위 초기에 왕권의 정통성을 문제 삼아 반란이 잇따르자, 지방장관격인 총독에는 이민

페르시아의 창건자 키루스 2세(왼쪽)와 바빌로니아에 잡혀 있는 유대인을 해방하는 키루스 2세(오른쪽).

족을 기용하지 않았다. 또한 '왕의 귀' '왕의 눈'이라 불리는 감찰관을 파견해 감시를 병행했다.

페르시아는 합리적인 세금정책을 펼쳤다. 키루스왕 때는 전 영토에 대해 세금을 면제했다. 메디아, 리디아, 신바빌로니아의 3대국을 멸망시켜 획득한 부로 재정이 여유로웠기 때문이다. 세월이 흘러 새로 세금을 부과할 때도 다리우스 왕은 놀라운 징세 원칙을 밝혔다.

"각 속주의 형편에 따라 일정액을 징수한다."

이전 시대에는 '왕이 원하는 대로'가 징세원칙이었다. 이 때문에 페르시아 제국 신민들은 "키루스는 아버지, 다리우스는 상인"이라고 말했다.

알렉산드로스 사후 마케도니아 장군 셀레우코스가 연 새 왕조도 스스로를 '셀레우코스조 페르시아'라고 불렀다. 그 뒤 226년 창건한 사산조 페르시아는 651년 이슬람 세력에 무너질 때까지 페르시아의 정통 후계자로 군림했다. 사산조 페르시아는 비록 조로아스터교를 국교로 선포했지만, 아케메네스 페르시아처럼 종교적 관용정책을 유지

아케메네스 왕조 연대기

기원전 691년	테이스페스, 아케메네스 왕조 수립
기원전 559년	키루스 2세, 주변국들을 점령하며 왕조의 초석 마련
기원전 555년	메디아 왕국 정복
기원전 539년	신바빌로니아 제국 정복
기원전 529년	스키타이 원정길에서 키루스 2세 사망. 캄비세스 2세가 즉위해 이집트 정복
기원전 521년	다리우스 1세 즉위
기원전 486년	크세르크세스 1세 즉위
기원전 330년	알렉산드로스에 의해 멸망

했다. 원래 아케메네스 페르시아의 신관 출신인 사산 가문의 아르다시르는 제국을 창건한 뒤 선정을 베풀었다. 서아시아 민중 사이에는 그가 한 말이라며 이런 내용이 전해 내려오고 있다.

"바른 군주는 단비보다도 이롭다."

"세금은 국가를 지탱하는 것이다. 바른 정치만큼 세금을 더 내게 하는 것은 없고, 백성을 학대하는 것만큼 덜 내게 하는 것은 없다."

페르시아는 이런 방식으로 이방인들의 민심을 사로잡았다. 토인비가 감탄할 만한 현명한 제국이었다.

통일 인도
불교 제국의 흥망

"지금까지 잔치용 육즙을 만들기 위해 매달 왕의 수라간에서 수천 마리의 짐승이 도살됐으나 이 조칙이 새겨질 때는 공작새 두 마리, 사슴 한 마리가 희생됐을 뿐이다. 앞으로는 이조차 희생당하지 않을 것이다."

—아소카왕의 기념비에서

불교의 도전

고대 인도는 오랫동안 카스트 제도로 분열된 채 정치적 통일을 이루지 못했다. 그러나 기원전 7세기 무렵 갠지스강을 따라 발달하던 도시국가들이 점차 영토국가로 발전했다. 영토가 넓어지면서 상업이 발달하자, 내부의 역학관계에 미묘한 변화가 생겼다. 우선 주도적으로 영토 확장에 나선 전사계급인 크샤트리아 세력이 커졌다. 상업과 무역으로 큰 혜택을 입은 상인계급 바이샤의 발언권도 강화됐다. 크샤트리아와 바이샤의 부상은 사제계급인 브라만 중심의 사회를 소리없이 변화시켰다.

불교와 자이나교는 '평등'을 내세워 세력을 확장했다. 기원전 5세기 무렵 고타마 싯다르타(석가모니)는 "우리는 모두 같은 사람이다. 누구든 번뇌를 없애고 청정한 계행을 성취해 생사의 무거운 짐을 벗고 완전한 지혜를 얻어 해탈의 도를 이룬다면 가장 뛰어난 사람이다. 왜냐하면 진리가 이 세상에서 가장 높은 것이기 때문이다"라고 가르쳤다. 그동안 소외됐던 크샤트리아와 바이샤 계급은 싯다르타의 설법에 열광했다. 석가모니의 포교로 수많은 사람들이 불교에 귀의했다. 그러나 불교나 자이나교 모두 사회의 주도 종교로 뿌리내리지는 못했다.

불교의 도전이 계속되는 동안 인도를 통일하려는 시도는 100년 뒤쯤 성과를 거두기 시작했다. 기원전 4세기 말에 등장한 마우리아 왕조의 창건자 찬드라굽타(재위기간 기원전 317~293년)가 북인도 대부분을 통일하는 데 성공한 것이다. 찬드라굽타는 알렉산드로스의 침입으로 인도에 민족적 저항이 거세진 상황을 틈타 세력을 키웠다. 특히 알렉산드로스 사후의 권력 공백을 틈타 곡창지대인 펀자브를 장악했다. 그는 여세를 몰아 혼란에 싸인 북인도 마가다 왕국의 수도 파탈리푸트라('꽃의 수도'라는 뜻. 오늘날의 파트나)까지 점령했다.

마우리아 왕조 3대 아소카 대왕(재위기간 기원전 269~232년)은 북쪽의

인도 최초의 통일국가를 이루고 기원전 260년경 불교를 공식 종교로 택한 아소카 대왕은 불교성지에 부처를 상징하는 사자, 황소, 코끼리 등을 장식한 기념석주를 세웠다.

아프가니스탄으로부터 남쪽의 마이소르와 마드라스 접경까지 영토를 확장했다. 아소카 대왕은 고대 인도를 통일하면서 북쪽의 히말라야에서부터 남쪽의 인도양까지 인도 아대륙을 하나의 세계로 인식하게 했다. 중국의 시황제처럼 '인도'라는 나라를 만들어낸 것이다. 아소카 대왕은 전쟁 통에 수많은 사람들이 고통을 겪게 되자 죄책감을 느끼고 불교에 귀의해 불교 전파에 힘썼다. 아소카 대왕의 노력으로 불교는 지방종파에서 세계 종교로 성장해갔다.

불교의 전파

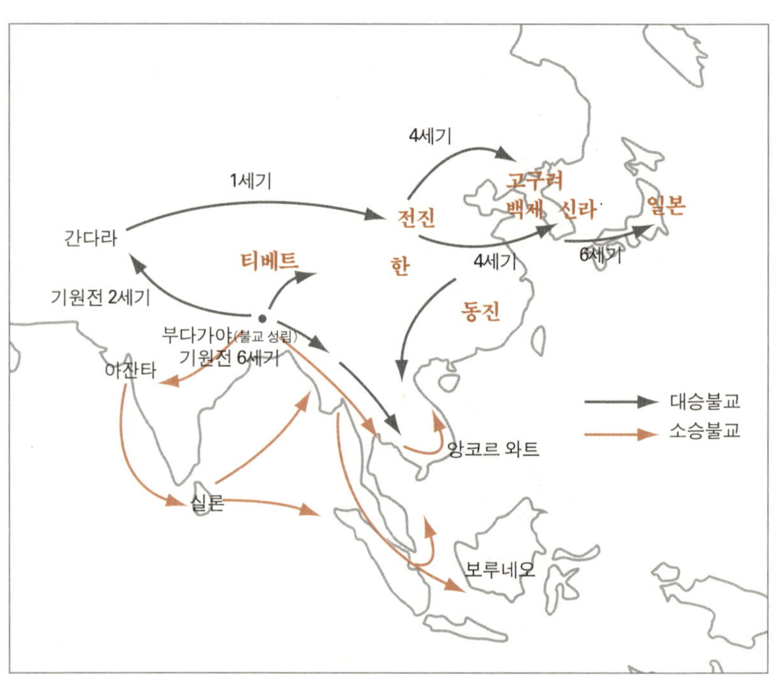

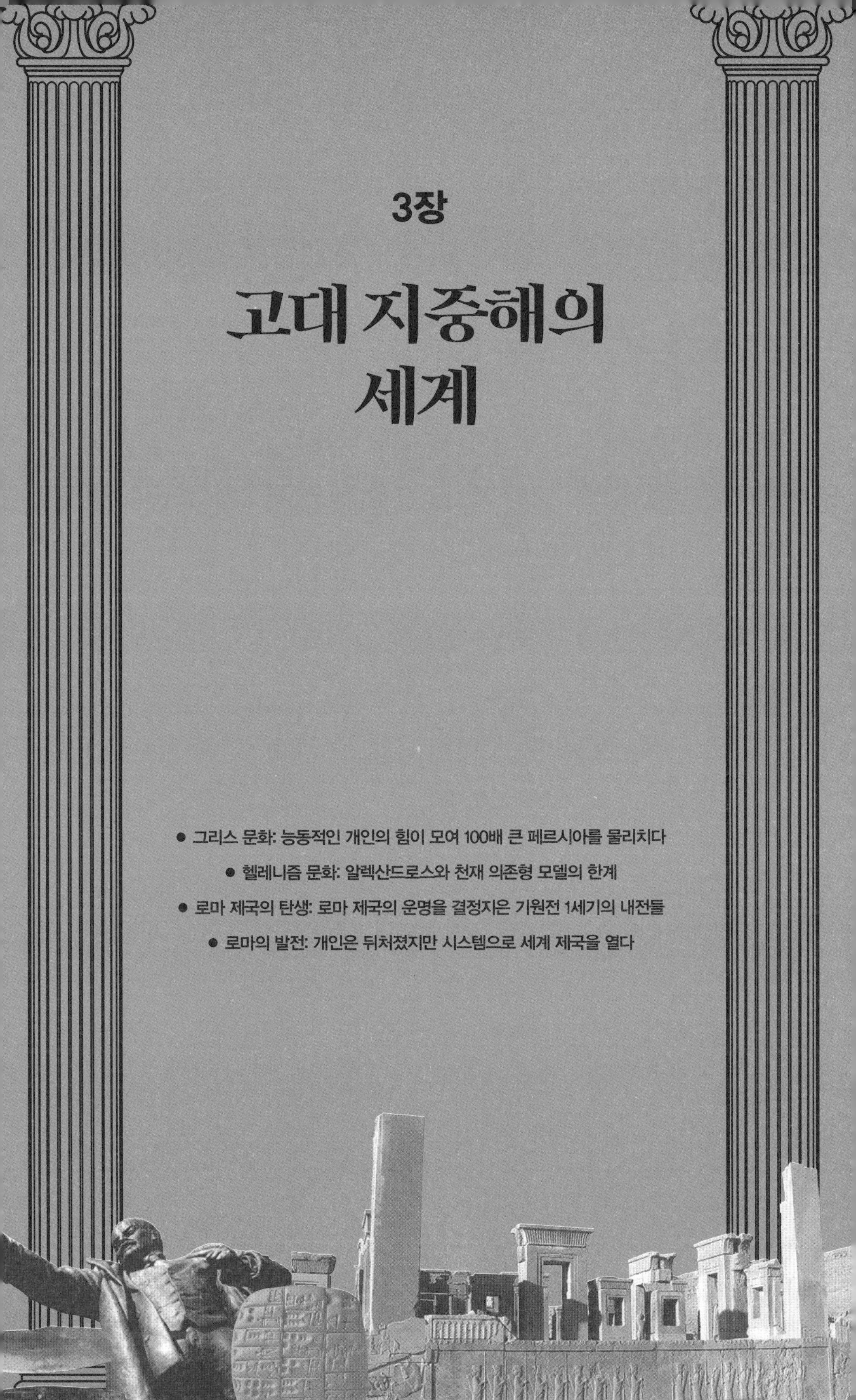

3장

고대 지중해의 세계

- 그리스 문화: 능동적인 개인의 힘이 모여 100배 큰 페르시아를 물리치다
- 헬레니즘 문화: 알렉산드로스와 천재 의존형 모델의 한계
- 로마 제국의 탄생: 로마 제국의 운명을 결정지은 기원전 1세기의 내전들
- 로마의 발전: 개인은 뒤처졌지만 시스템으로 세계 제국을 열다

능동적인 개인의 힘이 모여 100배 큰 페르시아를 물리치다

기원전 481년 페르시아가 20만 대군을 동원해 바다와 육지에서 그리스를 침공해 왔다. 제3차 페르시아 전쟁이 시작된 것이다. 그리스보다 거의 100배나 넓은 영토를 가진 페르시아의 공격을 그리스의 작은 폴리스 국가들은 어떻게 막아냈을까?

그리스의 운명

그리스는 애초 오리엔트 국가들과 교류하면서 오늘날의 터키 지역인 소아시아 반도의 서쪽 해안에 많은 식민도시를 건설했다. 그러나 아케메네스조 페르시아가 오리엔트 통일 후 서쪽으로 진출하면서 두 세력은 충돌했다. 페르시아가 그리스 식민도시에 지배권을 행사하려 하자, 결국 페르시아 전쟁(기원전 499~450년)이 벌어졌다.

3차 페르시아 전쟁의 막이 오를 당시, 그리스는 150여 개의 크고 작은 도시국가인 폴리스로 나뉘어 있었다. 폴리스 중 가장 큰 아테네와 스파르타도 각각 병력 1만 명 남짓이었다. 게다가 아테네는 바다에서 적을 물리치자고 주장한 반면, 스파르타는 육상전으로 결판을 내자고 대립하고 있었다.

전쟁 초기에는 아테네까지 내줘야 했다. 페르시아는 지중해 해상 지배권을 놓고 아테네와 경합하던 카르타고와 동맹을 맺고, 시칠리아의 식민도시 시라쿠사와 그리스 본토를 동시에 공격했다. 2차 페르시아 전쟁에서는 마라톤 전투 때보다 거의 10배나 많은 병력을 동원해 수륙 양면으로 밀고들어왔다. 이에 겁먹은 그리스의 여러 폴리스가 중립으로 돌아섰다.

페르시아를 좌초시킨 살라미스 해전

그러나 절체절명의 시기에 그리스는 무서운 저력을 발휘했다. 그 주인공은 아테네 해군 전략을 주도한 장군 테미스토클레스였다. 천재적인 전략가인 그는 페르시아의 침략에 대비해 3단 1세트로 노를 설치해 추진력을 강화시킨 최신식 3단노선 200척을 준비해놓았다.

그는 애초 아티카 라우리움 광산에서 풍부한 은광맥을 발견했을 때 시민들에게 공평하게 나눠주자는 반대파를 도편추방으로 내쫓고, 그 돈으로 3단노선 건조를 강행했다. 뱃머리에는 청동으로 만든 강력

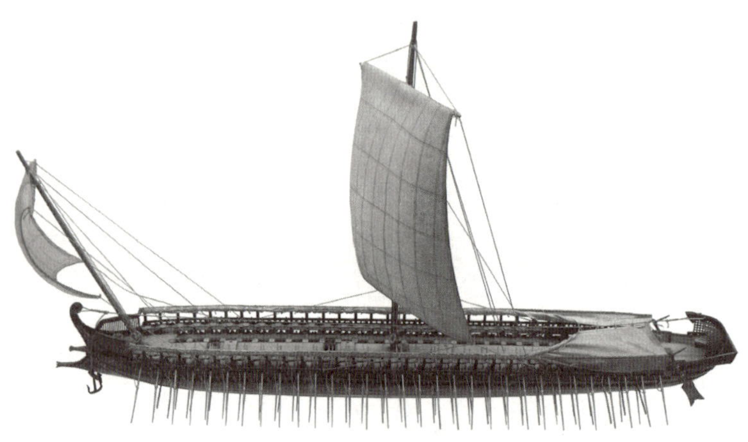

살라미스 해전 당시에 사용한 그리스의 3단노선.

한 충각을 설치해 파괴력을 크게 늘렸다.

테미스토클레스는 아테네까지 내주면서 단 한 번의 결정적 전투를 준비했다. 그는 페르시아 왕 크세르크세스의 판단력을 흐트러뜨리기 위해 위장 귀순작전까지 동원하는 등 모든 역량을 발휘한 끝에, 마침내 페르시아군을 펠로폰네소스 반도의 살라미스로 유인하는 데 성공했다. 테미스토클레스의 지휘 아래 그리스 함대는 좁은 해협 안쪽에서 적을 기다렸다. 페르시아 함대가 총공격해왔다. 그리스 함대는 아

그리스의 중장보병 '호플리테스'.

고대 그리스 시민군의 전형적인 부대 형태인 밀집대형 '팔랑크스'.

침 바람을 타고 급하게 밀고들어오는 페르시아 함대를 막았다. 바람이 거세지면서 풍랑이 높아졌다. 그리스 함선은 배의 중심을 낮게 만들어 많이 흔들리지 않았지만, 갑판이 높은 페르시아 함선은 크게 요동쳤다. 선두 그룹이 막혔는데도 바람은 계속 페르시아 함선을 좁은 해협 안으로 밀어넣었다. 함선들끼리 서로 부딪치면서 심한 정체에 빠졌다.

이때 그리스가 반격을 시작했다. 그리스 함선은 날카롭고 강한 뱃머리의 충각으로 페르시아 함선을 들이받았다. 페르시아 함선은 좁은 해협에서 서로 부딪치며 대혼란에 빠졌다. 그리스가 자랑하는 중장보병대가 페르시아 함선을 타고 올라가 백병전에 돌입했다. 거의 일방적인 그리스군의 살육전이었다. 살라미스 해전에서의 승리로 그리스는 마침내 페르시아 전쟁의 최후 승자가 됐다.

그리스-페르시아 전쟁 진행과정

기원전 550년	키루스왕의 이오니아 정복을 통해 그리스와 페르시아 충돌 시작
기원전 499년~493년	이오니아 반란
기원전 494년	페르시아, 반란의 중심지 밀레토스 공격 및 반란군 진압
기원전 492년	페르시아, 그리스 1차 침공
기원전 490년	마라톤 전투에서 아테네, 페르시아 격퇴
기원전 480년	페르시아, 테르모필레 전투에서 스파르타와 아테네가 주도한 그리스 연합군 격퇴. 그러나 살라미스 해전에서 연합군이 페르시아 군대를 대패시킴
기원전 479년	플라타이아이 전투에서의 승리로 페르시아의 그리스 침략 실패로 끝남
기원전 450년	그리스-페르시아 전쟁 종료

그리스 저력의 원천

좁은 땅에 여러 나라로 갈라진 그리스가 페르시아 같은 거대한 통일국가를 어떻게 이길 수 있었을까? 이런 의문은 '역사의 아버지'인 당대 헤로도투스의 주요 저술 주제였다. 페르시아 전쟁은 분열과 경쟁도 통일과 획일성 못지않게 역사를 전진시키는 힘이 있다는 것을 증명했다. 폴리스들은 저마다 경쟁하면서도 한편으로 신화와 종교, 문화예술을 공유했다. 올림포스 12신을 숭상하는 종교와 신화는 여러 폴리스를 동질적인 형제집단으로 묶었다. 이 때문에 그리스에서는 통일국가의 필요성이 다른 지역보다 덜했다.

지형적으로도 산이 많은 반도와 섬으로 이뤄져 자연스럽게 독립형 미니국가가 발달했다. 바다에 면한 좁은 농지가 흩어져 있었기에 애초에 이집트나 메소포타미아 같은 농업형 전제군주의 필요성도 없었다. 따라서 오래전부터 귀족과 함께 시민이 폴리스의 중심을 이뤘다. 시민은 스스로 군사장비를 갖추고 전쟁에 참여했다. 전쟁에 나가 폴리스의 이익을 획득해오는 시민병사는 당연히 폴리스의 '주인'으로서 참정권을 누렸다. 이것이 인류 최초의 민주정으로 꽃을 피웠다. 그러나 어떤 천재도 폴리스 안에서만 능력을 발휘할 수 있었다(그리스의 '도편추방'은 이런 폴리스로부터의 격리였기에 치명적인 벌칙이었다).

폴리스는 지형적 제약 때문에 모든 물자를 스스로 조달할 수 없었다. 올리브기름은 넘쳐났지만 식량은 모자랐다. 필연적으로 다른 지역과 활발하게 교역을 해야 했다.

개방주의와 대외 진출이 그리스의 모토였다. 호메로스의 『일리아스』에 나오는 트로이도 그리스가 오늘날의 터키 지역에 세운 식민도시였다. 나아가 『오디세이아』에 나오는 숱한 바다 모험과 지명은 일찍부터 바다로 진출한 그리스의 해양 경영을 짐작케 한다. 그리스는 이탈리아 반도 남쪽과 나폴리만 일대, 시칠리아의 시라쿠사, 흑해 연안 등에 식민 도시를 건설함은 물론 멀리 지브로올터까지 진출했다. 항해술과 천문학·조선술·지리학·과학 등의 발달 또한 그리스의 개방주의와 해양진출주의를 뒷받침했다.

그리스는 역사상 숱한 업적을 남겼다. 알파벳을 비롯해 서양 문명의 주요 개념과 흐름이 작은 도시국가에서 쏟아져나왔다. 수학, 물리학, 화학, 천문학, 지리학, 철학, 건축, 민주주의….

그리스는 작지만 강했다.

알렉산드로스와 천재 의존형 모델의 한계

"헬레네스(그리스인들이 자신을 부르는 말)는 상전으로 태어나고, 헬레네스가 아닌 민족은 노예로 태어납니다."

알렉산드로스의 가정교사 아리스토텔레스는 이런 명제를 알렉산드로스에게 던졌다.

그리스 중심의 동서양 융합정책

기원전 334년에서 325년까지 알렉산드로스는 소아시아에서 인더스강 유역을 정복했다. 드넓은 영토를 무력으로 정복한 후, 그는 스승 아리스토텔레스가 던진 명제에 정식으로 답해야 했다.

정복자는 피정복민족 위에 지배자로 군림할 것인가? 아니면 이웃 민족과 대등한 입장에서 살아갈 것인가?

마케도니아 왕 알렉산드로스는 소아시아로부터 인더스강 유역에 이르는 광대한 영토를 정복했다.

마케도니아 왕이자 페르시아 제국의 주인으로서 동방 전제군주까지 겸하게 된 알렉산드로스의 대답은 페르시아인과 예속민족을 위해 광범위한 평등정책을 실시하는 것이었다. 기원전 324년 인도 원정에서 돌아온 알렉산드로스는 마케도니아-그리스와 페르시아의 화해를 기념하는 축제를 열고, 휘하의 귀족 출신 장군들과 신분이 높은 페르시아 여인 90쌍의 합동결혼식을 추진했다. 자신도 죽은 페르시아 왕의 두 딸을 동시에 아내로 맞이하며 동서방 통혼을 장려했다.

알렉산드로스의 융합정책은 소수인 서방 세력이 동방을 안정적으로 지배하기 위한 것이었다. 정복지의 옛 지배계층을 서방의 새로운 정복계층과 맺어줌으로써 제국 신민들이 동질감을 가지고 복종하기를 바랐던 것이다. 페르시아의 옛 지도층도 과감히 중용했다. 이 때문에 정통 마케도니아인들의 불만을 사기도 했다. 페르시아와의 첫 전투에서 알렉산드로스를 구한 맹장 클리투스는 이렇게 불만을 터뜨렸다.

"마케도니아인이 메디아인에게 매를 맞고 왕을 만나는데 페르시아인에게 부탁해야 하는 꼴을 보느니 차라리 먼저 죽은 사람들의 팔자가 부럽습니다!"

알렉산드로스와 그리스+페르시아 문화

알렉산드로스 →
동방 원정
학자, 예술가, 상인 이주정책
그리스 문화 전파
알렉산드리아 건설
피정복민 관리 등용
그리스 남성과 페르시아 여성의 결혼 장려
→ 헬레니즘 문화 발생

찬란하게 꽃핀 헬레니즘 문화

관찰과 측정으로 지구 둘레를 거의 정확하게 계산한 에라토스테네스, 우주를 운행하는 별들의 중심이 지구가 아니라 태양이라고 주장한 아리스타르쿠스(이는 코페르니쿠스의 지동설보다 1,800여 년 앞선 것이었다), 비중에 관한 액체의 원리를 비롯해 물리, 수학의 여러 원리를 발견한 아르키메데스, 기원전 3세기에 평면기하학을 발전시킨 유클리데스(유클리드) 등 헬레니즘 시대 과학자들이 뛰어난 업적을 이뤘다. 이런 헬레니즘 자연학은 이후 이슬람의 자연과학 발달을 촉진시켜 르네상스로 계승됐다.

알렉산드로스의 헬레니즘은 이집트 프톨레마이오스 왕조의 로마복속 때까지 지중해 동쪽에서 활발하게 꽃을 피웠다. 이 실험은 외형적으로는 평등을 지향했지만 내용적으로는 철저히 그리스 중심이었다.

천재 의존형 모델의 한계

그러나 알렉산드로스 대왕의 갑작스러운 죽음으로 헬레니즘은 급속도로 활력을 잃었다. 제국은 오랫동안 무정부 상태로 후퇴해 알렉산드로스의 부하 장군들의 왕권 탈취 전쟁에 휘말렸다. 40여 년간의 전쟁으로 페르시아 제국 신민들이 모은 금은보화는 급속도로 사라져버렸다. 스파르타를 비롯한 그리스 도시국가들이 도시연합을 만들어 마케도니아에 대항하면서 그리스의 통일부터 깨졌다. 결국 마케도니아는 다뉴브강에서 급습해온 켈트족에게 수도를 일시 점령당하는 치욕까지 겪었다. 알렉산드로스가 내세운 정복민과 피정복민의 평등주의도 심각하게 와해됐다.

알렉산드로스는 역사상 최초의 세계 제국을 열고 코스모폴리탄 이념을 도입한 천재였다. 그러나 그의 제국은 천재 한 명에만 의존하는 치명적인 약점 때문에 천재의 죽음과 함께 모든 것을 날려버렸다. '천재 의존형 모델'의 한계였다.

로마 제국의 운명을 결정지은 기원전 1세기의 내전들

기원전 146년의 포에니 전쟁 승리로부터 옥타비아누스의 집권을 결정지은 악티움 해전(기원전 31년)에 이르는 100여 년은 로마 역사상 최대 혼란기이자, 로마 제국의 운명을 가르는 중요한 시기였다. 숨가쁜 내전의 소용돌이 속에서 결국 로마는 공화국에서 제국으로 바뀌었다.

로마의 갈등

기원전 1세기의 정치가이자 역사가인 살루스티우스는 "기원전 3세기에서 2세기를 거치며 코린트와 카르타고 같은 주변국을 모두 제압했기에 로마는 오히려 쇠락의 길로 접어들었다"고 말했다. 외부의 적에 공동으로 맞서다가 공동의 목표가 사라지면 내부의 문제로 관심을 돌리기 때문이다.

한니발이 이끄는 카르타고군에게 패배를 거듭한 로마는 스키피오 아프리카누스라는 걸출한 장수의 등장으로 역전을 이뤘다. 지중해를 지배하던 카르타고를 무너뜨린 로마는 기세를 몰아 이탈리아 반도를 넘어 에스파냐, 그리스, 소아시아, 아프리카 북부를 획득했다.

로마 지배층의 부는 크게 증가했으나 원정에 동원된 병사들은 정반대였다. 전투에서 승리할수록 병사들의 삶은 피폐해졌다. 농사지을 사람이 없는 농경지는 황폐해지거나 귀족의 소유로 넘어갔고, 귀족들이 비도덕적으로 대토지를 소유하는 '라티푼디움Latifundia' 현상이 두드러졌다.

한니발을 제압한 스키피오의 손자들인 티베리우스, 가이우스 그라쿠스 형제가 이 문제를 해결하려고 했다. 티베리우스는 "들짐승도 머리를 둘 굴이 있는데 나라를 위해 목숨 바쳐 싸우는 로마 평민에게는 공기와 햇빛밖에 없다. 세계의 지배자라 불리면서도 그들에겐 한 조각 땅도 없다"며 분개했다. 호민관이 된 티베리우스는 한도를 넘어 소유한 토지를 몰수해 농민에게 재분배하며 개혁을 추진했는데 귀족들의 완강한 저항에 가로막혔다. 결국 티베리우스는 개혁 반대파에게 암살됐다. 동생 가이우스가 형의 뜻을 이어 개혁을 추진하려 했지만, 기원전 121년 귀족의 폭동으로 좌절되고 가이우스는 자결로 생을 마감했다. 보수적인 귀족과 개혁 세력(평민을 옹호하는 귀족 포함)의 대립은 더욱 심화됐다.

로마가 내부 갈등과 혼란에 빠져 있을 때 외부에서는 반로마 세력이 결집했다. 로마에 차별당하던 8개 도시국가들이 독자국가를 수립하기 위해 기원전 91년에 이른바 '동맹시 전쟁'을 일으켜 '이탈리아' 연합을 세웠다. 전반에는 동맹시들이 우세했지만 전쟁은 3년 만에 로마의 승리로 끝났다. 이를 계기로 로마는 도시국가를 넘어선 새로운 국가 형태를 모색했다.

평민을 대변하는 가이우스 마리우스와, 권력투쟁에서 승리한 귀족들의 대변자 루카우스 술라가 기원전 88년 집정관에 오르면서 갈등은 일단락됐다. 그런데 또 다른 계급 갈등이 발생했다. 로마 인구의 4분의 1을 차지하던 노예들이 자유를 쟁취하기 위해 들고 일어선 것이다.

스파르타쿠스의 투쟁

　기원전 73년 노예 출신 검투사 스파르타쿠스가 노예들의 영웅으로 떠올랐다. 이탈리아 중부 카푸아에서 검투사 양성소를 탈출한 80여 명은 베수비오 산에 은신처를 마련하고 세력을 모았다. 걸출한 리더십을 발휘한 스파르타쿠스의 지도 아래 모인 오합지졸들이 강력한 군대로 바뀌었다. 소수 귀족의 압제에 시달리던 노예들은 공화정에 잠재된 시한폭탄이었다. 반란 세력을 제대로 감지하지 못한 로마 지도부는 초기 진압작전에서 연달아 실패했다. 전리품을 획득한 반란군의 규모는 7만 명으로 불어났다. 기원전 71년, 치열한 접전 끝에 반란군은 진압됐다.

로마 공화정 말기 반란을
일으킨 노예 출신 검투사
스파르타쿠스의 죽음.

스파르타쿠스는 맨몸으로 진압군에 맞서다가 전사하고 말았다. 진압군을 이끈 크라수스의 개선 행사는 소박하게 진행됐다. 행사가 거창할수록 노예들의 위력을 반증하는 것이었기 때문이다. 대신 포로 6,000명에 대한 처형은 잔인했는데, 시체를 일정 간격을 두고 십자가에 매달아 거리에 전시했다. 반란의 대가가 어떤 것인지 보여주기 위해서였다.

스파르타쿠스의 투쟁은 후대 로마 역사가들에 의해 평가절하됐지만, 민중에게 전해지면서 핍박당하며 살아가야 했던 이들에게 자유를 향한 의지를 불어넣는 신화가 됐다. 19세기 이탈리아 통일을 위해 헌신한 가리발디는 스파르타쿠스의 투쟁을 다룬 책의 서문을 썼고, 계몽사상가 볼테르는 스파르타쿠스 반란이 '역사상 유일하게 정의로운 전쟁'이라고 말했다.

로마를 향해 진격한 카이사르

기원전 82년 술라가 종신 독재관이 됐다. 술라는 평민의 대변자인 호민관의 권한을 제한하고 귀족을 대변하는 원로원의 권위를 회복시켰다. 술라가 죽은 뒤 묘비에는 "같은 편에게는 술라만큼 좋은 사람이 없고, 적에게는 술라만큼 나쁜 사람이 없다"는 문구가 새겨졌다. 반란을 진압하면서 이름을 알린 폼페이우스와 크라수스는 기원전 70년에 집정관이 돼 술라가 약화시킨 호민관의 권한을 다시 부활시켰다. 이 무렵 율리우스 카이사르가 등장했다.

기원전 59년 집정관에 선출된 율리우스 카이사르는 갈리아(켈트족이 거주하던 프랑스 등 서유럽 일대) 원정을 떠났다. 카이사르는 10년도 안 되는 기간에 800개 도시와 300개 부족을 평정해 갈리아를 정복했다. '전쟁의 귀재'로 카이사르가 세력을 확장하자, 위협을 느낀 원로원은 폼페이우스와 제휴했다.

기원전 52년 원로원은 폼페이우스를 집정관으로 추대하고 기원전 49년 '비상결의'를 발동해 그에게 권한을 부여했다. 카이사르는 갈림길에 섰다. 이대로 권력투쟁에서 밀려날 것인가? 아니면 결단을 내릴 것인가?

기원전 49년 1월 11일 새벽, 군대를 이끌고 본국이 먼발치로 보이는 루비콘강 어귀에 도달한 카이사르는 고민 끝에 나지막이 읊조렸다.

카이사르가 자신의 군대를 이끌고 루비콘강을 건너는 것은 로마에 대한 반역을 의미했다. 프란체스코 그라나치의 〈루비콘강을 건너는 카이사르〉.

이후 '루비콘'이라는 고유명사는 '중대한 고비'를 가리키는 관용어가 됐다. 결정은 신중히 내렸으나 조치는 신속했다. 단숨에 강을 건넌 '로마군이 로마를 향해' 진격했다. 로마 역사상 가장 중대한 내전이 시작된 것이다. 예상과 달리 폼페이우스가 수세를 취하면서 초기에 큰 충돌은 일어나지 않았다. 자신의 군사력이 카이사르의 정예군을 압도하지 못한다고 판단한 폼페이우스는 원로원과 함께 마케도니아로 이동해 세력을 키운 다음, 다시 돌아와 카이사르를 제압하고자 했다. 카이사르는 아드리아해를 건너 폼페이우스를 치는 대신, 그를 지지하던 잔여 세력을 정벌했다. 당시 그는 이렇게 말했다.

"군대 없는 장군을 무너뜨리려고 장군 없는 군대를 상대로 싸운다."

폼페이우스는 계속 지구전으로 맞섰고, 원로원은 폼페이우스에게 전면전을 벌여 내전을 진압해 달라고 요구했다. 드디어 그리스 파르살루스 평원에서 한판 대결이 펼쳐졌다. 전투에서 패배한 뒤 겨우 목숨을 건진 폼페이우스는 이집트로 달아났으나, 카이사르의 환심을 얻으려던 이집트 왕 프톨레마이우스 12세가 보낸 자객에게 암살됐다. 카이사르는 로마의 속주 폰투스가 침략당했다는 소식을 듣고는 소규모 정예군을 투입해 신속하게 승리를 거뒀다. 카이사르는 말했다.

"왔노라, 보았노라, 이겼노라(veni, vidi, vici)."

공화정의 몰락과 제국의 탄생

카이사르의 승리는 공화정의 몰락을 의미했다. 기원전 44년 종신 독재관이 된 카이사르는 법보다 높은 지위에 올라 개혁과 독재에 속도를 냈다. 공화정이 저물어가고 있었다. 이탈리아 반도를 넘어 서유럽, 근동 지방을 점령해 대제국이 된 로마를 공화정으로 유지할 것인가? 아니면 보다 강력한 통치자를 세워 끊임없는 내전과 국력소모를 막을 것인가? 로마인들은 결단해야 했다.

카이사르의 부상은 곧 제정을 의미했다. 이런 상황에서 카이사르가 왕이 된다는 소문과, 그가 이집트에서 만난 클레오파트라를 왕비로 맞아들여 로마에 새로운 왕국을 건설한다는 뜬소문이 로마에 퍼졌다. 당시 상당수 로마인들은 '왕'이란 호칭에 극도로 거부감을 가지고 있었다. 오랫동안 원로원과 민회의 균형과 견제를 바

붉은 머리, 다이아뎀과 진주 귀고리를 착용한 클레오파트라 추정 초상.

탕으로 공화정을 유지해왔기 때문이다. 또한 이집트인인 클레오파트라가 로마 명문 가문 출신의 정실부인을 내몰고 로마 안방을 차지한다는 소문에도 매우 민감했다. 브루투스와 카시우스가 주도한 공화정 회복 세력은 이런 소문에 자극받은 로마인들의 혐오를 등에 업고 카이사르를 암살할 계획을 세웠다. 암살 작전은 카이사르가 저지른 일에 대한 분노보다는 그가 저지를 일에 대한 두려움, 곧 공화정을 버리

로마 제국의 성립

기원전 272년	이탈리아 반도 통일
기원전 264년~146년	포에니 전쟁 승리로 지중해 해상권 취득
기원전 2세기	로마의 동방 정벌
기원전 133년	티베리우스 그라쿠스, 호민관 선출. 농지법 제안
기원전 123년	가이우스 그라쿠스, 호민관 선출. 곡물법 제정
기원전 78년	스파르타쿠스 노예 반란
기원전 70년	폼페이우스와 크라수스, 집정관 선출
기원전 60년	제1차 삼두 정치(폼페이우스, 카이사르, 크라수스)
기원전 49년	카이사르, 로마 장악
기원전 44년	카이사르 암살
기원전 43년	제2차 삼두 정치(안토니우스, 옥타비아누스, 레피두스)
기원전 31년	악티움 해전 승리로 옥타비아누스의 정권 장악
기원전 27년	옥타비아누스, 아우구스투스(존엄한 자)라는 칭호를 받으면서 로마 황제로 등극. 로마 제국 성립

고 왕정에 들어갈 것이라는 우려로 시작된 것이다. 작전은 성공했다. 카이사르는 암살자들의 칼을 맞고 폼페이우스 동상 앞에서 피투성이가 된 채 쓰러졌다.

카이사르는 죽기 전에 조카 옥타비아누스를 후계자로 점찍어둔 바 있었다. 카이사르가 죽었다는 소식을 들은 옥타비아누스는 로마로 돌아와 암살 주도 세력인 공화파와 맞서기 위해 안토니우스, 레피두스 등과 힘을 합쳤다. 암살을 주도한 브루투스와 카시우스 세력을 진압했지만 이번에는 카이사르의 후계자 자리를 놓고 한때 동지였던 옥타비아누스와 안토니우스가 마지막 결전을 치러야 했다. 안토니우스는 클레오파트라와 동맹을 맺고 이집트와 그리스 근동의 동부 지중해 세력을 모았다. 옥타비아누스는 카이사르가 오랫동안 로마를 중심으로 키워온 갈리아와 에스파냐 등 서방 세력을 결집시켰다. 동서 대결 양상을 보인 기원전 31년의 악티움 해전에서 서방이 승리를 거두고 안토니우스와 클레오파트라는 자결했다. 옥타비아누스는 자신을 '첫 번째 시민'이란 뜻을 지닌 '프린켑스princeps'라고 불렀지만 이미 제정은 시작됐다.

그후 로마는 100여 년간 내부 갈등을 해결하고 '팍스 로마나Pax Romana'라는 200년의 번영기에 접어들었다.

개인은 뒤처졌지만 시스템으로 세계 제국을 열다

고대 그리스가 영웅과 천재들이 찬란한 시대를 열었다면 로마는 잘 짜인 조직, 즉 시스템으로 오랫동안 유럽의 패권을 차지했다. 시스템이 강할 때 로마는 융성했고 시스템이 삐걱거리자 제국의 운도 쇠했다.

로마인의 특성

로마 제국은 로마인에게 호의적인 이민족이 믿는 신을 배척하지 않았다. 많은 인구를 유지하려면 자국민뿐만 아니라 이민족에게도 개방적인 태도를 취해야 했기 때문이다. 공식어로 라틴어를 채택했지만 그리스어를 쓴다 해서 처벌하지 않았다. 현재 로마인이라는 점이 중요하지 어디 출신인지 따지지 않았다. 그러다보니 인재 채용에서도 로마 제국 안에서 다른 구성원과 쉽게 조화를 이루는 적응력을 높이 평가했다. 로마 집정관을 지낸 마르쿠스 카토는 로마인의 속성을 이렇게 파악했다.

"로마인은 각기 개성이 무척 다르다. 그러나 무리로 있을 때는 지도자의 명령에 무조건 복종하며 한 몸처럼 움직인다."

시스템의 힘, 시스템의 신성함

로마 제국의 황금기를 연 아우구스투스 황제는 전역 병사들에게 퇴직금을 주기 위해 개인재산을 처분했다. 2세기 말 셉티미우스 세베루스 황제는 죽기 전 이런 말을 남겼다.

로마의 힘이 바로 군대에서 나왔음을 보여주는 말이다. 로마군은 개방적인 성격으로 더욱 강한 힘을 발휘했다. 출신 성분을 따지지 않고 공정한 승진 시스템을 운영해 병사들 간의 자유 경쟁을 이끌어낸 것이다. 또한 엄격한 기강과 충분한 훈련 덕에 강력한 힘을 발휘했다. 유대인 출신으로 후에 로마인이 된 역사가 플라비우스 요세푸스는 로마군의 엄격한 훈련방식을 보고 "로마군에게 훈련은 피를 흘리지 않는 전투요, 전투는 피 흘리는 훈련"이라며 감탄했다.

카르타고의 한니발은 로마를 선뜻 공격하지 못한 이유가 로마군의

트리아누스 원주에 조각된 로마 병사. 로마 군대는 우수한 무기가 아니라 엄격한 기강과 충분한 훈련 덕에 강력한 힘을 발휘했다.

철저한 병력 재생산 시스템 때문이라고 말했다. 로마군에는 그리스의 영웅 아킬레우스처럼 강한 장수는 없었으나 잘 훈련받은 데다가 젊고 충성심이 강한 장수들이 넘쳤다. 한결같은 전투력을 유지한다는 것은 적대국 입장에서는 무척 껄끄러운 일이다. 오죽하면 명장 한니발이 이를 두려워했겠는가?

조직이 강할 때 로마는 강했다. 조직이 약해지자 로마도 약해졌다. 238년 오늘날의 그리스 북부와 불가리아 지역인 트라키아에 나타난 로마군의 모습은 제국의 쇠락을 여실히 보여줬다.

'전략의 아버지'라 불리는
카르타고의 한니발 조각상.

제2차 포에니 전쟁에서 한니발 군대를 아프리카의 자마 전투에서 격파하고 '아프리카누스'라는 칭호를 얻은 로마의 스키피오 아프리카누스 흉상.

"군인들은 행군로를 벗어나 마을에 와서 아무런 대가를 지불하지 않고 숙식을 요구했다."

훈련은 나태해지고 군기는 빠졌으며, 병사들은 마을을 약탈하거나 술에 취해 여자를 겁탈했다. 이른바 '고난의 시기'인 군인황제 시대 말에는 무리한 세금 징수 때문에 생활을 포기하는 농민들이 속출했다.

키케로는 "우리 모두 자유로워지기 위해 법률에 종속되는 것이다"라고 말했다. 로마 시민들은 시스템에 종속되기를 기꺼이 선택함으로써 더 강하고 자유로웠다.

2부
아시아 세계의 확대와 동서 교류

유라시아 초원을 지배하던 북방의 유목민족과 중국 중원의 농경민족은 역사 이래 대결해왔다. 한족은 군사적으로 북방민족에 밀릴 때는 있어도 문화적으로는 북방민족을 한족에 동화시켰다. 중원에 진출한 선비족·저족·갈족·강족·흉노족 등 북방 이민족이 한족에 동화됨으로써 중국은 지속적으로 커졌다. 특히 북방민족의 유입으로 한족은 장강 건너 강남으로 피신해 농경지를 개발했다. 강남은 점차 중국의 새로운 곡창지이자 경제 중심지로 변모했다.

한족은 당과 송의 뛰어난 문명으로 세계 제국의 우수성을 과시했다. 특히 당은 뛰어난 율령격식의 통치체계를 완성해 주변 국가에 중국적 통치방식을 확산시키는 데 기여했다. 북방 유목민족의 저력은 몽골족이 유라시아에 걸쳐 대제국을 건설하면서 절정에 달했다. 몽골족은 역참제를 기본으로 유라시아 대륙을 유기적으로 묶는 네트워크를 운용해 동서 문명의 교류에 결정적인 기여를 했다. 왕조의 교차를 경험하며 동아시아 문명은 한족 문화와 북방 문화가 다채롭게 융합해갔다. 이와 함께 유라시아 네트워크를 통해 동양의 화약, 나침반, 도자기, 양잠업 등이 서구에 본격적으로 전파됐다. 동양의 우수한 발명을 발전시키면서 서양은 동서양 경쟁에서 점차 우위를 차지했다.

서아시아에서는 사산조 페르시아와 비잔틴 제국의 대립에 따라 실크로드가 불안정해지면서 새로운 교역로로 떠오른 아라비아 반도에서 새로운 세계 종교가 창시됐다. 622년 아라비아의 무함마드가 메디나에 새로운 종교공동체를 세우면서 이슬람교는 곧 아라비아 일대를 이슬람 지역으로 변모시켰다. 정복전쟁과 함께 포교에 나선 이슬람교는 중동 일대와 북아프리카 해안을 따라 멀리 서쪽 이베리아 반도까지 진출했다. 동쪽으로도 인도 북부와 인도네시아, 필리핀까지 진출해 광대한 이슬람 벨트를 만들었다.

인도에서는 카스트의 지나친 계급주의에 대한 반발로 상인과 귀족 계층을 중심으로 불교가 한때 세력을 키웠다. 그러나 이민족 왕조를 몰아내는 과정에서 형성된 민족주의 열풍을 타고 굽타 시대에 힌두교가 세력을 역전시켰다. 힌두교는 타협적인 교리로 왕들을 포섭하는 한편 민중에게도 쉽게 메시지를 전달하면서 세력을 키웠다. 힌두교의 패권은 훗날 이슬람교가 들어오면서 다시 경쟁에 들어갔다. 이런 심각한 종교 간 대립이 나중에 인디아-파키스탄-스리랑카 분리로 이어졌다.

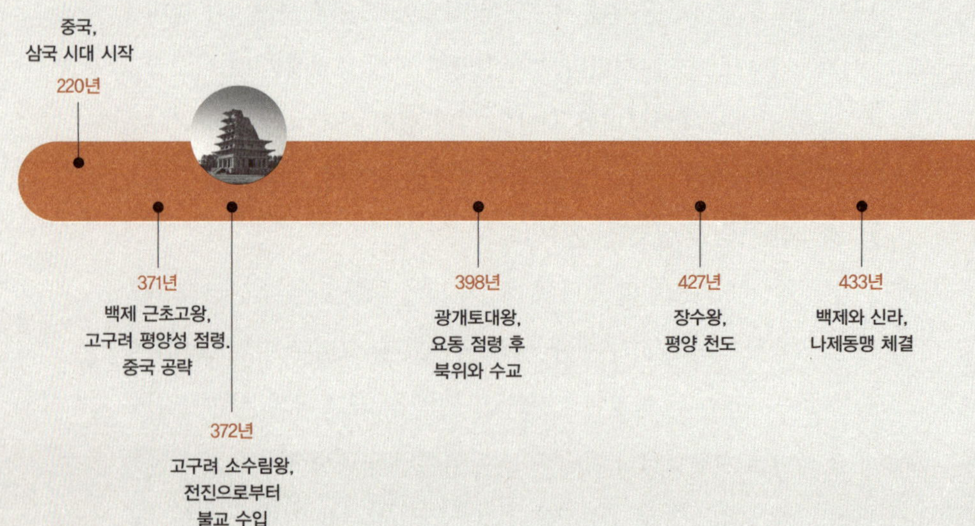

중국,
삼국 시대 시작
220년

371년
백제 근초고왕,
고구려 평양성 점령.
중국 공략

372년
고구려 소수림왕,
전진으로부터
불교 수입

398년
광개토대왕,
요동 점령 후
북위와 수교

427년
장수왕,
평양 천도

433년
백제와 신라,
나제동맹 체결

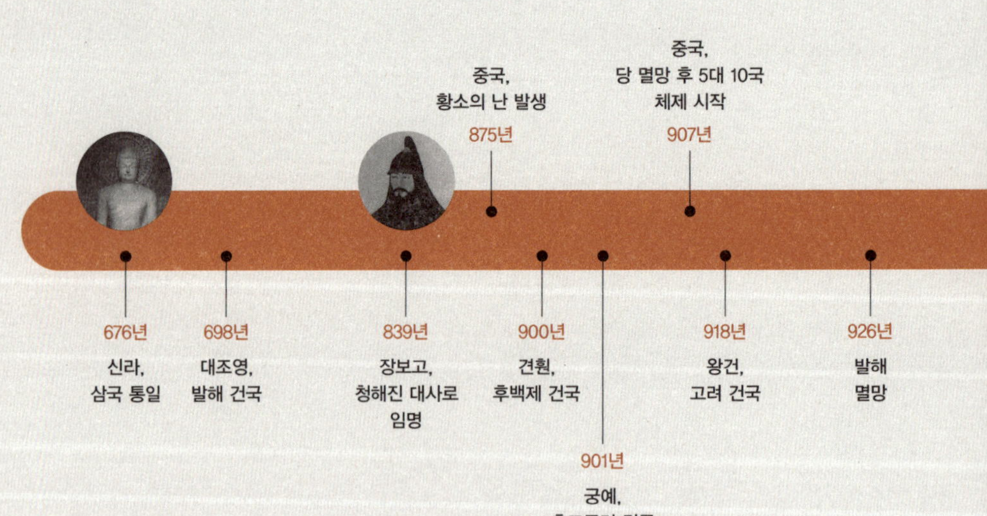

중국,
황소의 난 발생
875년

중국,
당 멸망 후 5대 10국
체제 시작
907년

676년
신라,
삼국 통일

698년
대조영,
발해 건국

839년
장보고,
청해진 대사로
임명

900년
견훤,
후백제 건국

901년
궁예,
후고구려 건국

918년
왕건,
고려 건국

926년
발해
멸망

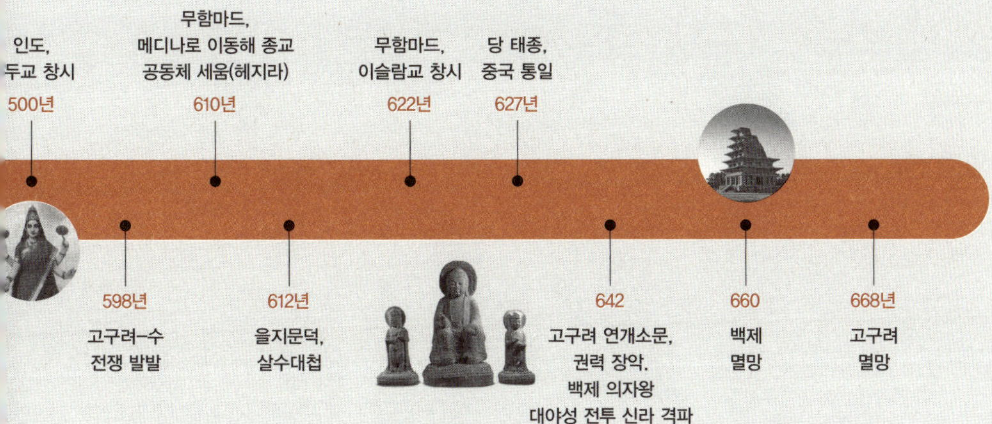

인도,
두교 창시
500년

598년
고구려-수
전쟁 발발

무함마드,
메디나로 이동해 종교
공동체 세움(헤지라)
610년

612년
을지문덕,
살수대첩

무함마드,
이슬람교 창시
622년

당 태종,
중국 통일
627년

642
고구려 연개소문,
권력 장악.
백제 의자왕
대야성 전투 신라 격파

660
백제
멸망

668년
고구려
멸망

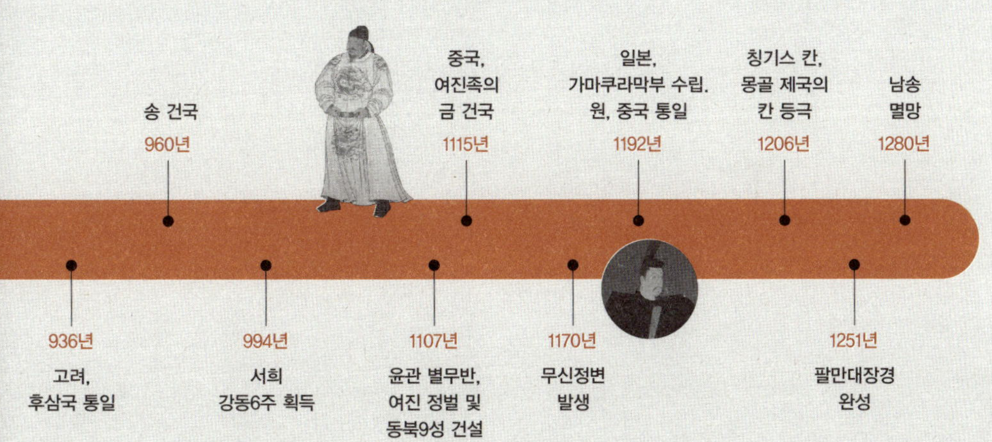

936년
고려,
후삼국 통일

송 건국
960년

994년
서희
강동6주 획득

중국,
여진족의
금 건국
1115년

1107년
윤관 별무반,
여진 정벌 및
동북9성 건설

일본,
가마쿠라막부 수립.
원, 중국 통일
1192년

1170년
무신정변
발생

칭기스 칸,
몽골 제국의
칸 등극
1206년

남송
멸망
1280년

1251년
팔만대장경
완성

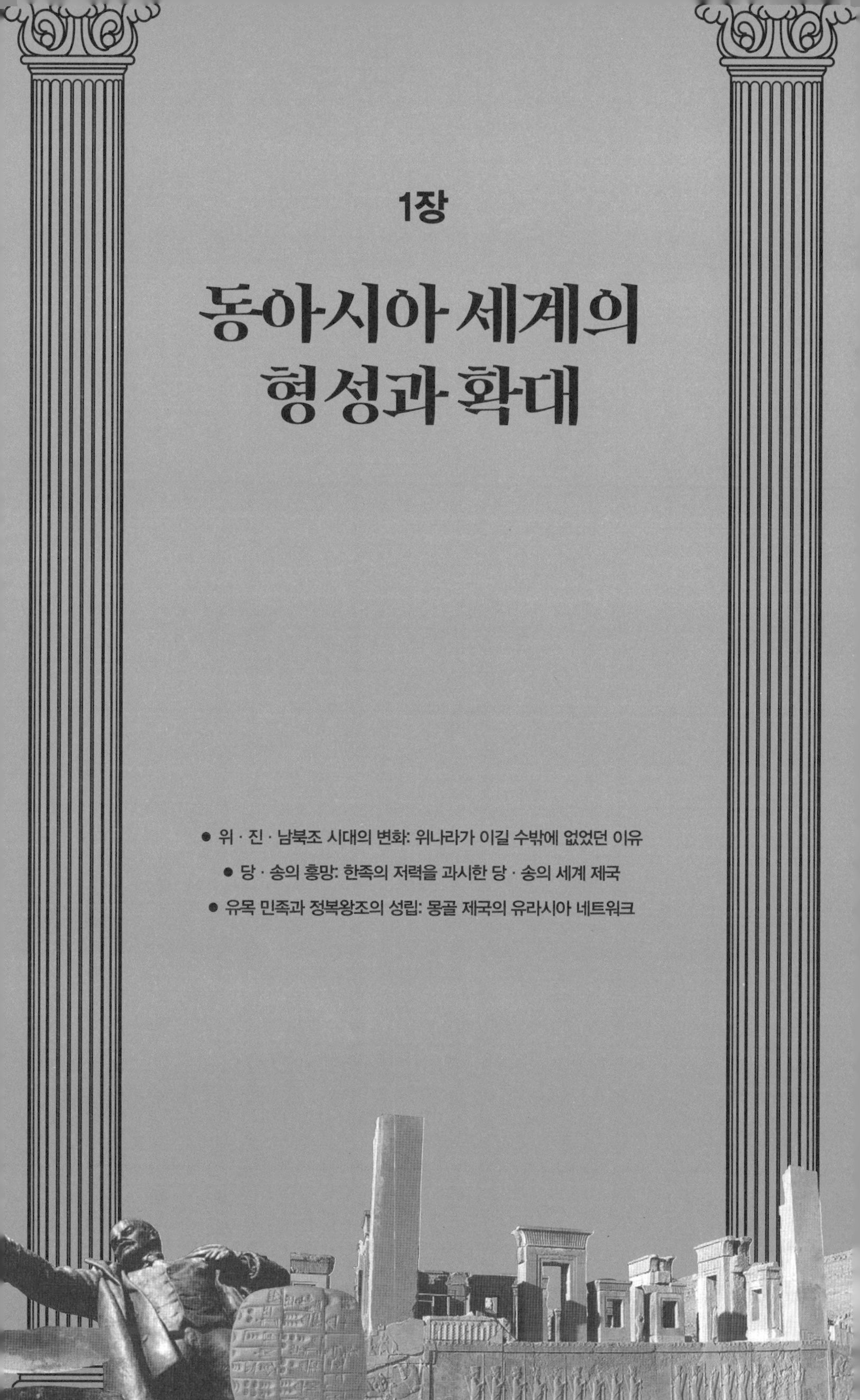

1장

동아시아 세계의 형성과 확대

- 위 · 진 · 남북조 시대의 변화: 위나라가 이길 수밖에 없었던 이유
- 당 · 송의 흥망: 한족의 저력을 과시한 당 · 송의 세계 제국
- 유목 민족과 정복왕조의 성립: 몽골 제국의 유라시아 네트워크

위나라가 이길 수밖에 없었던 이유

삼국 시대는 한나라 질서로 상징되는 중국의 한족 중심주의가 전쟁과 인구 변동에 따라 어떻게 변화했는지 보여주는 중요한 전환기다. 삼국 시대를 둘러싼 지리 경제를 보면 그 비밀을 알 수 있다.

피와 살육, 눈물의 삼국 시대

우리나라 사람이 가장 잘 아는 중국의 역사 시기는 삼국 시대(220~280년)다. 나관중의 소설 『삼국지(삼국지연의)』 때문이다. 이 책에는 유비, 조조, 손권, 제갈공명, 관우, 장비 등 중국 역사 속 실존인물의 이름이 가장 많이 실려 있다.

『한서』 「지리지」에 따르면 한나라 인구는 "기원 2년 1,223만 호 정도에 5,960만 명"으로 정점을 이뤘고, 대체로 인구 5천만을 유지한 것으로 추정된다. 그러나 후한을 멸망으로 이끈 '황건의 난(혹은 황건농민전쟁, 184년)' 이후 삼국 정립(220년) 때까지 중국을 휩쓴 전란으로 인구

삼국 시대의 인구분포

삼국	인구수(단위: 명)	비율
위	양주(40만), 삭주 혹은 병주(70만), 유주(204만), 사예주(310만), 연주(405만), 기주(593만), 청주(370만), 예주(615만), 서주(279만)	50%
촉	익주(724만)	20%
오	형주(626만), 양주(433만), 교주(111만)	30%

는 격감했다. 특히 인구 조밀지역에, 높은 농업생산으로 중국 역사의 중심지였던 중원이 결정타를 맞았다. 난세 속에서 패권을 장악하려는 제후들의 전쟁으로 무수한 사람들이 살상되고, 농지도 파괴됐다. 여러 사료를 종합하면 풍부한 맨파워로 중원을 장악한 조조의 위, 양쯔강을 방어선으로 강남을 확보한 손권의 오, 한나라 황실 가문임을 내세워 서남쪽 파촉을 차지한 유비의 촉이 등장한 삼국 시대 초기에 중국 인구는 약 500만~1천만 명으로 격감한 것으로 추정된다.

오랜 전쟁은 얼마나 백성의 삶을 절멸로 몰아가는가. 영웅들의 무용담 아래 무수한 백성이 죽어나가는 피와 살육과 눈물의 현실, 그것이 중국 통일전쟁 시기의 참 모습에 더 가까웠다.

인구 문제, 전쟁의 승패를 결정짓다

중원을 중심으로 인구가 격감하자 이전과 전혀 다른 게임의 논리가 성립됐다. 외형상 위나라는 중국 한나라 시대 14개 주 중 10개 주를, 오나라는 3개 주를, 촉나라는 1개 주를 장악했다(일부 주는 나라끼리 중복된다). 면적으로 보면 강동을 기반으로 형주, 교주까지 영토를 넓힌 오나라가 가장 컸다. 그러나 인구로 보면 상황은 전혀 딴판이었다. 세 나라가 차지한 영역을 전한 시대의 인구 분포로 대응해보면 전체 인구 중 위가 78퍼센트, 오가 14퍼센트, 촉이 8퍼센트를 차지했다. 그 뒤 삼국 정립 후로 대응해보면 위 50퍼센트, 오 30퍼센트, 촉 20퍼센트다. 이전에 전체 인구의 8퍼센트밖에 안 되는 지역을 차지한 촉은 나라를 세우고 황제를 칭하며 50~60년을 버텨냈다. 이런 변화를 가져온 것은 무엇일까? 바로 전란이었다.

황건의 난에 이어 여러 제후들이 각축전을 벌인 곳은 대부분 양쯔강 이북 중원이었다. 조조가 처음 세력을 키운 연주를 비롯해, 기주, 청주, 양주, 서주 등이 모두 중원에 속한다. 당시 중국 역사의 중심부로, 황허를 따라 펼쳐진 경작지대에서 전란이 집중적으로 벌어진 것이다.

반면 유비가 처음 세력을 내린 형주는 적벽대전 전까지 장기간 평화를 유지했다. 유비의 마지막 보루였던 익주 역시 전란 당시 마지막까지 평화를 유지한 천혜의 곡창지대였다. 손권이 차지한 양주와 교주도 양쯔강 때문에 전란에서 벗어나 있었다.

하지만 거기까지였다. 촉과 오의 등장을 가능하게 한 인구 변동의 메커니즘은 삼국이 정립되면서 새로운 차원으로 변화했다. 이제 전쟁 규모나 양상이 달라졌다. 제후들의 산발적인 국지전은 국경을 중심으로 맞붙는 총력전으로 변했다. 시간이 지날수록 인구가 적은 쪽은 병력과 농업생산력 면에서 불리했다. 이 때문에 오의 손권은 황제에 오른 지 2년째인 230년 바다 건너 이주(오늘날의 대만)와 단주(오늘날의 오키나와)에 원정군을 보냈다. 이유는 단 하나, 사람을 데려와 인구를 늘리기 위해서였다.

결과는 참담했다. 원정군 대부분이 죽고, 단주까지는 가지도 못한 채 이주에서 수천 명을 데려온 게 고작이었다. 촉의 인구 부족은 더 심각했다. 제갈량이 촉의 승상으로서 출사표를 내고 위 정벌에 나설 때마다 온갖 세부 일을 도맡은 것은 공명심 때문도, 의심 때문도 아니었다. 촉의 인재 부족, 인구 부족의 다른 표현에 지나지 않는다.

위는 오와 촉의 공격을 각각 여유롭게 방어하면서 압도적인 인구의 힘, 농업생산력을 축적했다. 그렇게 시간을 버는 것만으로도 최종 승자가 될 수 있었다. 촉의 제갈량이 총 5차례에 걸쳐 위 정벌에 나선 것은 시간이 흐를수록 위를 물리칠 길이, 천하통일의 길이 멀어진다는 절박감 때문이었다. 인구 문제야말로 『삼국지』의 밑바닥을 흐르는, 약소국가가 처한 거대한 비극의 뿌리였던 것이다.

삼국 시대 촉한의 재상 제갈량은 유비가 세 번이나 찾아가
출사했는데 여기서 '삼고초려'라는 고사성어가 유래했다.

한족의 저력을 과시한 당·송의 세계 제국

"당나라 수도 장안은 얼빠지도록 낙천적이고 화려하고 활기찬 국제도시다. 시내 거리에선 이국인들이 낙타를 끌고 지나가고, 협객들은 어깻바람을 내며 돌아다녔다. 도박은 장안사람 누구라도 즐기는 오락거리였다."

한족이 세운 유일한 세계 제국, 당

삼국을 통일한 사마염의 진이 망하고 중국은 5호 16국 시대를 맞으며 대혼란에 빠졌다. 5호 16국은 북위와 동진의 남북조 시대로 이어지고, 남북조 시대를 통일한 수나라를 618년 이연이 무너뜨리고 건국한 것이 당나라였다.

당은 중국 역사상 가장 번영을 누린 왕조로, '성당(盛唐: 크게 번성했다'는 뜻)'이라고 불렸다. 특정 군주가 번영을 이룩했다는 의미에서 '문경의 치(文景의 治: 한나라 초기 문제와 경제의 훌륭한 통치)'니 '강건성세(康建盛世: 청나라 강희제, 건륭제의 번영시대)'니 하는 표현은 있어도 왕조 전체가 칭송을 받은 적은 없다. 그 이유는 무엇일까?

우선 당나라는 평화로운 시대였다. 300년간 다른 왕조에 비해 반란이 드물고 나라가 풍요로웠다. 특히 당 태종의 태평성세(정관의 치)가 쇠퇴하자, 현종의 태평성세(개원의 치)가 그 뒤를 받쳐줬다. 『구당서』는 이렇게 전한다.

당은 한족이 세운 유일한 '세계 제국'으로, 8세기 무렵 모든 문명을 통틀어 가장 발달한 왕조였다. 인구 100만 명을 웃도는 수도 장안에는 서역과 아시아 곳곳의 외교사절, 유학생, 상인, 예술가들이 몰려들어 '세계의 수도' 역할을 했다. 장안은 9세기의 '뉴욕'이었다.

당은 세계에서 가장 정교한 제국 운영을 자랑했다. 행정·입법·사법체계인 율령격식(형법, 행정법, 정부조례 및 규칙 등)을 비롯해 합리적인 토지제도인 균전제, 효율적인 조세체계인 조(토지세)·용(노역의 무)·조(집에 대한 현물세), 군사제도인 부병제 등을 수립하고, 이를 과거제로 충원한 관료를 동원해 실행했다. 당의 제국 운영은 곧 주변국에 널리 전파됐다.

무엇보다 당은 '열린 문화'로 성공했다. 당은 한족의 전통 문화에 남조 문화와 북방의 유목 문화를 융합시킨 뒤, 서역 및 유럽 문화를 적극 받아들였다. 이백, 두보, 백거이, 한유 등 위대한 시인이 줄지어 명시를 써냈고, 오도현, 이사훈, 왕유 등의 화가가 남종화와 북종화라는 양대 흐름을 창시했다. 불교와

'정관의 치'로 유명한 당 2대 황제 태종.

도교 등의 전통 종교에 조로아스터교, 마니교, 네스토리우스교 등 서역의 새 종교가 물밀듯이 들어왔다.

당의 번영은 농업과 산업 발전에 크게 이바지했다. 당 중기에는 화북 지방을 중심으로 '2년 3모작'을 시행해 농업생산이 크게 늘었다. 양쯔강 이남도 개발돼 벼와 차의 재배면적이 크게 넓어졌다. 이 시기부터 일반 백성도 본격적으로 차를 마셨다. 조정에서는 상업과 산업 발전을 위해 세금조차 부과하지 않았다.

해외무역이 번성해 광주에서 출항해 인도, 페르시아에 이르는 항로가 개설됐다. 세관 겸 출입국관리 사무소인 시박사가 설치됐다. 해외에서의 히트상품인 견직물과 도자기가 무더기로 선적돼 나가고, 남해(동남아시아, 인도를 일컬음)의 특산물인 향료, 상아 등이 대량 수입돼 들어왔다. 현금 대신 '비전飛錢'이라는 수표를 처음 만들어 사용한 것도 당나라 때부터다. 중국인이 발명한 제지술도 이때 이슬람 국가에 전파됐고, 도자기 특산품 당삼채는 이슬람과 유럽의 왕족 및 귀족들에게 큰 인기를 끌었다. 이백은 당에 들어와 자리잡은 서역풍을 이렇게 노래했다.

"어디서 그대와 이별하면 좋을까
장안의 동문 청기문일세
호희(페르시아 여성)는 하얀 손을 내밀어 손짓하여 부르고
손님을 잡아끌며 금잔으로 취하게 하네."

문화 제국, 송의 문치주의

당 멸망 후 50여 년간의 5대 10국을 거쳐 통일을 이룬 송은 당 못지않은 문화 제국을 건설했다. '당송 8대가'라는 표현에서 보듯 송은 당과 동질적인 왕조였다. 특히 송은 5대 10국 시대의 군사 문화를 일소하기 위해 역사상 두드러진 문치주의-문화주의를 발전시켰다.

그런데 극단적인 문치주의에 왕안석의 신법 등이 맞물려 극심한 당쟁이 벌어졌다. 그 결과 국력이 급격하게 약화됐다(이런 문제의식에서 나온 소설이 바로 『수호지』다). 결국 송은 사상 최초로 이민족에게 중국 전역을 정복당해 원 제국 치하에 들어갔다.

이 과정에서 송은 양쯔강 이남으로 천도한 후 강남을 중국의 새로운 경제·문화의 중심으로 성장시켰다. 특히 강남 저지대에 제방을 쌓아 논을 만드는 위전圍田이 발달했다. 생장기간이 100일에 불과한 동남아 조생종 벼를 이용해 이모작(같은 작물을 한 해에 두 번 재배하는 것)과 이기작(서로 다른 작물을 한 해 동안 돌려 심는 것)을 보급해 '농업혁명'을 일으켰다.

농업생산량의 증가를 바탕으로 '상업혁명'도 진전돼 교자, 회자 등 역사상 최초의 지폐도 발명됐다. 해외무역도 더욱 발전해 페르시아

송나라 때 사용한 교자는 세계 최초의 지폐다.

만까지 정기편이 생겨났다. 백성들의 생활은 풍족해져 서민들도 비단옷 입기를 좋아했다. 밤에도 시장과 술집 등이 번성하며 '밤문화'가 생겨났다. 맹원로의 『동경몽화록』은 이렇게 전한다.

"한 번에 수천 명을 수용할 수 있는 극장도 여럿 있었다. 근처에는 음식점과 이발소, 점집, 그림이나 악보를 파는 가게 따위가 있어서 해가 지는 것도 잊은 채 놀았다."

한족 문화가 찬란히 꽃피면서 중국은 남송 소희 황제 때 처음으로 인구 1억 명을 돌파했다. 한족은 이 '멋진 한 방'을 보여준 뒤, 결국 북방으로부터 밀려오는 강인한 기마 유목민족의 도전 앞에 굴복해야 했다.

몽골 제국의 유라시아 네트워크

중국에서 당과 송이 막을 내리고 다시 북방의 몽골족이 중국을 비롯해 유라시아와 아프리카 일부를 거느린 대제국을 건설했다. 13세기, 거칠고 싸움이나 잘하는 것 같은 몽골인들은 그 어떤 문명도 따라오지 못할 놀라운 스피드와 네트워크로 동서양을 하나로 묶는 놀라운 실험을 성공시켰다.

몽골 제국의 대동맥, 역체 시스템

"대칸의 사자가 칸발릭(베이징)을 출발하면 어느 길을 택하든 약 40킬로미터마다 '쟘'이라는 역을 만난다. '쟘'은 '역사(驛舍)'라는 뜻이다. 어떤 역사에는 말 400마리가 언제나 준비돼 있다. 전령과 사신을 위해서다. 길도 제대로 없고 민가도, 여관도 없는 외딴 시골을 지날 때도 역사는 있다."

13세기 말 베네치아인 마르코 폴로는 25년간의 동방여행을 마치고 『동방견문록』에 이렇게 썼다.

아시아 동쪽 끝에서 동유럽까지, 역사상 가장 넓은 땅을 지배한 몽골인들은 오늘날에도 놀랄 만한 커뮤니케이션 시스템을 가졌다. 그것은 철도망과 체신망을 결합한 것과 비슷한 역체驛遞 시스템(역참제, 역마를 바꿔타는 곳인 역참을 이용한 제도)이었다.

몽골 제국 이전에 동서양을 연결하던 실크로드는 몇 가지 한계가

있었다. 실크로드는 중국 장안에서 동로마 콘스탄티노플까지 '풀코스 완주형'이 아닌 '릴레이 연결형'으로 이어졌다. 즉, 무역 대상들이 일정 구간만 물자를 운송해 전 구간을 연결한 것이다. 중간에 이슬람 세력이 등장하자 운송로가 종종 끊기는 일이 허다했다.

그때 몽골 제국이 나타났다. 칭기스 칸의 원정으로 몽골 제국은 팽창을 거듭해 오고타이 칸국(알타이산맥 일대), 차가타이 칸국(중가리아 분지와 타림 분지, 아무다리야강 동쪽 지역), 킵차크 칸국(동유럽 지역), 일 칸국(페르시아와 터키 지역)의 4대 칸국으로 유라시아 대부분을 관할했다. 몽골 제국은 실크로드의 한계를 이렇게 극복했다.

1) 동서양 교통로의 비약적 확장: 실크로드가 더 멀고 정교하게 가지를 쳤다. 동쪽으로는 북경을 거쳐 고려, 일본까지, 서쪽으로는 로마를 넘어 중흑해 일대 및 중부 유럽까지 넓어졌다.

내몽골에서 발견된 패자.
패자를 보여주면 역참에서
서비스를 제공받을 수 있었다.

2) 안전 증대: 동서양 교류가 훨씬 편리하고 안전해졌다. 아랍의 대표적인 여행가 이븐 바투타는 『여행기(3대륙 주유기)』에서 "여행자에게 중국은 가장 안전하고 좋은 나라다. 홀로 큰돈을 지니고 9개월간 돌아다녀도 걱정할 것이 없다. …역참 여인숙에는 식량을 비롯해 여행자가 필요한 모든 것이 비록 양은 적지만 늘 마련돼 있다"고 썼다.

3) 풀코스 완주형 작동: 동서양을 완주하는 사람이 점점 늘어났다. 마르코 폴로나 이븐 바투타뿐만 아니라 교황의 특사였던 카르피니 신부 등도 새로운 '스타 여행가' 반열에 이름을 올렸다.

4) 바닷길의 병행: 지리 지식이 확장되자 바닷길도 활성화됐다. 몽골 제국은 교역을 발전시키고 관세 수입을 늘리기 위해 남중국해와 인도양 무역을 장려했다. 중화권에서 '동양'과 '서양'이라는 관념이 확립된 것도 이 시기다.

5) 단일화폐의 통용: 제국의 팽창과 교통의 발달은 단일화폐의 필요성을 높였다. 그 결과 교초(지원통행보초)라는 지폐와 차가타이 화폐가 널리 통용됐다. 지폐는 유럽보다 400년이나 앞서 광범위하게 통용됐다.

역참은 크게 일반 역참과 특수 역참으로 나뉘었다. 일반 역참은 육로를 이용하는 육참과 선박을 이용하는 수참이 있었다. 육참에 가장 널리 이용한 것은 말이지만, 낙타나 당나귀 등도 활용했다. 특수 역참으로 '급체포(急遞鋪: 몽골말로 '찌데뾜')'라는 익스프레스 서비스도 있었는데 조정과 지방행정기관 사이에 긴급문서를 운송했다. 일반 역참으로 6일 이상 걸리는 거리를 급체포로는 3, 4일 만에 주파했다. 마르코 폴로에 이어 원나라에 온 이탈리아 프란체스코파 선교사 오도리코 다 포르데노네는 저서 『동방기행』에서 이렇게 적었다.

"첫 포졸이 역참에서 안장을 얹은 말들 중 가장 힘센 말 한 마리를 골라 타고 전속력으로 달린다. 다음 역사에선 포졸의 허리춤에 달린 방울

몽골 서정 루트

소리를 멀리서부터 듣고 최상의 컨디션에 있는 포졸과 말을 준비했다가 이어 달린다. 밤에는 횃불을 든 길잡이까지 앞세워 하룻밤 또는 하루낮 동안 240킬로미터에서 320킬로미터를 단숨에 달렸다."

신속한 네트워크 방식은 서양에도 엄청난 영향을 미쳤다. 역체 시스템을 통해 서양은 동방 문명을 대대적으로 전수받았다. 제지술·인쇄술·나침판·화약 등 중국 4대 발명품이 유럽에 전해졌다. 특히 화약은 유럽에 큰 변화를 가져왔다. 중세 봉건영주들의 성을 격파해 유럽에 통일국가를 출현하게 했기 때문이다. 나침반은 유럽의 항해술을 비약적으로 발전시켜 서구인의 지리상 발견을 이끌었다.

2장

이슬람 세계의 형성과 확대

● 이슬람교의 성립: 동서 교역로가 막히자 아랍인은 세계 종교를 만들어 돌파했다

● 인도의 성장: 인도의 힌두 문화 성립과 이슬람화

동서 교역로가 막히자 아랍인은 세계 종교를 만들어 돌파했다

6세기 말에서 7세기 초, 동서양 교역에 비상이 걸렸다. 실크로드 서쪽에서 사산조 페르시아와 비잔틴 제국이 1세기의 소강상태를 깨고 전쟁에 들어가면서 심각한 '막힘 현상'이 생긴 것이다. 아라비아 반도의 운명이 바뀌고 있었다. 사람들은 바짝 긴장했다.

골치 아픈 약탈자

"우리는 친구나 적으로서 사라센인(아랍인)의 어느 면에서도 좋은 점을 찾을 수 없었다. 그들이 지나간 자리는 모두 폐허가 됐다. 그들은 마치 솔개처럼 높은 곳에서 먹이를 본 순간 쏜살 같이 날아와 먹이를 낚아채 사라진다."

셈족 계열의 아랍인들은 오래전부터 아라비아 반도 남부 곳곳의 오아시스를 중심으로 양과 낙타를 키우거나 밀과 대추야자를 재배해 왔다. 그들은 수백 가지 우상 신을 섬기고, 통일된 민족적 정체성도 갖지 못했다. 호전성과 빠른 기동력을 갖춘 그들은 탁월한 지도자도, 정치체제도 없는 '골치 아픈 약탈자'들이었다.

그러다가 사산조 페르시아(226~651년)와 비잔틴 제국(395~1543년)의 충돌에 영향을 받아 아라비아 반도의 운명이 바뀌었다. 무엇보다 이전의 육상 실크로드와 바다 길로 나르던 중국과 인도의 비단, 도자기,

향신료를 홍해와 아라비아 서부를 경유해 운반하게 됐다. 아라비아가 중계무역의 거점으로 떠오른 것이다. 게다가 중심도시 메카는 300여 개의 다신교 우상들에게 참배하려는 순례객들로 번성했다.

이런 호황의 이면에 한편으로 불안한 기운이 감돌았다. 우선 도시 밑바닥에서 가난한 사람들이 증가했다. 프랑스의 이슬람학자 안 마리 델캉부르에 의하면 그들은 "중계무역지의 상업적 특권에서 소외된 상인, 소규모 대상 무역상, 빚더미 때문에 노예로 전락한 베두인 유목민, 가난한 장인들, 소수파 종교인들, 가난한 고아들"이었다. 거상들 역시 무역로가 언제 어디로 바뀔지 모른다는 불안감에 시달렸다.

사산조 페르시아와 비잔틴 제국도 아라비아를 먼저 영향권 안으로 끌어들이려 각축전을 벌였다. 메카는 두 강대국 중 어느 한쪽에 먹히든, 거꾸로 어느 한쪽이라도 먹어치워야 할 판이었다.

무함마드의 새로운 질서

이 상황에서 아라비아 반도에 필요한 것은 아랍민족의 통일이고, 그것은 '새로운 종교'를 통해 가능하다고 깨달은 사람이 있었다. 메카에서 태어난 무함마드라는 상인은 마흔 살에 '신의 계시'를 받고 유일신 알라를 섬기는 새 종교를 포교했다. 그는 10년간의 노력 끝에 100명 남짓한 개종자를 얻었다. 대신 "조상 대대로 내려온 신앙을 저버렸다"는 이유로 자신의 부족으로부터 사실상 '살해 명령'의 대상이 됐다. 마침 그는 '새로운 질서'를 부여해 달라는 야스리브('예언자의 도시'라는 뜻의 '메디나'의 옛 이름) 사람들의 주선으로 622년 메카를 탈출해 메디나로 갔다. '부족 간 갈등' '종교 간 갈등'이 메디나를 무겁게 누르고 있었다. 무함마드는 이 도시가 '메디나 헌장'을 채택하게 하는 한편, 강력한 신정일치제인 최초의 종교공동체 움마Ummah를 세웠다.

무함마드가 메디나에 새 종교공동체를 세운 사건은 이슬람 역사에 '헤지라('이주' 또는 '망명'이라는 뜻)'로 기록됐다. 그 뒤 무함마드는 메디나에서 유대인들을 추방하고 이슬람교의 아랍화를 추진했다. 헤지라 9년(630년)에는 1만 명의 무장 세력을 이끌고 메카를 정복했다. 메카에 입성한 무함마드는 다신교의 중심이던 카바('신의 처소'라는 뜻)에서 유일신 알라를 상징하는 흑석만 남긴 채 다른 우상을 모두 없앴다. 메

<h3 style="text-align:center">이슬람교의 성립 과정</h3>

610년	무함마드, 이슬람교 창시 (경전 '쿠란', 유일신(알라) 숭배, 우상 숭배 거부, 평등사상)
622년	헤지라. 메카에서 박해를 받아 메디나로 이주 (이슬람력의 원년)
630년	메카 점령
632년	아라비아 반도 통일. 정통 칼리프 시대 개막

메카에서 태어난 무함마드는 '신의 계시'를 받고 유일신 알라를 섬기는 새로운 종교를 포교했다. 사진은 오늘날 메카 전경.

카 점령 후 아라비아는 하나의 종교 아래 통일됐다. 632년 무함마드가 갑자기 세상을 뜨자, 추종자들은 그의 무덤에 "신은 유일하고 무함마드는 신의 사도다"라고 새겼다.

그후 무함마드의 후계자들이 대규모 정복전쟁을 계속 이끌었다. 사산조 페르시아를 멸망시키는 등 8세기 초까지 중앙아시아에서 중동, 북아프리카를 지나 이베리아 반도에 이르는 제국을 건설했다. 형제애를 강조한 이슬람교의 '평등주의'는 세계 종교로 성장하는 데 큰 힘이 되었다.

이슬람 제국의 최대 영토

인도의 힌두 문화 성립과 이슬람화

"간다라 미술인은 그리스인의 손을 가졌으나 마음은 영원히 인도인의 것이었다."

거침없는 힌두교와 힘을 잃은 불교

굽타 왕조 시대에 인도 사회 밑바닥에선 브라만교를 계승한 힌두교가 크게 확산됐다. 또한 북부 유목민족의 잇따른 침입으로 민족의식이 대두되자 굽타 왕조는 브라만교를 힌두교로 태어나도록 적극 장려했고, 4~5세기 무렵 힌두교는 주요한 변화를 거쳤다.

먼저 희생물 대신 신상을 제단에 올려놓고 제사를 지내게 됐다. 제사 비용을 크게 줄여 일반 백성들이 '한층 더 믿기 쉬운 종교'로 변신한 것이다. 또한 힌두교에 입각한 새로운 사회제도를 『마누법전』편찬을 통해 일목요연하게 정리했다.

힌두교의 4가지 생활목표는 다르마(dharma: 종교와 사회적 의무), 아르타(artha: 경제적인 실리 추구), 카마(kama: 쾌락을 즐김), 모크샤(moksa: 정신의 해탈)였는데, 대부분 인간의 현세적인 욕구를 긍정했다. 부자가 되고 싶은가? 부의 여신 락쉬미가 준비돼 있다. 쾌락을 즐기고 싶은가? 물론 권장한다.

나아가 힌두교는 그 어떤 종교나 민족도 거침없이 포용하고 힌두

힌두교의 신 비시누의 부인이자 부의 여신인 락쉬미.
힌두교는 인간의 현세적인 욕구를 적극적으로 긍정한다.

힌두교에서 성스럽게 여기는 갠지스강 전경. ⓒWikimedia

화했다. 심지어 석가모니를 힌두교 화신으로 인정하기도 했다. 마치 변신로봇처럼 다른 종교, 다른 민족의 신을 힌두신의 하나로 포용해 버린 것이다.

이에 반해 불교는 교리를 발전시킬수록 백성들과 괴리됐다. 힌두 교도들이 성수에 의한 정화 의식을 강조하자 불교는 "만약 갠지스강에서 목욕함으로써 공덕을 쌓을 수 있다면 갠지스강에서 서식하는 물고기와 거북이가 공덕이 가장 많은가?" 하고 비판했다. 그러나 고대 인도인들에게 갠지스강의 은총은 절대적이었기에 민중은 이를 외면했다.

소승불교에서 대승불교로 전환하면서 불교는 더욱 큰 위기를 맞았다. 평등주의를 내세운 불교는 애초에 브라만주의와 달랐는데, 대승불교로 전환하면서 혁신적인 교의가 변질됐다. 우선 경전을 특권층 브라만 계급의 언어인 산스크리트어로 편찬했다. 또한 석가모니는 자신을 불타, 즉 '깨달은 자'이지 신적 존재가 아니라고 했지만, 예배 대상이 되고 신이 됐다. 불교는 교리 면에서 보편성을 확보했지만, 사회적으로는 힌두교와 다를 게 없어졌다.

한편, 카스트 제도의 위력 앞에서 불교는 힌두교와 카스트에 맞설 힘이 없었다. 특히 불교를 지원하던 상인계급이 브라만과의 주도권 싸움에서 패하고 몰락하자 불교도 쇠락의 길을 걸었다. 결국 8세기 들어서 불교는 힌두교에 흡수되어 세력을 잃고 말았다.

712년	이슬람 세력(우마이야 왕조)의 인도 침입
998년~1030년	투르크계 이슬람 왕조인 가즈나 왕조(마흐무드왕), 인도 공략(펀자브 영유)
1163년~1202년	가즈나 왕조를 멸망시킨 고르 왕조(무함마드왕), 델리까지 진출하여 북인도 지방 평정
1206년~1520년	노예 왕조, 노예 출신인 아이바크가 델리에 세운 인도 최초의 이슬람 왕조. 이후 이슬람계의 델리 술탄 왕조(5왕조) 흥망
1526년	티무르 자손 바베르, 서북인도 점령. 델리를 수도로 이슬람 무굴 제국 건국

힌두-브라만의 아성을 무너뜨린 이슬람

고대 인도 사회를 주도한 힌두-브라만 문명에 본격적으로 도전한 것은 인도 북부에서 쳐들어온 이슬람 세력이었다. 역사상 북인도에 침입한 그리스, 스키타이, 흉노족 등은 모두 인도에 동화됐다. 그러나 이슬람 세력은 힌두 문명에 동화되지 않는 존재가 있음을 최초로 입증했다. 이슬람교로 개종한 인도인은 있지만, 이슬람교에서 불교, 힌두교로 개종한 사람은 거의 없다고 한다.

771년 우마이야 왕조의 인더스강 하류 지역 공격을 시작으로 이슬람 세력은 갈수록 거세게 쳐들어왔다. 이로써 인도는 영국의 식민통치 전까지 직간접적으로 이슬람의 지배를 받으면서 골머리를 앓았다. 특히 힌두교의 계급주의가 심각한 타격을 입었다. 카스트와 종교로 핍박받던 계층부터 힌두교-카스트의 질서에서 이탈했다. 카스트 제도의 제 4계급에도 못 드는 '불가촉천민' 거주 지역에서는 전 주민이 이슬람교로 개종하는 사태가 벌어지기도 했다. 이들에게 이슬람교는 새로운 해방을 의미했다.

불가촉천민인 바소르족. 1995년 인도에서는 불가촉천민법이 제정되어 법적으로 이들에 대한 차별이 금지돼 있지만 여전히 차별은 남아 있다.

이후 인도는 이슬람과 힌두가 조화롭게 협동하면 발전하고, 대립하면 쇠퇴하곤 했다. 결국 20세기 중반 영국에서 해방되면서 힌두교 중심의 인도와 이슬람교 중심의 파키스탄으로 분열되는 사태를 인도는 끝내 피하지 못했다. 종교적 신념이 지나치면 수천 년 동안 누린 동일 문명의 영광도 간단히 쪼개질 수 있다.

3부
유럽의 봉건 사회

4세기 후반부터 진행된 게르만족의 이동으로 유럽 사회의 정치·경제·문화는 크게 달라졌다. 게르만족에 의해 서로마가 멸망하면서 로마 제국의 영향력은 점차 쇠퇴했다. 서로마가 사라진 자리에는 프랑크 왕국이 새로운 강자로 떠올랐다. 어수선하고 불안한 사회에서 농민들은 외세의 공격으로부터 생명과 재산을 지키기 위해 무력을 지닌 영주와 주종관계를 맺었다. 소영주는 대영주와 주종관계를 맺었고 대영주와 왕의 관계도 동일했다. 이렇게 지방분권을 기반으로 한 거대한 위계질서가 형성됐으니, 이것이 봉건제다. 봉건제란 정치적으로는 지방분권, 경제적으로는 장원제, 군사적으로는 기사제를 의미하는데 봉건 사회가 해체되면서 이 형태가 서서히 중앙집권, 시장경제, 상비군 체제로 바뀌었다.

로마 가톨릭은 391년 로마 제국 국교로 공인된 후 세력을 크게 넓혔으나 서로마의 멸망과 더불어 험난한 생존 투쟁을 치러야 했다. 우상숭배와 삼위일체 등 교리상 문제뿐만 아니라 가톨릭의 정통성을 두고 동로마와 대립했던 로마 교회는 서유럽의 신흥 강자인 프랑크 왕국과 손을 잡고 가톨릭 제국의 부흥을 추구했다. 가톨릭은 이슬람 세력에 위협받는 동로마 제국을 지원한다는 명분 아래 여덟 번의 십자군 원정을 감행했다. '이웃을 사랑하라'는 예수의 가르침을 망각한 섭자군의 무자비한 학살, 성직 매매, 면죄부 남용 같은 과오로 가톨릭의 도덕성은 심각하게 훼손됐다.

가톨릭은 이후 식민주의 시대 신대륙 정복자들과 결탁해 원주민 착취와 토착 문화 파괴에 참여하는 역사적 과오를 남겼다. 십자군 원정에서 드러난 기독교 중심 가치관은 현대 들어서 네오콘의 대두 및 이라크 전쟁, 미국의 이스라엘 지원 등의 형태로 이어지고 있다.

중세는 역사가들에 의해 고대와 근대 사이에 낀 '중간 시대'라는 오명을 썼다. 하지만 중세는 새로운 문명의 도래를 준비하고 근대의 터를 닦은 중요한 시대였다. 동로마 제국은 로마의 정치제도를 따랐지만 언어와 문화는 그리스를 따랐다. 고대 그리스의 훌륭한 지적 유산은 문화다양성을 존중하는 동로마의 풍습과 가톨릭 수도사들의 노고로 온전히 보존될 수 있었다. 고대 문화부흥을 의미하는 르네상스가 이 시기에 이미 일어났고, 세계 최초로 대학이 생겨났다.

영주와 귀족들의 이권 다툼, 가톨릭 세계의 대립과 몰락, 페스트의 창궐과 장기간에 걸친 전란을 거치며 유일하게 몰락하지 않은 세력이 있었으니 각국의 왕들이었다. 강력한 왕권을 내세운 중앙집권국가가 유럽에 출현했다.

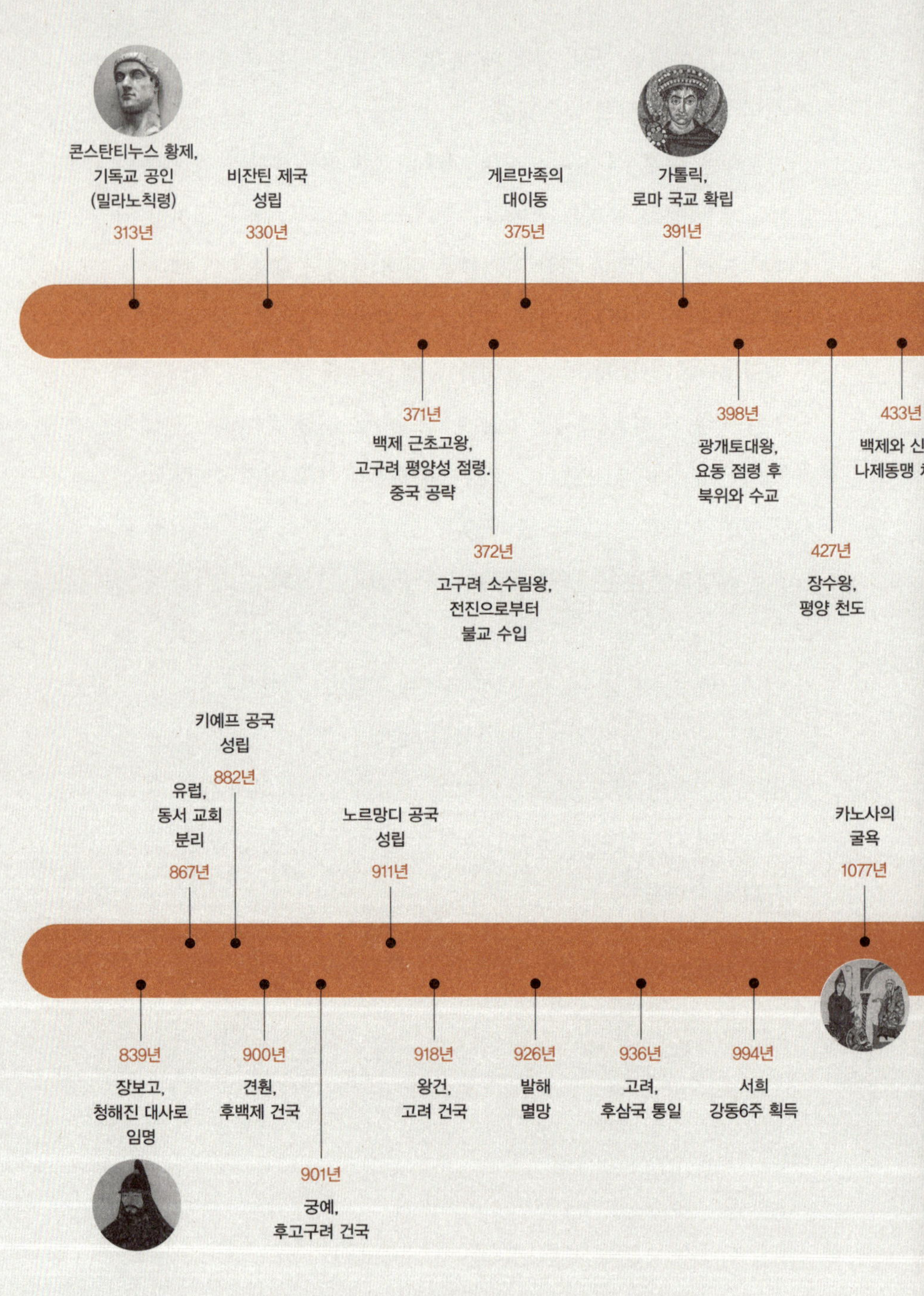

콘스탄티누스 황제,
기독교 공인
(밀라노칙령)
313년

비잔틴 제국
성립
330년

게르만족의
대이동
375년

가톨릭,
로마 국교 확립
391년

371년
백제 근초고왕,
고구려 평양성 점령.
중국 공략

372년
고구려 소수림왕,
전진으로부터
불교 수입

398년
광개토대왕,
요동 점령 후
북위와 수교

427년
장수왕,
평양 천도

433년
백제와 신라
나제동맹 체결

키예프 공국
성립
882년

유럽,
동서 교회
분리
867년

노르망디 공국
성립
911년

카노사의
굴욕
1077년

839년
장보고,
청해진 대사로
임명

900년
견훤,
후백제 건국

901년
궁예,
후고구려 건국

918년
왕건,
고려 건국

926년
발해
멸망

936년
고려,
후삼국 통일

994년
서희
강동6주 획득

서로마 제국
멸망
476년

598년
고구려-수
전쟁 발발

612년
을지문덕,
살수대첩

642
고구려 연개소문,
권력 장악.
백제 의자왕
대야성 전투 신라 격파

660
백제
멸망

668년
고구려
멸망

676년
신라,
삼국 통일

698년
대조영,
발해 건국

피핀,
프랑크 왕국 장악
687년

동서 교회의
분리
726년

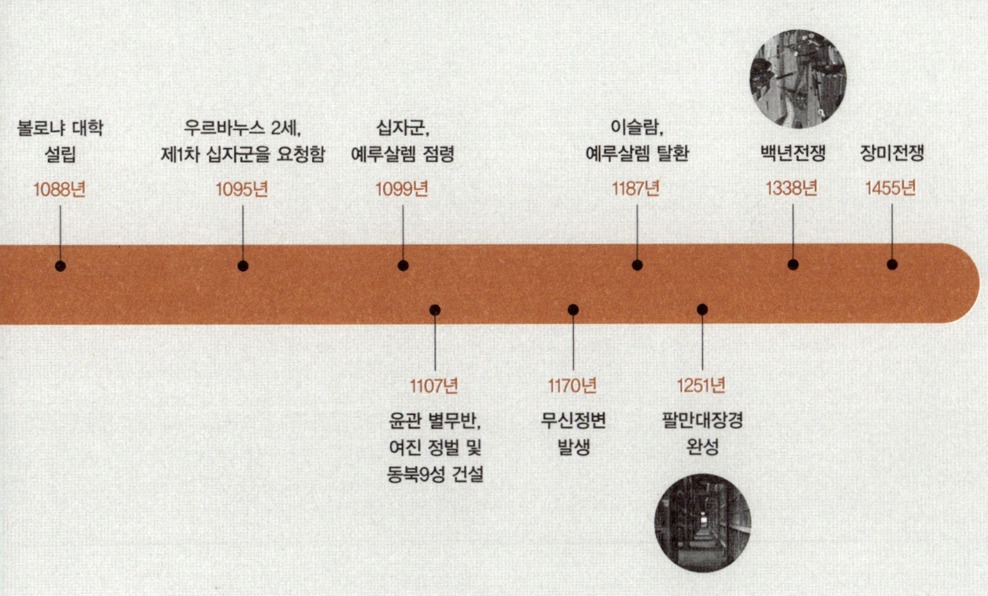

볼로냐 대학
설립
1088년

우르바누스 2세,
제1차 십자군을 요청함
1095년

십자군,
예루살렘 점령
1099년

1107년
윤관 별무반,
여진 정벌 및
동북9성 건설

1170년
무신정변
발생

1251년
팔만대장경
완성

이슬람,
예루살렘 탈환
1187년

백년전쟁
1338년

장미전쟁
1455년

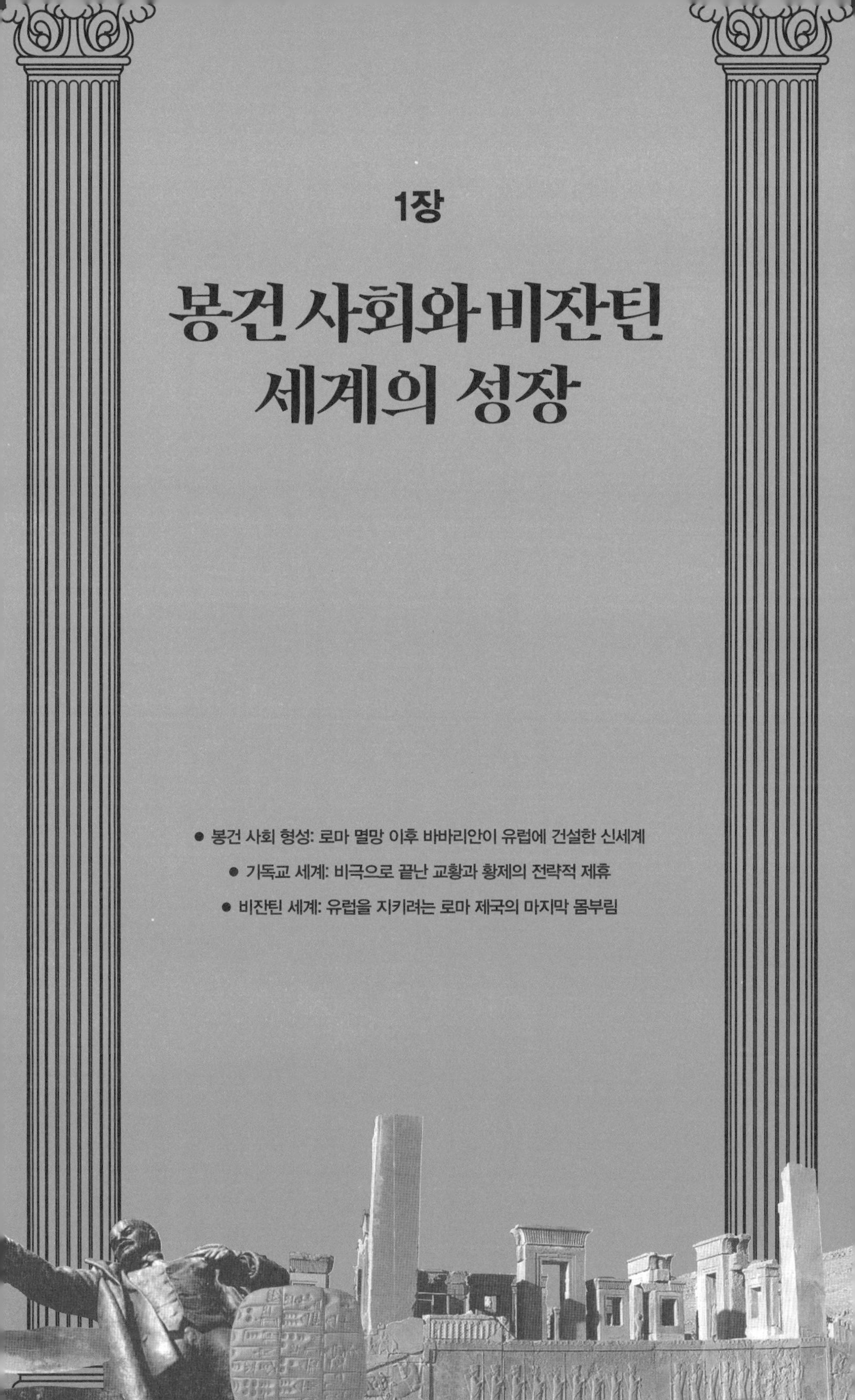

1장

봉건 사회와 비잔틴 세계의 성장

- 봉건 사회 형성: 로마 멸망 이후 바바리안이 유럽에 건설한 신세계
- 기독교 세계: 비극으로 끝난 교황과 황제의 전략적 제휴
- 비잔틴 세계: 유럽을 지키려는 로마 제국의 마지막 몸부림

로마 멸망 이후 바바리안이 유럽에 건설한 신세계

정복의 시대인 로마 제국 말기, 유럽에서는 무력이 모든 것의 기준이었다. 힘없는 농민들은 가축과 농작물을 약탈당할까 봐 늘 두려움에 떨었다. 생명과 재산을 보호받고자 했던 농민들은 토지를 힘있는 사람에게 양도하고 그 대가로 그 땅에서 농사를 지을 권리와 군사적 보호를 받게 됐는데, 이것이 봉건제의 시작이다.

새로운 문명의 건설자, 게르만족

봉건제가 출현하게 된 것은 게르만족의 이동과 서로마 제국의 붕괴 때문이다. 로마 제국 남쪽에서는 이슬람 세력이, 동쪽에서는 훈족(헝가리인)이, 북쪽에서는 스칸디나비아인들(노르만족, 바이킹)이 침입해왔다.

게르만족 대이동

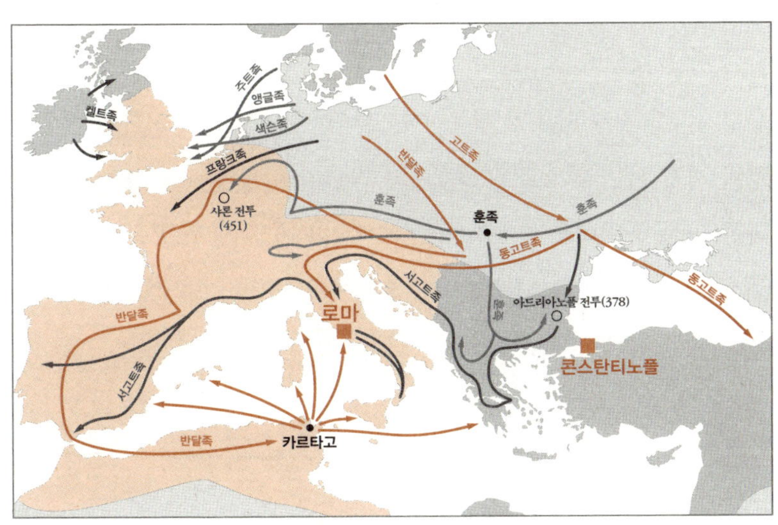

로마인들에게 게르만족은 무식하고 거칠며 유랑하는 야만족(바바리안)일 뿐이었지만, 그렇다고 게르만족이 로마인보다 잔인한 미개인은 아니었다. 그들은 단지 살기 좋은 따뜻한 지역을 찾아헤맸을 뿐이다. 게다가 게르만족은 로마 변방에서 이미 로마에 동화되고 있었다. 독일의 역사가 테오도어 몸젠은 이렇게 말했다.

"게르만족이 로마에 동화된 것처럼 보이지만 사실은 로마인들이 게르만족처럼 변해간 것이다."

발트해 연안의 척박한 환경에서 발원한 게르만족은 4세기 이후 남하했고, 4세기 말에는 로마 제국까지 넘봤다. 게르만족을 무력으로 진압하는 데 실패한 로마 황제는 그들에게 로마 영토에서 살 수 있도록 자치권을 줬다. 이에 더 많은 게르만족이 유입해왔고 이후 여러 게르만 왕국 건설로 이어졌다.

소규모 게르만족이 로마 제국을 무너뜨린 것은 로마에 이미 게르만 출신 관료들이 포진해 있었기 때문이고, 결정적으로 로마인들에게 투쟁의지가 별로 없었기 때문이다. 로마인들은 이미 군인황제들의 폭정에 지쳐 어떤 식으로든 지배자가 바뀌길 바랐다. 결국 476년 게르만족 출신 용병대장 오도아케르가 서로마 제국 황제 로물루스 아우구스툴루스를 폐위시키면서 단일 로마가 붕괴됐다.

작은 행복, 큰 불행의 시작 봉건제

경제적인 관점에서 봉건제는 화폐경제를 몰락시키고 자연경제로 역행하게 했다. 폐쇄적이고 자급적인 형태로 꾸려가는 사회에서 자유교역의 필요성은 매우 적었다. 정치적인 관점에서 봉건제는 영주들이 맡은 지역을 독립 통치하는 지방분권을 의미했다. 봉건제는 완벽한 중앙집권을 기대하기 어려운 상황에서 내린 차선책이었다. 말하자면 이런 것이다.

"각 지역별로 알아서 살아남으시오."

이 점에서 봉건제의 군사적 측면이 두드러진다. 영주가 왕에게 충성서약을 하면 왕은 세금을 걷는 대신 영주의 독립자치권을 보장해주고 봉토를 하사했다. 충성서약에 대한 반대급부로, 또는 특별한 공로의 대가로 지급된 토지를 '은대지(恩貸地: 조건을 달고 하사된 토지)'라고 하는데, 이것이 봉건제의 시작을 알리는 지표였다.

농노제는 중세 봉건제의 주요 특징의 하나다. 경작권을 부여받은 농민은 영주에게 세금과 노동력을 바치는 대신 영주에게 생명을 보호받았다.

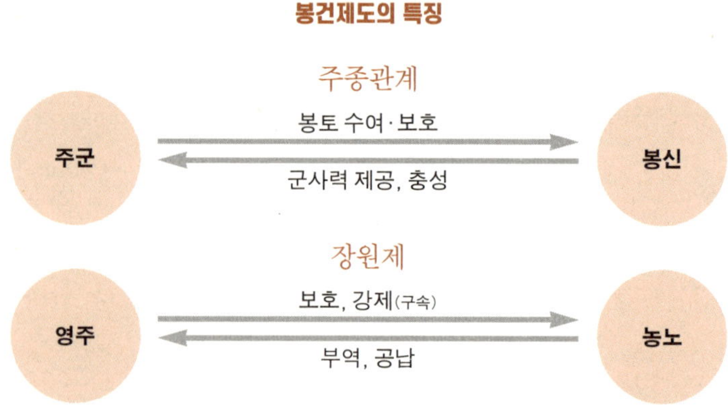

"영주 없는 토지는 없다."

이것이 봉건제의 대원칙이었다.

봉건제에서 왕과 최하층계급을 제외한 중간층은 영주인 동시에 봉신이었다. 이런 위계질서를 지탱하는 물질적 토대가 '봉토封土'였다. 봉토를 중심으로 자급자족하는 독립적인 경제단위를 '장원'이라 불렀다. 잦은 외침 때문에 농민들은 불안하게 토지를 소유하는 자유농보다 농노로서 토지를 소작하는 길을 택했다. 불평등한 이 계약은 그들에게 작은 행복, 큰 불행의 시작이었다.

큰 불행은 1,100여 년이 흘러 상업이 다시 부활한 후에 사라졌다. 봉건제가 붕괴 조짐을 보인 또 다른 계기는 봉토의 '세습' 때문이었다. 애초에 봉건제는 신뢰에 의한 일대일 계약이었다. 지배자는 피지배자의 안전을 보장하고, 피지배자는 지배자에게 세금 납부와 노동 제공에 동의하는 계약 말이다. 그런데 이런 계약관계가 세습, 양도되면서 애초에 맺었던 신의가 무너졌다.

봉건제 몰락의 또 다른 원인은 인구 감소였다. 꾸준히 증가하던 유럽 인구는 1348년 페스트와 대규모 전쟁으로 급감했다. 농민이 줄어들자 봉토를 경작할 사람도, 세금도 급격히 줄어들었다. 이렇게 해서 봉건제도는 '지배와 피지배로 점철된 인류 역사의 피치 못할 불평등 관계'를 뜻하는 '봉건적'이라는 말을 남기고 사라졌다.

비극으로 끝난 교황과 황제의 전략적 제휴

313년 콘스탄티누스 황제가 기독교를 포용한 까닭은 국가 통합에 긴요했기 때문이다. 후대의 왕과 황제들이 기독교와 협력한 것도 마찬가지 이유다. 세속 권력의 정치적 야심과 보편 종교를 지향하는 로마 교회는 서로 협력했다. 그러나 교회 권력이 비대해지자 둘의 관계는 금이 가기 시작했다.

동서 교회의 분열

391년 로마 제국의 국교가 된 로마 교회는 두 세기도 지나지 않아 결정적 위기에 봉착했다. 게르만족의 침입으로 476년 서로마가 붕괴된 후, 동방 교회와 대립하던 로마 교회는 더욱 위축됐고 결국 게르만의 힘을 빌려 동로마에 맞섰다.

교회가 동서로 분열된 것은 성상(우상) 숭배와 삼위일체 논쟁 때문이었다. 초기에 십자가 외의 성상을 허락하지 않던 서로마는 교회의 존립이 위태로워지자 게르만 풍습인 우상숭배를 받아들여 예수상과 성모마리아상을 만들었다. 동방 교회는 이를 비판했다. 삼위일체는 좀 더 심각한 문제였다. '아들을 통해 아버지로부터' 신성이 나온다고 주장하는 동방 교회와 '아버지와 아들 모두' 신성을 갖는다고 주장하는 로마 교회의 입장 차이('필리오케(Filioque) 논쟁'이라 불림)는 4세기 이래, 십자군의 비잔틴 점령을 거쳐 결국 로마 교회와 동방 정교회의 영원한 결별로 이어졌다.

496년 이교도였던 프랑크족 왕 클로비스가 로마 가톨릭으로 개종했다. 이를 계기로 로마 교회는 동로마 교회에 맞설 힘을 얻었다. 교황은 왕에게 신성한 권위를 부여했고, 이에 왕은 교황을 보호하며 물질적 혜택을 제공했다. 교황의 명을 받은 대주교 보니파키우스는 751년 샤를마뉴(카를) 대제의 아버지이자 카롤링 왕조의 첫 통치자인 피핀의 도유식(왕권에 신성함을 부여하는 의식)을 행했다. 피핀은 754년 로마를 공격한 롬바르드족을 격퇴한 뒤 라벤나 지역을 교회에 기증했다. 이것이 교회의 고유 영토인 '교황령'의 시초다.

800년 성탄절에 교황은 샤를마뉴를 서로마를 계승하는 황제로 추대했다. 샤를마뉴는 교황 레오 3세에게 "로마의 수장으로서 무기를 들고 이교도들의 공격으로부터 성스러운 교회를 보호하는 것이 내 임무"라고 편지를 보냈다. 샤를마뉴는 임무를 충실히 수행했다.

교황권과 왕권의 대립

843년 프랑크 왕국은 현대 프랑스의 국기 모양처럼 세 국가로 분할됐는데 이 세 나라는 훗날 독일, 프랑스, 이탈리아가 됐다. 교황 요하네스 12세는 마자르족의 침입을 막고, 귀족들로부터 교황권을 보호한 동프랑크왕 오토 1세를 962년 신성로마 제국 황제로 추대했다.

교황은 신성로마가 패망한 서로마

로마 교황권의 전성기를 이끌었던 그레고리우스 7세.

의 부활이기를 기대했지만 그의 뜻대로 되지는 않았다. 교회의 역사
는 교황과 신성로마 제국 황제의 투쟁으로 얼룩졌다. 꾸준히 세속 권
력을 키우던 교회는 역설적으로 세속 권력의 통제에서 벗어나고자
했다. 1073년 교황 그레고리우스 7세는 황제가 관여하던 성직자 임명
권을 완전히 되찾으려 했다. 이를 둘러싼 교황과 황제의 다툼에서 교
황의 승리를 보여준 상징적 사건이 '카노사의 굴욕(1077년)'이다. 밀라
노 주교 선출을 놓고 그레고리우스 7세와 권력 쟁탈전을 벌인 황제
하인리히 4세는 결국 파문당했다.

카노사의 굴욕. 밀라노 주교 선출을 놓고 교황 그레고리우스 7세와 권력 쟁탈
전을 벌인 황제 하인리히 4세는 결국 북이탈리아 카노사성의 교황을 찾아가
눈밭에서 3일 밤낮으로 용서를 빌었다.

황제는 살아남기 위해 북이탈리아 카노사성의 교황을 찾아가 눈밭에서 3일 밤낮으로 용서를 빌었고, 교황은 파문을 철회했다. 카노사에서 이룬 교황의 승리는 1122년 독일 보름스에서 확정되고 공표됐다. 교황 인노켄티우스 3세의 재위기간(1198~1216년)에 교황권은 절정에 달했다. 1095년 우르바누스 2세가 시작해 1270년까지 감행한 십자군 원정은, 교황의 오만함이 지나치면 어떤 결과를 초래하는지 여실히 보여줬다. 교황의 권위는 땅에 떨어지고 교회를 향한 사람들의 혐오가 널리 퍼져나갔다.

한편 그레고리우스 7세가 추진한 교회 독립정책은 성직 매매 금지, 성직자 결혼 금지 등 개혁조치뿐만 아니라 수도원의 활성화에 기여했다. 10세기 초반에 창설된 클뤼니 수도원은 이 시기 수도원 개혁운동의 중심이 됐다. 세속과 무관하게 초창기 가톨릭 정신을 지키려한 개혁운동이 없었다면 로마 교회는 완전히 무너졌을지 모른다.

정치집단화된 교회, 분열의 길로

심각한 갈등을 벌이던 프랑스 왕 필리프 4세와 교황 보니파키우스 8세가 맞붙었다. 이번에는 교황의 완패로 끝났다. 필리프 4세는 교황청을 프랑스 아비뇽으로 옮겼다. 교황청을 다시 로마로 이전하기까지 70년간(1309~1377년)을 '아비뇽 유수幽囚'라고 부른다. 그레고리우스 11세 때 교황청은 로마로 복귀했으나 이미 교회는 로마파와 아비뇽파로 분열된 상태였다. 1378~1417년에 이르는 '대분열Great Schism' 시기에는 로마파, 아비뇽파, 피사파 교황 세 명이 동시에 자신이 진짜 교황이라고 주장하는 사태가 벌어졌다.

　교회의 분열과 로마 가톨릭의 권위 실추는 공교롭게도 중앙집권국가의 도래에 기여했다. 종교개혁이 일어나고 신교 세력이 등장하자 교황의 입지는 더욱 좁아졌다. 로마 가톨릭은 돌파구를 마련하기 위해 포르투갈과 에스파냐 식민주의와 다시 손을 잡고, 라틴아메리카라는 새로운 세계를 개척했다. 그렇게 해서 콜럼버스 원정대가 아메리카 대륙에 도착해 가장 먼저 한 일은 십자가를 세우는 것이었다.

유럽을 지키려는 로마 제국의 마지막 몸부림

오늘날의 그리스, 터키, 중동, 이집트에 걸쳐 있던 동로마 제국은 유럽의 수호자로서 동방 세력의 침입을 막아내면서 1,000년 넘게 존속했다. 동로마가 일찍 무너졌다면 오늘날 유럽의 지형도는 무척 달라졌을 것이다.

로마 제국의 계승자

'동로마' '비잔틴 제국'이라는 표현은 역사가들이 붙인 용어로, 당시 사람들은 자신의 나라를 그냥 '로마' 또는 '새로운 로마'라고 불렀다. 비잔틴 제국의 수도인 비잔티움(이스탄불)은 고대 그리스의 식민 도시로, 그리스의 정복자 비자스Byzas의 이름을 딴 것이다. 콘스탄티누스 황제가 330년 비잔티움으로 수도를 옮기면서 이름을 '콘스탄티노플'로 바꿨다.

비잔티움의 형용사형인 '비잔틴Byzantine'을 사전에서 찾아보면 '음모, 술수, 암투'처럼 나쁜 뜻이 많은데, 이런 편견을 심은 사람은 『로마 제국 쇠망사』를 쓴 18세기 영국의 역사학자 에드워드 기번이다. 기번은 동로마 제국의 역사를 '허약함으로 점철된 지루하고 단조로운 이야기'라고 깎아내렸다. 기번에게 '위대한 로마'는 서로마를 의미했다(영국 성공회에서 가톨릭으로 개종했다가, 다시 성공회로 복귀한 기번의 종교적 배경도 비잔틴에 대한 그의 편견에 영향을 미쳤을 것이다). 그러나 후대 유럽인들에게 동로마는 고대 그리스 정신을 보존한 서구 문화의 계승자이자, 슬라브족에게 종교를 전파한 선도자이며, 이슬람을 막아준 평화 수호자이니 기번의 평가는 너무 지나치다.

　로마 제국을 단절 없이 계승했기에 비잔틴 제국의 시작을 딱 정하는 건 어렵지만, 330년 5월 콘스탄티누스의 천도 시기라고 보면 제국은 1453년 오스만 제국에게 정복당하기까지 1,123년이나 존속했다. ‘서유럽을 지킨 전투’라 불리는 콘스탄티노플 방어전이 벌어진 717년은 동로마 역사상 가장 큰 위기였다. 황제 레오 3세는 유황, 석유, 석회를 배합한 폭약인 ‘그리스의 불Greek fire’을 앞세워 아라비아 군대를 격퇴했다.

제국의 전성기를 이끈 유능한 황제들

콘스탄티누스 황제 조각상.

콘스탄티누스는 역사상 최초의 기독교도 황제였다. 그는 313년 밀라노 관용령(밀라노 칙령)을 발표하며 기독교에 자유를 부여했고 최초로 기독교를 정식 종교로 인정했다. 콘스탄티누스는 324년 비잔티움을 ‘새로운 로마Nova Roma’로 공표하고 330년 로마 제국의 새 수도로 정했다.

　콘스탄티누스 황제는 기독교에 관용을 펼치면서도 죽음을 앞둘 때까지 세례를 미뤘다. 제국을 통합하려면 어느 종파에도 속하지 않는 편이 유리했기 때문이다. 현실적 목적을 중시한 그의 실용정신이 동로마를 강하게 만들었다.

476년 게르만 용병대장 오도아케르는 서로마의 마지막 황제 로물루스 아우구스툴루스를 폐위시키고 황제 표장을 동로마 황제에게 바친 뒤, 스스로 서로마 총독이 됐다. 이로써 로마 제국의 정통성은 동로마에 계승됐다.

동로마가 장수할 수 있었던 원동력은 효율적 관료제에서 나왔는데 이는 개인의 능력보다 시스템의 위력을 중시하는 로마 제국의 오랜 전통을 계승한 것이다. 특출한 소수가 국정 운영을 떠안기보다 보편적 능력을 갖춘 전문가 다수가 각자 분야에서 국정을 운영했다.

역사가 스티븐 런시먼은 이렇게 평가했다.

"비잔틴 제국의 힘과 안정은 관료제 덕이다. 그리고 관료들에게 급료를 지급한 건 무역 덕분이다."

경제적 풍요는 동로마를 더욱 오래 존속시켰다. 농업에 의존했던 서로마에 비해 동로마는 콘스탄티노플, 안티오키아, 알렉산드리아 같은 국제

『로마법대전』을 편찬하는 등 비잔틴 제국을 번영시킨 유스티니아누스 황제.

비잔틴 제국 흥망사

330년	콘스탄티누스 1세, 그리스 식민지인 비잔티움(지금의 이스탄불)에 제2의 로마 수도 건설
476년	서로마 제국 멸망
527년	유스티니아누스 황제 즉위. 『로마법대전』 편찬하고 정복사업으로 옛 로마 제국의 영토 회복
867년	동방 재정복 전쟁 개시 및 아랍 함대 격퇴
904년	아랍 함대의 테살로니키(제국의 제2도시) 약탈
1071년	제국의 영토 중 소아시아 대부분이 셀주크 투르크 세력에 점령. 셀주크 투르크의 확장에 따른 제국의 위기 도래
1095년	황제 알렉시오스 콤네노스, 제1차 십자군 전쟁으로 셀주크 투르크에 빼앗겼던 소아시아 서부의 상당 지역 회복
1180년	왕위계승 내분과 내전으로 제국 분열 시작
1204년	제4차 십자군, 수도 콘스탄티노플 점령
1261년	팔라이올로고스 황제, 수도를 수복하고 제국 제건
1453년	오스만 투르크의 콘스탄티노플 점령으로 비잔틴 제국 멸망

도시가 상업적 번영을 누렸고 세금 수입도 훨씬 풍부했다.

유스티니아누스 1세의 통치기간(527~565년)은 비잔틴 제국의 전성기였다. 유스티니아누스는 능력에 따라 인재를 선발해 귀족들을 견제했다. 유능한 장수들을 기용해 과거 로마 제국 영토를 회복하기 위해 힘썼다. 이베리아 해안 지역을 점령하고, 동고트왕국을 멸망시켰으며, 사산조 페르시아와 강화 조약을 맺어 외부의 위협 요소를 제거했다. 대내적으로는 『로마법대전』 편찬에 큰 공을 들여, 향후 유럽 국가 법률체계의 모델이 됐다.

동로마는 로마의 정치와 법을 계승했지만 언어와 문학, 철학은 그리스를 계승했다. 헬레니즘과 동방의 실용정신을 뒤섞었고, 보편적 종교인 기독교를 통합의 중심에 두었다.

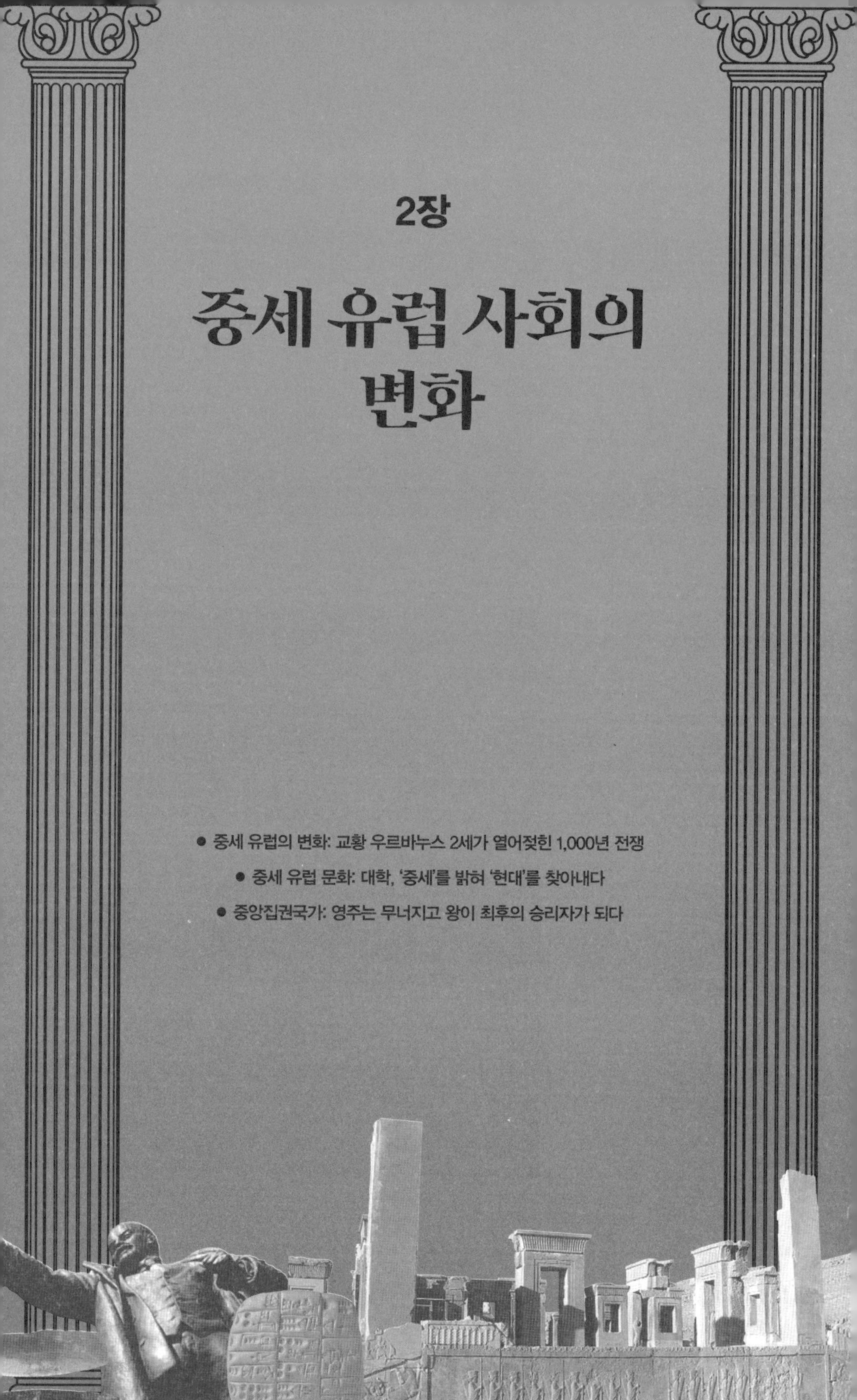

2장

중세 유럽 사회의 변화

● 중세 유럽의 변화: 교황 우르바누스 2세가 열어젖힌 1,000년 전쟁

● 중세 유럽 문화: 대학, '중세'를 밝혀 '현대'를 찾아내다

● 중앙집권국가: 영주는 무너지고 왕이 최후의 승리자가 되다

교황 우르바누스 2세가 열어젖힌 1,000년 전쟁

이슬람 세력에 빼앗긴 성지를 되찾는다는 명분으로 교황 우르바누스 2세가 선포한 십자군 운동은 끝나지 않을 긴 전쟁을 예고했다. 서유럽(로마 교회)을 중심으로 기독교 세계를 하나로 통합하고자 벌인 전쟁은, 꿈을 이루지 못한 채 여러 차원으로 진화하면서 1,000년이 지난 지금도 세계 곳곳에서 여전히 진행 중이다.

하느님의 뜻

1095년 11월 교황 우르바누스 2세는 클레르몽 공의회에서 설교 도중 이렇게 외쳤다.

"동방 교회 형제들이 우리에게 도움을 청했습니다. 이슬람교도들에게 영토를 빼앗겼기 때문입니다. 주의 이름으로 명하노니 상스러운 종족들을 그 땅에서 영원히 몰아냅시다!"

도움을 요청한 이는 비잔틴 제국의 왕자 알렉시오스 콤네노스였다. 우르바누스 2세의 외침을 들은 청중이 큰 소리로 화답했다.

"이것은 하느님의 뜻이다!"

이어 모든 군중이 한목소리로 "하느님의 뜻이다"를 연호했다. 1,000년에 걸쳐 일어난 '성스러운' 전쟁의 막이 오른 순간이다. 교황은 어떻게 열렬한 지지를 얻을 수 있었을까?

클레르몽 공의회에서 교황 우르바누스 2세는 십자군 원정을 호소했다.

중세 사람들은 성지순례를 다녀오면 죄를 일부 씻어낼 수 있다고
믿고 긴 고행길에 나섰다. 성지순례의 하이라이트는 예루살렘이었다.
그러나 638년 이래 예루살렘이 이슬람 영향권으로 들어가 통행이 자
유롭지 않게 됐다. 11세기 후반에는 셀주크 투르크가 세력을 넓히면
서 팔레스타인과 시리아를 점령했다. 투르크인들은 예루살렘으로 향
하는 길목에서 기독교도들에게 통행세를 걷으며 갈등을 빚었다. 영토
를 뺏긴 것도 억울한데, 성지순례를 돈벌이 수단으로 삼기까지 하니

1099년 십자군의 예루살렘 점령.

기독교인들의 분노는 더욱 커졌다. 이에 교황은 거대한 계획을 실행했다. 십자군 원정의 1차 목표는 예루살렘 수복이었다. 교황은 십자군을 이렇게 독려했다.

"내 명령을 따르는 것은 주님의 명을 받드는 것이니 나를 따르면 너희의 모든 죄와 벌을 사면해주리라."

'면벌부' 또는 '면죄부'라는 말이 등장한 게 이때다. 이웃을 사랑하라던 예수의 가르침과 정반대로, 십자군은 '성스러운 전쟁'이라는 목적 아래 끔찍한 수단을 동원했다. 이슬람 사람들을 산 채로 태워 죽이고, 닥치는 대로 찔러 죽였으며, 갓 태어난 아기를 벽에 던져 죽여버렸다. 한 십자군은 고향에 보낸 편지에 이렇게 적었다.

"솔로몬 궁의 회랑과 성전에서 우리 군대는 말을 타고 달렸는데, 말의 무릎까지 사라센 사람들의 피로 젖었다."

이 무차별 살해 작전은 1097년 니케아 점령, 1098년 안티오키아 점령, 그리고 1099년 7월 15일 예루살렘 점령으로 완수됐다.

피로 물든 '성스러운 전쟁'

우르바누스 2세의 목적은 단순히 성지를 회복하는 데 그치지 않았다. 복잡한 기독교 세력관계를 정리해 패권을 잡으려 했던 것이다. 그는 동로마 교회에 힘을 과시해 서로마 중심으로 기독교를 통합하려 했고, 적대관계에 있던 독일 황제를 곤경에 빠뜨리고자 했다. 당시 십자군 지휘관을 프랑스 귀족들이 차지한 것은 우연이 아니었다. 물론 무력을 과시하던 기사들의 호전성을 외부로 돌리려는 의도도 있었다.

십자군은 1차 원정에서 예루살렘을 점령한 뒤 예루살렘 왕국(1099~1291년)을 세우고, 지중해 연안을 따라 십자군 국가를 세웠다. 초기 십자군의 성공은 부분적으로 이슬람 세력이 단합해 대항할 태세를 갖추지 못했기 때문이다. 그러나 곧 살라딘을 중심으로 전열을 재정비해 반격하자 전세는 역전됐다. 결국 예루살렘은 십자군이 점령한

지 100년도 안 된 1187년에 다시 이슬람에게 넘어갔다. 십자군은 전세를 역전시키기 위해 2년 뒤인 1189년 독일 황제, 프랑스 왕, 잉글랜드 왕까지 가세해 3차 원정에 나섰으나, 나라 간 이해관계로 성공을 거두지 못했다.

1198년 교황에 즉위한 인노켄티우스 3세의 촉구로 4차 십자군 원정이 실행됐다. 그런데 기독교 역사상 가장 수치스러운 사건이 벌어졌다. 비록 불편한 관계에 있긴 했지만 형제나 다름없는 동로마의 심장 콘스탄티노플을 점령한 것이다. 십자군을 지휘한 성직자는 1차 원정 때의 구호를 동로마에서 다시 외쳤다.

"이 땅을 정복해 로마에 귀속시키면 너희 모두 교황의 면죄부를 받을 것이다."

무자비한 약탈과 방화, 강간이 벌어졌다. 동방 교회의 한 저술가는 이렇게 기록했다.

"어깨에 십자가를 걸고 있던 그들을 보니 예전에 우리를 지배한 이슬람교도들이 무척 자비로웠음을 알게 됐다."

이 사건은 로마 가톨릭과 동방 정교회가 영원히 분리되는 결정타가 됐다. 원래 십자군은 같은 하느님을 믿는 동방 교회의 요청으로 시작한 성전인데, 지원을 요청한 동방 교회를 파괴하고 약탈하는 지경까지 온 것이다. 그 뒤 십자군 운동은 독실한 신앙심을 지닌 프랑스의 군주가 주도해 7차 원정까지 이어졌지만 결국 실패로 끝났다.

가톨릭의 다른 기독교에 대한 공격은 그 뒤에도 이어졌다. 16세기

638년	이슬람교의 칼리프 우마르 1세, 예루살렘 점령
1009년	이집트의 칼리프 알 하킴, 성지 순례자들의 예루살렘 출입 금지 및 성묘 교회 파괴
1096년~1099년	제1차 십자군 원정: 니케아 점령 및 안티오키아 공략. 예루살렘 정복
1147년~1148년	제2차 십자군 원정: 소아시아에서 패배, 에데사 탈환 실패
1189년~1192년	제3차 십자군 원정: 예루살렘 수복 실패
1202년~1204년	제4차 십자군 원정: 콘스탄티노플 점령, 약탈, 라틴 제국 건설
1212년	소년 십자군: 독일과 프랑스의 소년 수천 명이 노예로 팔려감
1218년~1221년	제5차 십자군 원정: 이집트 공략, 실패
1228년~1229년	제6차 십자군 원정: 이집트 술탄과의 계약으로 예루살렘 통치권 이양
1248년~1249년	제7차 십자군 원정: 이집트 재공략, 프랑스 루이 9세가 포로로 잡히면서 실패
1271년~1291년	제8차 십자군 원정: 튀니스 상륙, 루이 9세 병사. 팔레스타인에 마지막 남은 십자군 지역인 아크레가 점령당하면서 해외십자군 근거지 소멸

에는 개신교에게 빼앗긴 땅을 되찾자는 움직임이 들불처럼 일어났다. 인문정신을 대표하는 에라스뮈스는 당시 병사를 앞세우고 행진하는 교황 율리우스 2세(재위기간 1503~1513년)를 보며 가톨릭의 권력화를 경고했고 『우신예찬』을 썼다. 1572년 성 바르톨로메오 축일에 개신교 위그노파 신도 1만 명이 학살당했다. '위그노 대학살'이라 불리는 사건이다.

신대륙으로 향한 십자군의 칼날

대항해 시대를 맞아 신대륙에 진출한 원정대는 사실상 겉모습을 바꾼 십자군이었다. 원정대는 신대륙에 새로운 식민지를 건설할 때마다 십자가를 세우고 교회를 지었다.

기독교 국가들이 신대륙에서 취한 금전적 이익은 면죄부의 유혹보다 더 달콤했다. 이들이 신대륙에 퍼뜨린 구대륙의 전염병은 원주민들에게 치명타였다. 16세기 당시 세계 인구는 4억 명 정도였는데 이 중 8천만 명이 아메리카에 살았다. 에스파냐 정복자들이 들이닥친 후 아메리카 인구는 1천만 명으로 줄었고, 17세기에는 겨우 백만 명 정도 남았다. 천연두, 홍역, 말라리아, 인플루엔자 등의 전염병은 원주민을 '대학살'하고, 원주민의 문명을 '절멸'시켰다.

그리고 수백 년 후인 2003년, 미국의 이라크 침공은 부시 정권 당시 '네오콘Neocon'이라는 신보수주의자들이 주도했다. 네오콘의 일부 인사들은 이 전쟁을 "유대-기독교 문명과 이슬람 문명의 대결"이라고 규정하며 20세기판 십자군 전쟁으로 포장했다. 그러나 미국은 이라크에서 별다른 전쟁의 명분을 찾지 못한 채 2011년 철수했다. 1,000년 전의 십자군 운동과 어쩌면 이토록 비슷하단 말인가?

대학, '중세'를 밝혀 '현대'를 찾아내다

15세기 이탈리아 '근대인'들은 중세를 고대와 근대 사이에 낀 어정쩡한 단절기라고 했다. 중세를 이른바 '암흑기(The Dark Age)'라고 부르기도 한다. 중세는 찬란한 근대 문명의 출현을 준비한 시대이고, 중세 지식인들은 문화계승자 역할을 충실히 수행했다.

고등교육의 요람, 중세

중세의 반대말처럼 쓰이는 '르네상스'는 흔히 이탈리아 피렌체를 중심으로 한 문예부흥운동을 가리키지만, 그것은 여러 문예부흥운동의 하나이다. 9세기의 카롤링 르네상스, 12세기의 플라톤 부활운동 등은 모두 르네상스의 본래 말뜻인 '부활' '재생'에 충실한 고전문화 복고운동이었다. 그러니 르네상스는 중세에도 어울리는 말인 셈이다. 그중에서도 대학의 출현은 중세문화가 이룬 가장 빛나는 성과다.

신의 시대였던 중세가 고등교육의 요람이 된 까닭은 무엇일까? 그것은 신과 인간을 조화시키려는 시대의 요구 때문이었다. 사람들은 왜 교회에 복종해야 하는지 설명하고자 했고, 하느님이 실제 존재하는지 의심을 품었다. 중세 철학자들은 합리적으로 신의 존재와 교회의 당위성을 증명하려 했고, 이는 고등교육과 대학의 필요성을 낳았다.

중세 지식인들이 치열하게 고민한 문제는 '계시(직관)'와 '이성(추론)'의 조화였다. 그들에게 해답의 실마리를 준 건 아리스토텔레스였다. 플라톤이 '신적인 원리가 먼저 있고 그 원리에 따라 만물이 생긴다'고 주장했다면, 아리스토텔레스는 '현실에 존재하는 사물 속에 신적인 원리가 깃들어 있다'고 했다. 신이 저 멀리 있는 게 아니라 우리 안에 존재한다는 말이다.

아리스토텔레스가 주목받게 된 또 다른 이유는 십자군 원정이다. 당시 아랍은 유럽보다 훨씬 많은 그리스 원전과 번역본을 보유했고, 아리스토텔레스의 실용적 학문이 위상을 떨치고 있었다. 십자군의 영향으로 자연스레 아리스토텔레스의 서적들이 유럽에 유입됐다. 그중 학문의 왕좌를 차지한 것이 아리스토텔레스의 저작, 특히 논리학이었다. 상징과 계시로 가득한 중세적 세계관이 주춤하고 경험에 근거한 지식과 자연과학에 대한 관심이 들불처럼 일어났다. 유클리드의 『기하학원론』을 토대로 산술과 기하학이 발전했고, 아랍의 수학과 인도의 '0' 개념이 도입되면서 수학이 발전했다.

대학의 탄생

대성당 부속학교와 저명한 교사들이 이끄는 사립학교가 수도원학교를 능가하면서 수준 높은 학문적 성과를 이룩했다. 이 학파를 가리

중세의 대학들

1060년	살레르노 의학교	이탈리아. 의학 중심
1088년	볼로냐 대학	이탈리아. 법학 중심
1096년	옥스퍼드 대학	영국
1109년	파리 대학	프랑스. 신학과 철학 중심
1209년	케임브리지 대학	영국

스콜라의 발전에 힘입어 중세 유럽에 최초로 대학이 생겨났다. 1088년, 이탈리아 볼로냐 대학(위)과
영국 옥스퍼드 대학 트리니티 칼리지 전경(1675년 모습).

켜 '스콜라'라고 부른다.

대학은 출신지와 신분을 가리지 않고 모든 학생에게 개방되었는데, 1257년 파리 소르본 대학은 유학 온 가난한 학생을 위해 처음으로 기숙사를 제공했다. 대학 과정은 보통 6년제로 15세에 입학하면 6년간 인문학부 수업을 의무적으로 이수해야 했다. 그런 다음 전문학과를 선택할 수 있었다.

아리스토텔레스의 논리학뿐만 아니라 그의 자연철학, 형이상학, 윤리학, 경제학, 수사학은 대학의 기초 교재로 널리 각광받았다. 옥스퍼드 대학교는 아랍의 광학 기술과 천문학을 적극 도입했으며 개방적 학문육성 정책 덕에 로저 베이컨 같은 걸출한 사상가를 배출했다.

이 시대에는 도서관의 장서량과 질적 수준도 높아졌다. 올바른 기초교육 없이는 수준 높은 고등교육도 없다는 신념을 지닌 샤를마뉴는 어린이들에게 시, 속기, 성가, 산수, 문법 같은 기초교육을 적극 실시했다. 프랑크 왕국의 수도가 된 파리는 유럽 지성계의 중심으로 발전했다. 이 시기를 후세 학자들은 '카롤링 르네상스'라 불렀다. 이 전통은 오늘날 세계적으로도 가장 엄격하고 수준높다고 인정받는 프랑스 고등학교 과정으로 이어지고 있다.

영주는 무너지고
왕이 최후의 승리자가 되다

봉건제의 세 요소인 지방분권, 장원, 기사가 무너진 자리에 중앙집권 체제, 개방적 화폐경제, 신식 무기를 갖춘 상비군이 들어서기 시작했다. 13세기와 14세기 무렵에 일어난 이런 변화는 강력한 왕정의 탄생과 국민국가의 태동을 예고했다.

가속화되는 중앙집권화

봉건제는 귀족 대신 관료들이 통치에 참여하면서 정치적 변화를 맞이했다. 정해진 영토 안에 비슷한 인종, 언어, 문화적 특성을 공유하는 '국민' 개념이 형성됐다. 경제적으로는 영주가 농노에게 노동력 대신 화폐를 요구하면서 장원제가 화폐경제로 바뀌었다. 군사적으로는 십자군 원정에 오른 기사들의 기마전 대신 14세기 중반 총과 대포로 무장한 보병전으로 바뀌기 시작했다. 영주와 기사계급이 몰락하자 교황권이 약해졌고, 각 나라 왕이 권력자로 떠올랐다.

십자군 원정이 끝나고 프랑스와 영국 사이에 백년전쟁이 벌어졌다. 양쪽의 기사와 영주, 귀족들은 오랜 전쟁에서 죽거나, 권력을 잃었고 왕은 유일한 승리자로서 '국민국가 Nation State'라는 전리품을 얻었다. 왕은 '국민'이라는 개념을 형성시키기 위해 애썼는데, 12세기 아서왕 이야기는 이런 의도에서 나왔다.

1066년 노르망디 공작 윌리엄의 잉글랜드 정복 후 2세기 동안 왕은 봉건제를 자신에게 유리하게 고쳤다. 강력한 군주였던 헨리 2세는 프랑스를 압도할 정도로 영토를 넓혔는데, 그는 대외적 확장뿐만 아니라 대내적인 제도 안정에도 힘을 썼다. 영국 역사상 최초로 배심원 제도를 실시해 귀족들의 권력 남용을 막고, 행정제도를 정비했다. 그의 뒤를 이어 왕위에 오른 아들 리처드 1세(사자왕)는 국내 정치에는 무관심한 채 십자군 운동을 비롯한 해외 원정에 몰두했다. 무리한 원정이 남긴 재정난이 위기로 표출된 것은 그의 뒤를 이어 동생 존이 왕위에 올랐을 무렵이었다.

프랑스에 맞서기 위해 막대한 자금이 필요했던 존 왕은 귀족들의 압력에 의해 '대헌장'에 서명하기에 이르렀다. 왕권에 맞선 귀족들의 반란이었던 대헌장은 애초의 목적과 달리, 평민의 권리를 보장하는 의회정치의 초석이 됐다. 대헌장을 기점으로 잉글랜드와 프랑스는 각기 다른 통치 방식을 취하게 됐다. 중세 연구자 스트레이어는 "대헌장은 왕이 자의적으로 정부를 만들지 못하게 했지만, 그렇다고 중앙집권정부를 불가능하게 한 건 아니다"라고 말했다. 대헌장 이후 오히려 중앙집권화가 가속화됐다. 관료들은 효율적인 사법·행정제도를 만들려고 노력했고, 1274년에 즉위한 에드워드 1세는 강력한 군주의 위용을 과시해 '잉글랜드의 유스티니아누스'라고 불렸다.

프랑스는 다소 느리고 다른 방식으로 중앙집권화를 이룩했지만 1300년 무렵에는 잉글랜드와 비슷한 수준에 이르렀다. 필리프 2세(존엄왕)는 프랑스 영토를 4배나 확장했다. 그는 완전한 중앙집권이 아니라 지방 행정관에게 권력을 이양해 둘 사이의 세력 균형을 지향했다. 14세기가 되자 국왕은 교황의 권력을 압도했고, 교황은 70년이 넘도록 프랑스 왕의 꼭두각시로 전락했다. 교황의 영향력 아래 있던 기사들은 왕에게 굴복했다. 1307년부터 필리프 4세(미남왕)는 기사단을 집 요하게 탄압했고, 1314년에는 십자군 원정으로 부를 쌓은 성당기사 단 지도자 자크 뒤 몰레를 공개 처형했다. 가지치기를 할 때마다 국가 라는 나무줄기는 굵어져갔다.

백년전쟁 이후

백년전쟁(1337~1453년)으로 프랑스 내 영토를 거의 다 잃은 영국의 상실감은 매우 컸다.

백년전쟁을 기점으로 장원이 해체되고 봉건제가 완전히 붕괴됐으며, 새로운 신분계급이 출현했다.

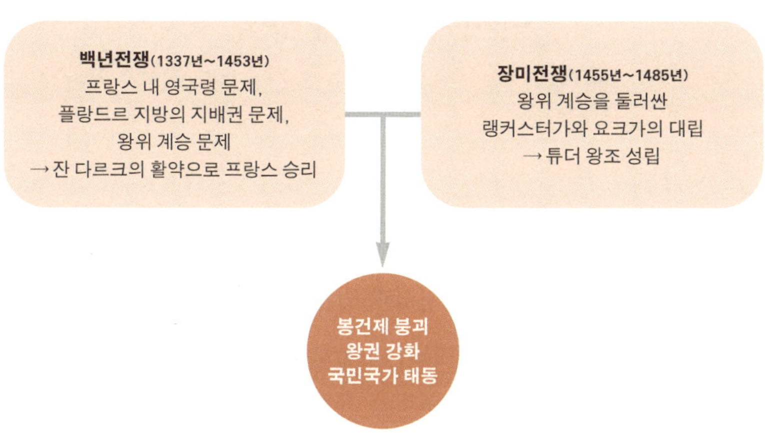

강력한 권력에 대한 국민의 열망이 한층 거세졌다. 그러나 전쟁에서 돌아온 기사들은 귀족의 권력 쟁탈전에 또다시 투입됐다. 붉은 장미 문양을 쓰는 랭커스터 가문과 흰 장미 문양을 쓰는 요크 가문이 30년(1455~1485년) 동안 전쟁을 치른 것이다. '장미전쟁'이라 불리는 두 가문 간의 전쟁은 귀족들의 공멸로 끝났다. 더 동원할 기사도, 이권이나 명분을 놓고 싸울 만큼 거대한 귀족 가문도 모두 사라질 지경이었다. 헨리 7세가 절대왕권을 구축하게 된 배경이 여기에 있었다.

백성들은 끝없는 전쟁을 모두 끝낼 수 있는 강력한 통치자를 열망했고 왕은 이에 부응했다. 당시 도시국가는 효율적으로 운영되긴 했으나 언제든 분열되고 사라질 위험성을 안고 있었다. 그래서 생겨난 국민국가는 제국과 도시국가의 장단점을 보완한 통치체제였다. 유럽에서 국민국가가 생긴 것은 1300년경이다. 그러니 21세기에 200개 이상으로 늘어난 '국민국가'라는 공동체는 700세 정도 된 셈이다.

4부
아시아 사회의 성숙

명은 초기에 강력한 중농정책과 중앙집권적 관료제를 정착시켜 나라를 안정시켰다. 장강 중류 지역과 남부의 복건, 광동도 본격적으로 개발하며 강남 개발에 힘썼다. 후기에 화폐제도의 실패로 경제가 어지러워지면서 농민과 수공업자들의 생활이 궁핍해졌다. 거기에 황제들의 무능이 겹치면서 국력이 급격히 기울다가 결국 만주족에게 나라를 내줬다.

만주족이 세운 청은 초기 강희-옹정-건륭제로 이어지는 전성기를 맞아 튼튼한 국력을 바탕으로 대외 팽창에 성공해 대만을 비롯해 티베트, 신장위구르 등을 확보했다. 이와 함께 인구 3억 명 선을 돌파하는 등 세계 최대 인구국의 위상을 확실히 굳혔다. 그러나 청은 후기에 서구의 식민주의 침략에 굴복해 여러 번 불평등 조약을 맺는 등 수모를 겪었다.

일본은 1590년 도요토미 히데요시가 전국을 통일하고 2년 뒤 조선을 침략했다. 7년 동안 계속된 전쟁은 결국 도요토미의 죽음으로 끝났다. 이 전쟁 후 일본은 도쿠가와 막부의 지배에 들어갔다. 막부는 초기에 서구와의 교역에 나서는 등 무역을 활성화했으나 기독교도의 확산에 위협을 느껴 기독교 탄압과 함께 쇄국으로 돌아섰다.

인도는 마지막 왕조인 무굴 제국 초기 한때 힌두교와 이슬람교의 조화 속에서 번영을 이뤘다. 하지만 종교와 카스트 제도에 내재한 뿌리깊은 분열 때문에 영국의 침탈에 제대로 대응하지 못하고 결국 식민지의 나락으로 굴러떨어졌다. 영국군에 편입된 인도인 용병 세포이들이 독립전쟁을 일으켜 한때 델리와 주요 도시를 해방시키는 등 세력을 떨쳤지만 결국 지도부의 혼선과 분열로 실패했다. 이밖에도 수차례 반영 무장투쟁과 전쟁이 벌어졌으나 비슷한 이유로 성공하지 못했다.

서아시아에서는 오스만 투르크가 비잔틴 제국을 무너뜨리고 여세를 몰아 동유럽 일대에 대한 지배를 강화했다. 오스만 투르크는 특히 종교적 관용정책을 채택해 동유럽의 동방 정교 지역을 효율적으로 통치하고 국력을 크게 키웠다. 그러나 17세기 이후 서구 열강이 침입해오면서 위기를 겪었다.

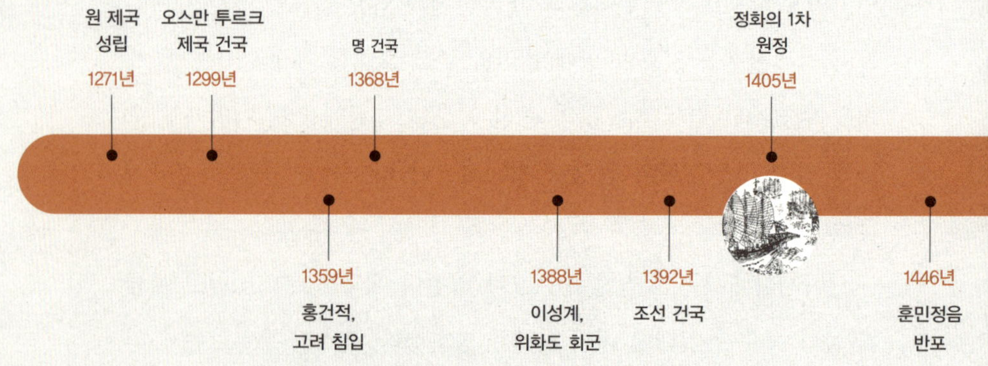

원 제국
성립
1271년

오스만 투르크
제국 건국
1299년

명 건국
1368년

정화의 1차
원정
1405년

1359년
홍건적,
고려 침입

1388년
이성계,
위화도 회군

1392년
조선 건국

1446년
훈민정음
반포

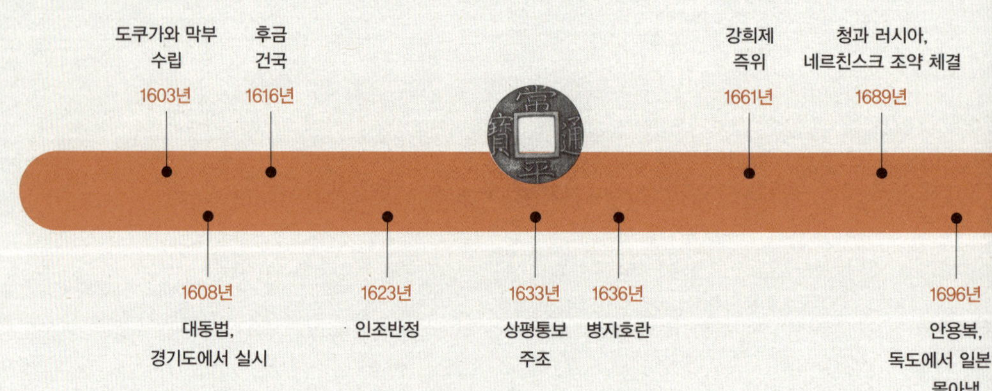

도쿠가와 막부
수립
1603년

후금
건국
1616년

강희제
즉위
1661년

청과 러시아,
네르친스크 조약 체결
1689년

1608년
대동법,
경기도에서 실시

1623년
인조반정

1633년
상평통보
주조

1636년
병자호란

1696년
안용복,
독도에서 일본인
몰아냄

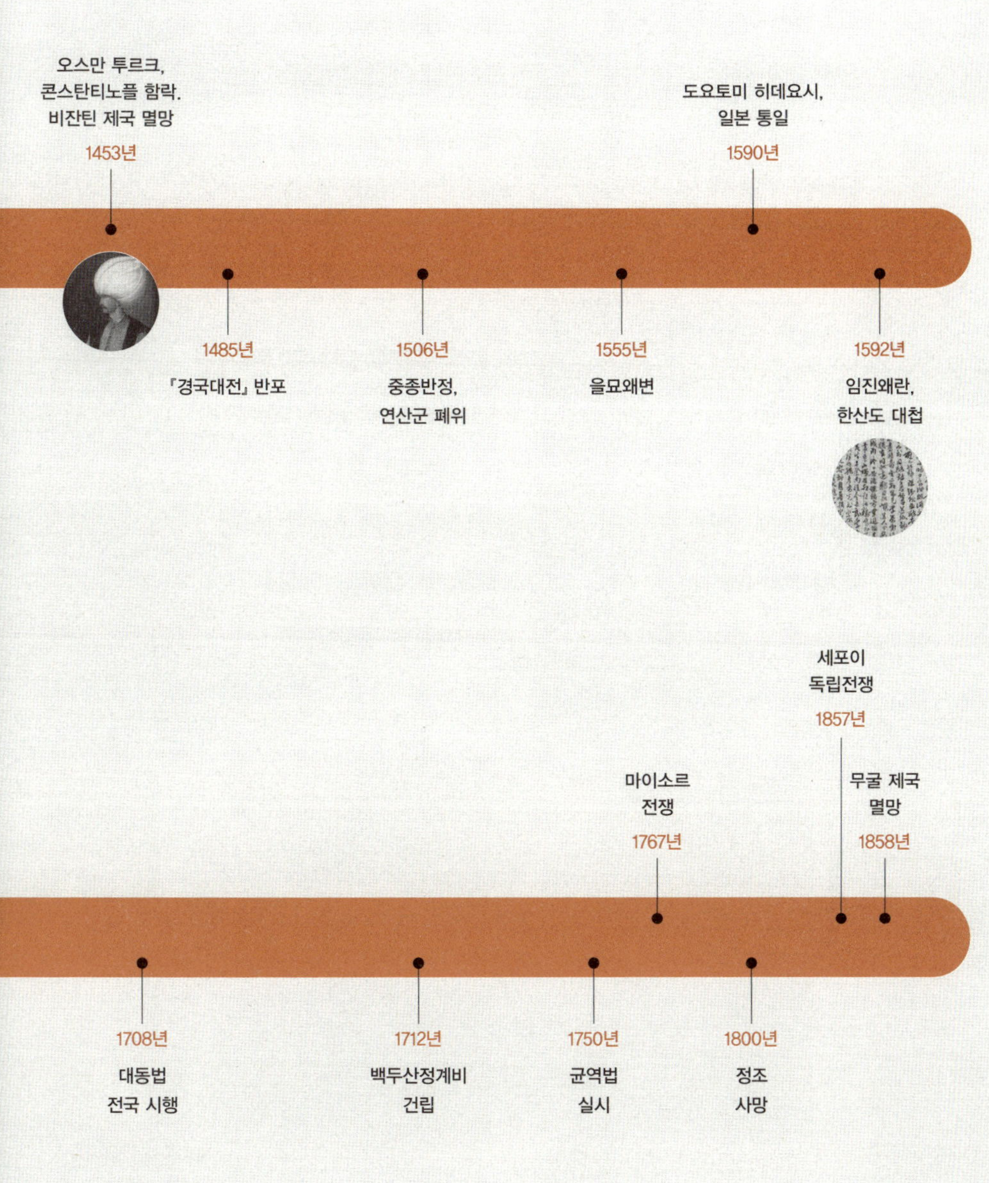

오스만 투르크,
콘스탄티노플 함락.
비잔틴 제국 멸망
1453년

도요토미 히데요시,
일본 통일
1590년

1485년
『경국대전』 반포

1506년
중종반정,
연산군 폐위

1555년
을묘왜변

1592년
임진왜란,
한산도 대첩

세포이
독립전쟁
1857년

마이소르
전쟁
1767년

무굴 제국
멸망
1858년

1708년
대동법
전국 시행

1712년
백두산정계비
건립

1750년
균역법
실시

1800년
정조
사망

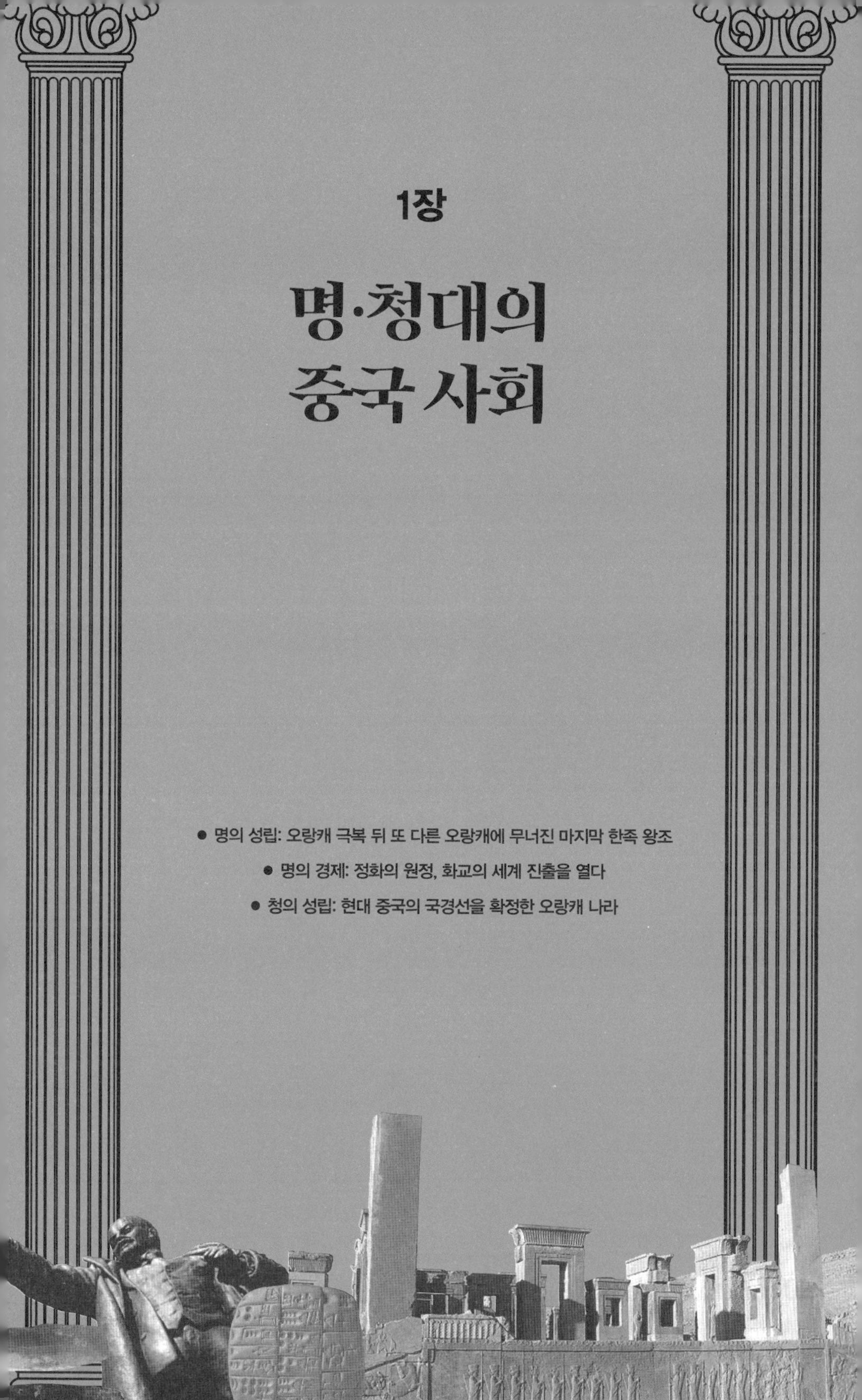

1장

명·청대의 중국 사회

● 명의 성립: 오랑캐 극복 뒤 또 다른 오랑캐에 무너진 마지막 한족 왕조

● 명의 경제: 정화의 원정, 화교의 세계 진출을 열다

● 청의 성립: 현대 중국의 국경선을 확정한 오랑캐 나라

오랑캐 극복 뒤 또 다른 오랑캐에 무너진 마지막 한족 왕조

"강절(江浙: 강소성, 절강성 일대. 양쯔강 하류 델타지역)에 풍년이 들면 천하가 족하다."
중국인들은 명나라 초까지 이런 속담을 썼다. 그러나 명나라 중기인 15세기 말에
이 속담은 이렇게 바뀐다.
"호광(湖廣: 호남성, 호북성 일대. 양쯔강 중류 지역)에 풍년이 들면 천하가 족하다."

명 태조 주원장의 중농정책

중국의 농업 중심지는 당나라 중기까지 화북 평야였다. 당나라 말과 5대 시기에 화북인들이 '안녹산·사사명의 난' '황소의 난' 같은 전란과, 5대 왕조의 무단통치를 피해 양쯔강 남쪽으로 이동하면서 강남이 새로운 농업 중심지로 바뀌었다. 처음에 강남 이주민들은 양쯔강 하류 평야와 저습지를 개발해 논농사에 나섰다. 벼는 단위면적당 수확량이 화북 지방에서 심던 조나 보리에 비해 최고 4배나 많았다. 여기에 송나라 이후 이룩된 이앙법, 동남아산 조생종 벼의 보급 등 농업기술의 발전이 맞물려 양쯔강 하류는 '중국 인민을 먹여 살리는 새로운 곡창'으로 부상했다.

그 뒤 중원에 여진족의 금과 몽골족의 원이 계속 몰려오자 화북 한인들의 강남 이주는 더욱 가속화됐다. 강절이 포화 상태에 이르자 양쯔강 중류 호광과 복건, 광동까지 이주했다.

가장 미천한 신분으로 황제에 오른 태조 홍무제 주원장은 중농정책을 펼쳤다. 원나라 말 오랜 전란으로 농촌이 몹시 피폐해졌기에 주

태조 주원장. 고아에 탁발승, 홍건적 등 미천한 신분을 거쳐 1368년 명을 건국하고 황제가 됐다.

원장은 개국 후 농촌부흥을 최우선 과제로 추진했다. 기아 속에 닥친 전염병 때문에 부모와 큰형을 잃은 주원장은 정책 추진에 온힘을 기울였다. 우선 피난민들을 고향으로 돌아가게 하고, 인구조밀지역의 농민은 토지가 남아도는 곳으로 이주시켰다. 황무지를 개간한 사람의 토지 소유를 인정하기도 했다. 그 결과, 홍무 25년에는 총 경지면적 중 개간농지가 절반에 이르렀다. 중농정책의 목적은 명확했다. 국가의 재정적 기반을 확립하는 것이었다. 그는 이런 칙령을 내렸다.

"백성은 분수를 알아야 한다. 세금과 부역을 제대로 내는 것이 곧 분수를 지키는 것이다."

경제 호황과 은납제 돌풍

농업과 산업도 발전했다. 먼저 15세기 중엽부터 세제의 은납화를 추진하면서 상품작물의 재배가 크게 늘었다. 애초 태조 주원장은 은의 유통을 금지시키고 원나라처럼 불환지폐인 초鈔를 유통시키려 했다. 그러나 백성들은 교환기능을 갖춘 은을 선호했고 초의 가치는 폭락했다. 이에 명 조정은 할 수 없이 세금을 은으로 납부하는 금화은金花銀 제도를 추진했다. 겉으론 "농민들의 부담을 경감시킨다"고 했지만, 결국 시장에 손을 든 것이다. 조정의 '항복선언' 후 강남을 시작으로 전국 각지에서 상품작물을 재배했다. 상품작물을 심어야 은을 만지고, 세금도 낼 수 있었다. 쌀 주산지로 각광받던 강남의 강절 지역도 빠르게 면화 재배지로 바뀌었다.

은납제의 돌풍 속에서 상품작물을 가공해 부가가치를 높이려는 '농촌형 가내수공업'과 '도시형 전문수공업'도 발달했다. 농촌 가정이나 도시 점포들이 저마다 면포 제작에 뛰어들었다.

은 경제의 발달과 함께 생활용품도 전국적으로 활발하게 유통됐다. 생산 공정에서 지역적 분업이 이뤄지고 물자수송을 위한 교통도 발달했다. 쌀·소금·직물·도자기·칠기·종이 등이 안 가는 곳 없이 유통됐다. 명 말에는 외국에서 옥수수·감자·고구마·담배도 들어왔다. 그 결과 화북에서는 옥수수가, 화남에서는 감자가 구황작물로 새롭게 자리잡았다.

양극화로 백성은 무너지고

그러나 명나라는 안으로부터 곪고 있었다. 외적인 성장과 달리 안으로는 부익부 빈익빈의 양극화가 심해졌다. 농민은 물론 가내수공업자들까지 더욱 궁핍해졌다. 밑천이 허약했기 때문이다. 상당수 농민은 면화 등 상품작물을 생산할 토대가 부실했다. 소작농은 수확의 50~60퍼센트를 소작료와 부조(닭이나 오리 등)로 내야 했다. 면화에 손을 댄 농민들도 곧바로 상업자본의 횡포에 시달릴 수밖에 없었다. 오죽하면 면화를 수확하자마자 그대로 면포와 물물교환하는 방식이 퍼져나갔겠는가. 대다수 농민은 돈도 못 만져보고 지주나 상인, 고리대금업자에게 이리 뜯기고 저리 채였다. 면포를 다루는 수공업이라고 사정은 다르지 않았다. 비단을 만드는 견직공 역시 상업자본에게 이익의 일부를 빼앗기는 악순환에서 헤어나지 못했다.

이런 문제에 명나라 조정은 제대로 대응하지 못했다. 명 말 만력제는 재위 48년 중 30년 동안 신료들을 접견조차 하지 않았다. 환관들에게 정사를 맡긴 채 궁중에서 호사 방종한 생활을 한 것이다. 환관들은 개국 초기부터 동창東廠 등 비밀정보기관을 장악한 채 정사를 좌지우지했다. 황제들이 얼마나 무능했는지 『명사』에는 아예 이렇게 적혀 있다.

"명나라 황제 16명이 있었으나 언급할 가치가 있는 황제는 다섯뿐이다."

명 중기 이후 대토지를 소유한 부재지주와 관직에 진출했다가 귀향한 향신들은 농민에게 높은 소작료를 받아 챙기고, 수공업자들의 이익을 떼어갔다. 환관이 득세하고 당쟁이 끊이지 않는 조정에서는 백성을 위한 어떤 개혁조치도 나오지 않았다. 명은 그렇게 양극화로 곪아갔다.

명 말 이자성이 1639년 하남에서 30개월 만에 수십만을 거느리는 세력으로 성장한 것은 다 이런 배경 때문이다. 결국 명은 외적 성장에도 불구하고 민중의 삶을 돌보지 않는 바람에 민심을 잃고 만주족에게 나라를 내주고 말았다.

백성이 무너지는데 살아남는 왕조는 없다.

정화의 원정, 화교의 세계 진출을 열다

중국에도 '바다의 역사'는 있다. 당나라와 송나라가 연 바다의 역사는 15세기 초 같은 한족 왕조인 명나라 건국 직후 절정에 이르렀다. 그리고 중국인들은 본격적으로 세계로 나아가 화교가 되기 시작했다.

바다 건너 세상 끝까지

'산고황제원(山高皇帝遠: 산은 높고 황제는 멀리 있다)'이라는 중국 속담은, 황제의 권력이 아무리 강해도 중앙정부에서 멀리 떨어진 변방까지는 제대로 미치기 어렵다는 말이다. 명나라의 바다에 대한 정책이 그랬다. 외형적으로 민간선박은 외국과 무역을 할 수 없다는 '해금정책'을 내세웠지만 실제로는 이를 묵인할 수밖에 없었다.

해금정책은 태조 주원장 때 시작됐다. 주원장은 의심이 많았다. 새 왕조를 차지하기 위해 겨뤘던 장사성, 방국진 등 해양 세력 잔당들이 아직 섬 지역에 숨은 채 반명 활동을 벌일지 모른다고 의심했다. 연안에 출몰하던 왜구들도 골치였다. 주원장은 이런 반명 세력이 서로 연합할 기미를 싹부터 자르려 했다. 홍무 23년 주원장은 절강, 복건, 양광 주민을 대상으로 국내의 금은·동전·견직물·무기류 등의 밀수를 엄격히 단속했다.

그러나 3대 황제 성조 영락제는 중국 역사상 해양 진출에 가장 적극적이었다. 영락제는 환관 출신 정화를 시켜 1405년부터 남해 대원

정화의 남해 원정

	출발	도착	원정로
1차 원정	1405년 7월	1407년 9월	참파(지금의 베트남 중부), 자바섬 및 팔렘방 등 수마트라섬(인도네시아), 믈라카(말레이시아), 실론(스리랑카), 캘커타
2차 원정	1407년 겨울	1409년 늦여름	자바, 시암(타이), 캘커타, 코친(인도), 실론
3차 원정	1409년 가을	1411년 초여름	자카프타, 자바, 믈라카, 수마트라, 실론, 쿠이론(인도), 코친, 캘커타
4차 원정	1413년 겨울	1415년 여름	호르무즈섬
5차 원정	1417년 겨울	1419년 여름	호르무즈섬, 아프리카 대륙 동쪽(모가디슈, 말린디) 및 아라비아 반도(아덴, 메카)
6차 원정	1421년 봄	1422년 여름	호르무즈섬 혹은 수마트라, 시암, 페르시아만
7차 원정	1430년 12월	1433년 7월	호르무즈섬, 아프리카 동부, 페르시아만, 메카(사우디아라비아)

정에 나서게 했다. 원정대가 총 7번 파견돼 동남아시아, 인도, 페르시아만, 아프리카까지 진출했다가 돌아왔다.

정화 원정대는 유럽보다 수십 년 앞서 인도양 전역을 누볐지만, 북경 보수층의 대륙중심주의에 막혀 바닷길 개척은 주저앉고 말았다. 명은 1567년 뒤늦게 해금정책을 폐기했지만 때가 너무 늦었다. 그로부터 1세기 후, 서양 해양 세력은 항해술과 조선술, 무기를 획기적으로 발전시켜 동아시아로 침투해왔다.

정화 원정대.

현대 중국의 국경선을 확정한 오랑캐 나라

청나라는 400여 년 만에 중원 제패의 꿈을 이뤘다. 20세기 초까지 중국을 지배한 만주족 왕조 청은 현대 중국에 중요한 두 가지를 유산으로 남겼다. 바로 중국의 성장 엔진이라 할 수 있는 '인구'와 '국경'이다.

청의 인구 엔진

1644년 산해관을 넘어 명나라 수도 북경에 들어왔을 때 만주족 병력은 단 6만 명에 지나지 않았다. 그후 '청나라'라는 이름으로 중원을 지배하면서도 만주족은 대체로 200만 명 정도였다. 소수 인구로 중국 전체를 다스린 청 왕조 270여 년 동안, 중국은 오늘날까지 엄청난 영향을 미치는 중대한 변화를 겪었다.

청이 오늘의 중국에 남긴 가장 큰 유산은 바로 인구다. 중국 역사

중국의 인구 변화(1700~1800년대)

연도	인구	주요 사건
1741년	1억 4,341만 명	
1771년	2억 1,460만 명	
1791년	3억 435만 명	
1801년	2억 9,750만 명	백련교도의 난(1796년~1804년)
1841년	4억 1,346만 명	아편전쟁(1840년~1842년)
1861년	2억 6,689만 명	태평천국의 난(1851년~1664년)
1871년	2억 7,235만 명	

상 인구 2억을 넘은 1771년부터 4억을 돌파한 1841년까지 모두 청나라 때다. 비록 태평천국의 난 때문에 잠시 인구가 4억 밑으로 줄어들긴 했지만, 청은 오늘날 중국의 가장 큰 무기인 '인구'라는 성장 엔진을 확실하게 가동시켰다.

청의 인구 엔진이 본격적으로 가동된 것은 강희-옹정-건륭제의 통치 시기인 이른바 '강건성세' 때(1661~1779년)다. 청의 전성기였던 이 시기에는 인구 증가를 촉발한 여러 변화를 겪었다. 우선 청 황제들이 정치를 안정시켜 국력을 강화했다. 강희제는 황허의 치수에 심혈

청나라 4대 황제 강희제는 중국 영토를 크게 넓혔다.

을 기울였다. 치수를 전문으로 하는 하도총독을 신설하고, 개수작업 후 황허 북안을 비밀리에 순행했다. 또 1712년 이후 태어난 장정에게 '성세자생인정(盛世滋生人丁: 태평성세에 자애 속에서 태어난 장정)'이라는 이름으로 세금을 면제해줬다. 이 조치는 인구 증가에 긍정적인 영향을 미쳤다.

옹정제는 1728년 양염은제를 실시해 부정부패를 막는 등 민심을 잡는 데 총력을 기울였다. 관료들에게 일종의 '청렴 장려 보너스'를 지급한 것이다. 그는 강희제 못지않은 근검절약을 실천했다. 그의 근검절약에 대해선 이렇게 전해지고 있다.

"신하와 함께 식사를 할 때도 그릇에 붙은 밥알 하나를 아꼈으며, 빵 조각도 버리지 않았고, 그다지 소중하지 않은 문서는 못 쓰게 된 종이를 다시 사용했다."

건륭제 때는 나라가 꽤 안정된 데다가 본격적으로 유럽에 차를 수출했다. 그 대가로 엄청난 부가 흘러들어왔다. 장기간의 태평성세와 물질적 번영 속에서 인구는 대폭 늘었다.

현대 중국의 영토를 확정한 만주족

오늘날 중국 영토도 청나라 때 그 뼈대가 완성됐다. 특히 이 시기에 티베트가 중국에 편입됐고, 가장 긴 국경을 마주하는 러시아와의 국경도 대부분 확정됐다.

강희제 때인 1683년, 대만에서 반청운동을 벌이던 정성공 일가가 청에 항복해왔다. 티베트 라사를 점령했던 준가르 군대를 격퇴한 뒤

외몽골까지 공략한 것도 강희제 때다. 그 결과, 외몽골에서 청해까지 청나라에 복속됐다. 옹정제는 강희제에 이어 청해에 군대를 파병해 완전히 속령으로 삼았다. 이어 건륭제는 1759년 신장위구르를 복속시켰다. 나아가 귀주와 운남의 묘족을 복속시키고 중국 남부 국경을 결정지었다.

청나라는 러시아와 매우 복잡한 국경 갈등을 겪어야 했다. 러시아는 17세기 전반 태평양 연안에 도달한 뒤 남하하면서 청과 충돌했다. 결국 청과 러시아는 1689년 네르친스크 조약을 체결하고 외흥안령과 흑룡강 외지류인 고리비차강을 국경으로 삼았다. 그러나 이 조약은 몇 가지 불안요소를 안고 있어서 1727년 캬흐타 조약을 새로 체결

중국의 영토 변화

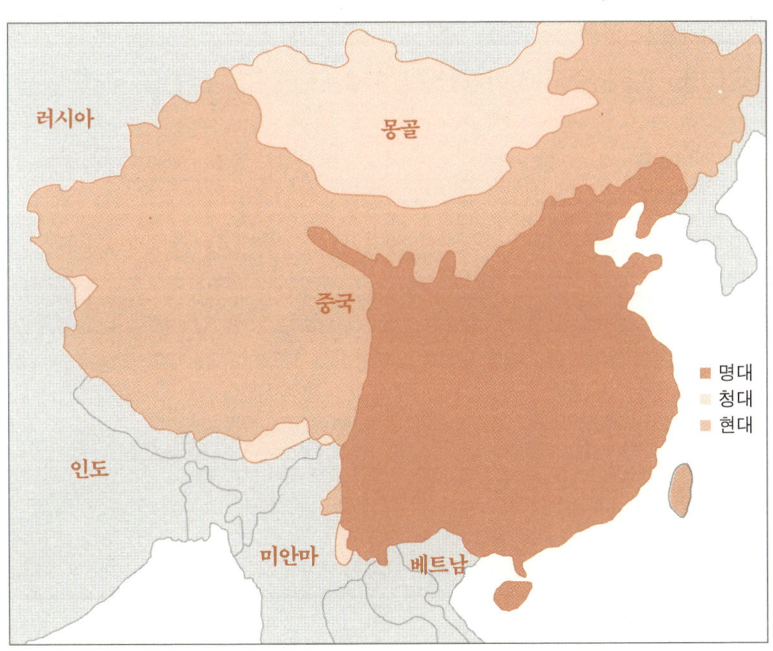

했다. 고르비차강에서 알타이산맥을 거쳐 몽골로 이어지는 나머지 국경을 정한 것이다. 이 두 조약에도 불구하고 국경에서는 긴장이 계속됐다. 청이 아편전쟁 등을 겪으며 서구에 밀리자, 러시아는 더욱 거세게 동방 진출정책을 펼쳤다. 청이 태평천국의 난 등으로 고전하자 러시아가 압박해 1858년 아이훈 조약을 체결했다. 이 조약으로 외흥안령 대신 흑룡강을 새로운 국경으로 정했다. 또 1860년, 2차 아편전쟁 후 러시아는 청과 영국, 프랑스를 중개해 강화 조약(북경 조약)을 성립시킨 뒤, 그 대가로 연해주를 넘겨받았다. 러시아는 중앙아시아에서도 공세를 펼쳐 우여곡절 끝에 1881년 청과 이리 조약을 체결했다. 이 조약으로 러시아는 신장에서의 무역권을 인정받는 조건으로 이리 지방을 청에 반환했다.

청이 망한 뒤 현재 만주족은 약 1천만 명 정도에, 그들만을 위한 자치지역 같은 것도 없다. 만주족은 스스로 '인구'도 '국경'도 없이 소멸해간 대신 현대 중국에 엄청난 '유산'을 남겼다.

2장

동서아시아의
변화

● 인도 사회의 변화: 인도의 뿌리 깊은 분열주의, 결국 영국 식민지화로

● 서아시아 세계의 변화: 오스만 투르크, 동유럽 지배는 다문화 수용으로 가능했다

인도의 뿌리 깊은 분열주의, 결국 영국 식민지화로

인도의 마지막 통일왕조 무굴 제국이 쇠퇴해갈 때 대다수 힌두교도들은 이렇게 말했다.

"무굴은 이슬람 왕조니까 그런 일은 무슬림의 일이지 우리 힌두교도의 소관이 아니지 않은가?"

영국 제국주의의 야욕과 인도인의 투쟁

18세기 중엽 서구 세력이 인도 아대륙에서 식민주의 야욕을 노골화해가고 있을 때 인도는 여전히 분열과 혼란에 휩싸여 있었다. 무굴 제국은 이미 지배력을 잃었다. 인도는 10여 개의 독립국가 또는 정치 통치체로 나뉜 채 안으로는 권력다툼으로, 밖으로는 이웃나라와의 끝없는 소모전으로 국력을 탕진하고 있었다. 이런 인도를 놓고 유럽 국가들이 식민지 경쟁을 벌이다가 차츰 한 나라로 승자가 압축됐다. 포르투갈과 에스파냐에 이어 인도에 온 영국이었다.

18세기 중엽의 인도

델리 부근	사실상 중앙정부인 무굴 제국 유지. 그러나 북서쪽으로는 페르시아와 아프간의 침략을, 남쪽으로는 마라타 연합의 침입을 받아 실질적으로 국가의 독립성 유지가 매우 불투명한 상태
중앙부	마라타 연합
북부	벵골, 오우드, 로힐칸드 등이 각각 독립국가처럼 존재
남쪽	마라타 연합 남쪽에 하이데라바드, 카르나티크, 마이소르 등이 각각 독립국가 형성

영국의 침략에 인도가 가만히 앉아서 당한 건 아니다. 수많은 전쟁과 항쟁을 일으켰다. 그런데 왜 인도인의 투쟁은 성공하지 못했을까? 인도의 대표적인 투쟁을 분석해보면 인도 내부의 문제점을 알 수 있다.

먼저 마이소르 전쟁을 들 수 있다. 마이소르는 유능한 지도자인 하이데르 알리가 이끄는 인도 남부의 작은 독립국가였다. 그러나 마이소르 홀로 대영 투쟁을 벌일 때, 인도 내 다른 국가들은 도와주지 않았다. 1767년부터 마이소르는 8~9년 동안 네 번에 걸쳐 대영 제국과 맞서 싸웠다. 그러나 3, 4차 마이소르 전쟁에 이르자 주변국들은 영국과 3자 동맹을 맺고 마이소르를 한꺼번에 공격해오고 말았다. 결국 마이소르는 수도는 물론 전 국토가 처참하게 약탈되고 파괴됐다.

인도양과 동아시아에서 모직물 시장 및 향료 획득을 독점하기 위해 세운 영국 동인도회사. 19세기 세계 경제를 지배한 영국의 경제력은 동인도회사에서 나왔다.

1857년 5월 영국 동인도회사의 세포이들을 중심으로 영국군 장교들에게 대항해 봉기했다. 인도 최초의 민족적 항쟁으로 '제1차 인도 독립전쟁' 등으로도 불린다.

내부 분열로 와해된 세포이 전쟁

마이소르 전쟁 이후에도 인도의 저항은 곳곳에서 이어졌다. 그러나 압도적인 군사력을 갖춘 영국은 인도 분열정책을 썼고 이후의 전쟁에서 인도는 모두 패배했다.

마이소르 함락 59년 뒤에 일어난 세포이 독립전쟁 역시 초기에는 성공적이었지만 복잡한 요인으로 결국 패배했다. 세포이는 영국이 인도를 지배하기 위해 고용한 인도인 병사들이었다. 인도에 주둔하는 영국 육군 중 벵골에서 펀자브에 이르는 인도 중심부를 담당하던 것이

영국의 인도 지배

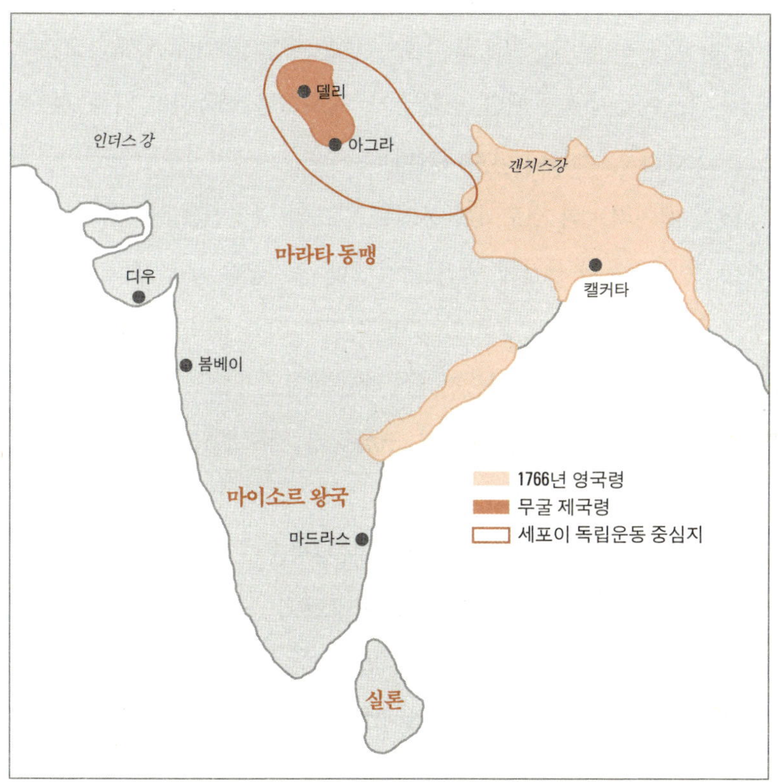

벵골군이었다. 벵골군은 인도 주둔 영국군 중 규모가 가장 컸다. 그 절반이 바로 세포이였다. 벵골군 소속 세포이들은 특권 의식이 강했는데 영국인에 비해 심한 차별대우를 받자 이들의 불만이 고조됐다.

이런 상황에서 1857년 새로 보급된 소총의 탄약주머니에 바르는 기름이 세포이들을 자극했다. 종이로 된 탄약주머니를 젖지 않게 하고, 총알과 총열 사이의 마찰을 줄이기 위해 탄약주머니에는 쇠기름이나 돼지기름을 발라두곤 했다. 영국군은 탄약주머니를 입으로 뜯어서 사용하라고 가르쳤다. 이에 세포이들이 강력하게 반발했다. 소는 힌두교도에게 성스러운 동물의 으뜸이고, 돼지는 이슬람교도에게 불결한 동물의 으뜸이었다. 그런데 쇠기름이나 돼지기름을 바른 탄약주머니를 입으로 물어뜯고, 그 기름이 묻은 총알을 입에 넣으라고? 마침내 세포이들이 폭발했다. 영국군이 "세포이를 모독하고 기독교도로 만들려 한다"는 소문이 퍼져나갔다.

먼저 메이러트의 세포이가 봉기를 일으켜 영국인들을 살해하고 델리로 진격했다. 순식간에 델리를 점령한 봉기군은 무굴 황제를 내세우고 황제의 이름으로 봉기할 것을 각지에 호소했다. 갠지스강 중상류에서 인도 중부에 이르는 지역이 해방됐다.

그러나 봉기군에게는 통일된 구심점과 지도부가 없었다. 농민과 시민들이 동참했지만 이들을 하나로 결집시킬 공통 목표가 불분명했다. 또한 정보망도 제대로 갖추지 못해 영국군이 어떤 전략을 세우는지 알지 못하는 데다가 자기들끼리 연락할 수단도 없었다. 곧 지도부가 분열되면서 구세력이 주도권을 잡고 말았다. 인도 내부의 약점인 '분열'이라는 악령이 되살아난 것이다. 인도 구지배층은 자신들의 세력 확대와 세금 징수에만 혈안이 됐다. 결국 봉기 세력은 영국군의 체계적인 반격에 무너졌다.

마이소르 전쟁과 세포이 독립전쟁의 공통적인 실패요인은 다음과 같다.

1) 인도가 아직 하나의 민족국가, 하나의 운명체라는 의식이 형성되지 못했다.

2) 영국의 식민지배를 대체할 새로운 정치 · 경제 · 사회체제가 준비되지 못했다.

3) 그렇기에 일시적 승리 뒤 내부 분열의 악순환으로 되돌아갔다.

이런 실패에서 교훈을 얻고, 전 인도 민중을 하나의 목표로 뭉치게 하기 위해선 거의 1세기라는 시간이 필요했다.

역사라는 수레바퀴는 그냥 돌아가지 않는다.

티베트 불교의 팽창과 전륜성왕

왕은 이름난 점성가들을 불러 갓 태어난 태자의 장래를 물어보았다. 태자를 본 사람마다 놀라면서 "태자는 왕위에 오르면 온 세상을 다스리는 전륜성왕이 될 것이고, 출가해 수행하면 반드시 부처가 되어 모든 중생을 구제할 것입니다"라고 말했다.

점성가들의 예언대로 태자는 나중에 깨달아 부처가 됐다. 그러면 옛날부터 인도에 전해내려오던 전륜성왕은 사라져버린 것일까?

이상적 제왕, 전륜성왕

불교와 왕권은 매우 관련이 깊었다. 특히 티베트 불교는 후세에 엄청난 영향을 미쳤다.

티베트 불교의 첫 번째 전륜성왕은 7세기 티베트에 불교를 도입한 송첸 감보 왕이었다. 그 후 티베트 불교는 몽골 제국 쿠빌라이 칸을 신도로 끌어들이면서 세력을 확장했다. 쿠빌라이 칸은 즉위와 함께 티베트의 고승 팍파를 국사이자 제국의 종교업무를 담당하는 선정원의 책임자로 임명했다. 최고 권력자인 쿠빌라이 칸을 이 티베트 승려는 어떻게 설득했을까?

수도 대도(북경)의 설계를 위임받은 팍파는 대도의 정문에 해당하는 숭천문에 금륜을 내걸어 쿠빌라이가 전륜성왕인 '금륜왕'임을 만천하에 선언했다. 그는 쿠빌라이의 옥좌를 보호하고 대도성 안의 사악한 기운을 제거하는 의식을 치렀다. 팍파는 이 의식에 대한 보답으로 쿠빌라이로부터 티베트에 대한 지배권을 위임받았다.

전생활불제도, 달라이 라마

원 황제들을 포섭한 티베트 불교는 그러나 교파 간 내분과 승려들의 타락을 겪었다. 이에 14세기 후반 승려 총카파는 교단의 타락을 막기 위해 독신생활을 재도입하고 엄격한 수행과 기도를 강조했다. 티베트 불교는 교단 승계에 차질이 생기자 '전생(환생)활불제도'를 도입했다. 티베트 불교의 최고지도자가 계승자에게 '환생'

4대 달라이 라마 용텐 갸쵸.

되어 '살아 있는 부처'로 나타난다는 교리를 확립한 것이다.

'활불' 제도가 자리매김하자 당연히 전륜성왕도 환생해야 했다. 16세기 후반 몽골 제국 이후 몽골족을 통치하던 알탄 칸이 첫 번째 전륜성왕이 됐다.

티베트의 제3대 달라이 라마 소남 갸초는 알탄 칸에게 '범천으로 힘의 바퀴를 굴리는 왕'이라면서 전륜성왕의 칭호를 수여했다. 그 보답으로 알탄 칸은 소남에게 '지금강자 달라이 라마'라는 칭호를 헌상했다. 티베트어 '갸초(바다)'를 몽골어로 번역한 '달라이'와, '스승'을 뜻하는 티베트어 '라마'를 합친 티베트·몽골 합작인 '달라이 라마'라는 칭호는 그렇게 세상에 등장했다.

오스만 투르크, 동유럽 지배는 다문화 수용으로 가능했다

알렉산드로스가 페르시아를 멸망시킨 지 거의 1,800년, 이번에는 거꾸로 동방 세력이 힘을 키워 동유럽의 심장부 비잔틴 제국의 콘스탄티노플을 공격해왔다. 이제 역사의 추는 반대로 기우는 것인가?

1,000년 왕국 위에 세워진 초승달 깃발

1453년 5월 28일, 비잔틴 제국 콘스탄티누스 황제를 비롯해 비잔틴 병사들은 하기아 소피아 대성당에 모여 마지막 기도를 드리고 출전했다. 메흐메트 2세가 이끄는 오스만 투르크군이 7주간 콘스탄티노플을 무자비하게 공격해왔다. 특히 오스만군은 길이 8미터, 무게 500킬로그램인 포환을 발사해 역사상 가장 깨뜨리기 어렵다는 콘스탄티노플 성벽을 무너뜨리기 시작했다.

29일 새벽, 다시 오스만군의 총공세가 시작됐다. 파손된 성벽 틈으로 진입하려는 오스만군의 두 차례 공격을 결사적으로 막았지만, 오스만의 최정예 예니체리 부대의 세 번째 돌격까지 막아낼 수는 없었다. 콘스탄티누스 황제는 적군을 향해 돌진하다가 그대로 휩쓸려 짓밟히고 말았다. 비잔틴의 쌍두독수리 깃발이 끄집어 내려지고, 오스만의 초승달 깃발이 올라갔다. 비잔틴 왕국은 그렇게 무너졌다.

그로부터 39년 뒤인 1492년, 이번에는 이베리아 반도 그라나다의 이슬람 국가 나스르 왕조가 가톨릭 세력에게 항복했다. 가장 아름다운 아랍 건축물의 하나인 알함브라성에 가톨릭의 상징인 은십자가가 세워졌다. 성의 열쇠를 카스티야의 페르난도 2세에게 바친 나스르의 마지막 왕 무함마드 11세는 떠났다. 800여 년 동안 가꿔온 평야와 골짜기를 돌아보며 왕은 "알라후 아크바르(신은 위대하도다)!"라고 말했고 두 눈에서는 뜨거운 눈물이 하염없이 흘러내렸다.

비잔틴 제국의 멸망과 나스르 수복은 유럽 기독교 세력과 중동 이슬람 세력의 공격과 반격, 재반격의 역사 속에서 15세기에 벌어진 주요 사건이다. 기원전 6세기 페르시아 전쟁을 시작으로 두 세력은 계속 맞붙었다. 알렉산드로스 이후 대제국이 등장할 때마다 서로 다른 종교와 인종, 문화를 가진 정복자와 피정복자의 관계 설정은 이 지역의 최대 과제가 될 수밖에 없었다.

비잔틴 제국을 대체한 오스만 제국

비잔틴 제국을 대신해 지중해와 흑해의 새로운 지배자로 떠올랐기에 오스만 투르크 역시 이 문제에서 자유롭지 못했다. 오스만 제국은 어느덧 고대 로마 전성기 영토의 4분의 3을 점령했다. 특히 동유럽인 세르비아, 보스니아, 헝가리 등 기독교 문명권까지 포괄하게 되자, 종교·인종·문화적으로 이질적인 제국 내 다양성을 어떻게 통합할 것인가 하는 과제에 직면했다. 오스만 투르크는 역대 이슬람 왕조의 종교적 관용정책을 과감하게 선택했다. 일단 제국 안의 신민을 '밀레트'라 부르는 4개의 종교공동체로 분류했다.

1299년	오스만 1세, 셀주크 왕조의 주권을 넘겨받아 오스만 제국 설립 (오스만 제국 태동)
1326년	부르사로 수도 이전
1353년	술탄 오르한, 유럽 정복 시작
1395년	술탄 바예지트, 콘스탄티노플 공략
1396년	십자군 격파
1413년~1421년	메흐메트 1세, 오스만 제국의 주권 회복
1453년	메흐메트 2세, 콘스탄티노플 점령. 비잔틴 제국을 멸망시키고 수도를 콘스탄티노플로 이전
1512년~1520년	술탄 셀림 1세, 페르시아, 이집트 및 아랍 지역 점령. 이슬람교 종주권 장악
1516년	술탄 셀림이 이슬람 세계의 칼리프직 승계
1517년	술탄칼리프제 확립
1538년	술레이만 1세의 오스만 해군, 지중해 장악. 중앙유럽과 북아프리카에까지 영토 확장
1571년	레판토 해전에서 기독교 세계의 연합 함대에게 패해 지중해의 패권 상실
1697년	오스트리아 전투에서 패배
1788년	오스트리아–러시아 전쟁에서 오스만 패배
1792년	오스만과 러시아 평화 협정 체결
1793년	니자미 제디드 (신식 군대) 창설
1839년	압뒬메지트 1세, 개혁정치 실행 등 위로부터의 근대화 운동 전개
1876년	아시아 최초의 성문헌법인 제국헌법 (통칭 미드하트 헌법) 공포
1889년	청년 투르크당 '연합 진보회' 결성
1908년	청년 투르크당의 개혁 혁명 성공. 무력 혁명으로 입헌군주제 부활
1912년~1913년	1·2차 발칸 전쟁 패배. 제국 내 영토 대부분 상실
1919년~1922년	무스타파 케말 (아타튀르크)의 터키 독립전쟁
1920년	대국민회의 출범
1922년	메흐메트 6세 폐위로 술탄제 폐지. 600여 년 역사의 오스만 제국 해체

무슬림, 그리스 정교도, 아르메니아 기독교도, 유대교도의 네 종교 공동체로 나누고 각각 자율권을 대폭 인정했다. 각 밀레트에게 종교

뿐만 아니라 문화, 교육면에서도 광범한 자치를 허용하고 고유 언어를 사용할 수 있게 했다. 대신 무슬림이 아닌 신민('딤미'라고 부름)은 인두세(지즈야)를 내야 했다. 밀레트 제도에서 보듯 오스만은 기독교도와 유대교도를 무슬림과 같은 신을 섬기는 '경전의 민족'이라며 비교적 우대했다. 다른 종교에 억압정책을 편 기독교 국가들과 비교하면 놀랄 만하다.

오스만 투르크 제국의 최전성기를 이끌었던 술탄 술레이만 1세.

　종교 관용정책은 긍정적인 효과를 낳았다. 에스파냐의 레콩키스타 운동(이베리아 반도에서 가톨릭 왕국이 이슬람 세력을 몰아내기 위해 벌인 일련의 활동)에 따라 코르도바와 이베리아 반도에서 빠져나온 유대교도들이 이스탄불과 테살로니카 등으로 이주해 오스만 제국 경제에 활력을 불어넣었다.

　오스만은 이민족의 종교와 문화를 포용하는 페르시아 전통을 600여 년 이상 발전시키며 번영을 누렸다. 오스만 투르크의 포용주의 전통 위에 피어난 다문화의 힘은 그렇게 강력했다.

5부
유럽 근대 사회의 성장과 확대

중앙집권국가는 관료제와 상비군을 운영하며 정교한 체계를 갖추기 시작했다. 폐쇄적인 장원제를 밀어내고 개방적인 시장경제가 움트면서 신흥상업 계급이 생겼는데, 이들은 개인의 이익과 상거래의 자유를 주장하며 사회 중심 세력이 돼갔다. 이탈리아의 피렌체, 베네치아 같은 부유한 도시국가를 중심으로 펼쳐진 문예부흥운동을 떠받친 것도 이들이었다. 신흥상업 계급은 전통적 경제구조를 자본주의 시스템으로 바꿨을 뿐만 아니라 사람들의 심성구조도 변화시켰다. 이들이 주창한 시민의 자유는 결국 절대왕권을 무너뜨리고 시민혁명을 성공시키는 원동력이 됐다.

콜럼버스의 신대륙 발견은 유럽에는 커다란 기회였지만 신대륙 원주민들에게는 엄청난 재앙이었다. 정복자들의 무자비한 학살과 이들이 옮긴 전염병으로 아메리카 인구는 절반 이상 줄어들었다. 에스파냐와 포르투갈 정복자들은 자원만 수탈한 게 아니라 원주민의 언어와 문화도 약탈했다.

구텐베르크가 고안한 인쇄술은 종교개혁의 진정한 후원자였다. 루터는 성직자들의 전유물이었던 라틴어 성서를 속어로 번역해 민중과 공유했다. 이것이 가톨릭을 몰락시키는 단초가 됐고 그 배경에는 인쇄술의 위력이 있었다. 코페르니쿠스에서 시작해 뉴턴에 이르기까지 진행된 과학혁명은 구시대 세계관을 뒤엎었다. 이제 근대인들은 계시에만 의존하지 않고 세계가 어떻게 작동하는지 합리적으로 알고자 했다.

기계노동에 의한 대량 생산과 철도망 확충에 따른 물류 혁신은 생산력 증대와 시장 확장을 촉진했다. 순수과학(뉴턴)이 응용기술(와트)과 결합하면서 종교를 비롯한 전 영역을 따돌리고 역사의 전면에 나섰다. 오늘날에도 과학기술은 국가의 운명을 좌우하는 가장 중요한 열쇠다.

한편 러시아에서는 표트르 대제의 지도 아래 뒤늦게나마 서구를 모방한 근대화에 박차를 가하는 한편, 근대화로 이룩한 국력을 우랄 산맥 너머 시베리아, 연해주 쪽으로 급속히 확대했다. 곧 러시아는 중앙아시아와 베링해까지 확산해 세계 최대 제국이 됐다.

자본주의의 발전은 소수인 자본가 계급(부르주아지)과 다수인 노동자 계급(프롤레타리아트)의 격차를 차츰 벌려놓았다. 사적 소유를 없애고 평등한 세상을 만들어야 한다는 마르크스와 엥겔스의 주장은, 자본주의의 성장과 더불어 퍼져나간 맬서스의 적자생존, 자유경쟁 이론을 압도하지 못했다.

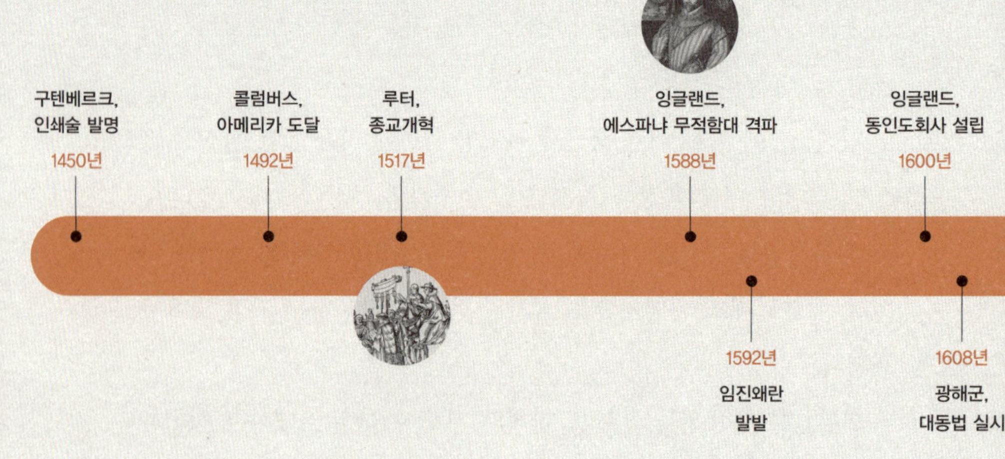

구텐베르크,
인쇄술 발명
1450년

콜럼버스,
아메리카 도달
1492년

루터,
종교개혁
1517년

잉글랜드,
에스파냐 무적함대 격파
1588년

잉글랜드,
동인도회사 설립
1600년

1592년
임진왜란
발발

1608년
광해군,
대동법 실시

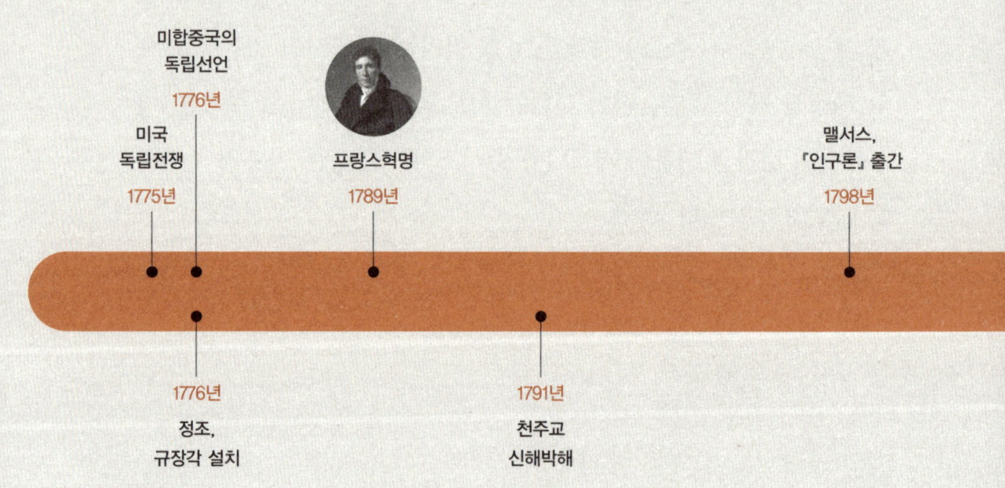

미합중국의
독립선언
1776년

미국
독립전쟁
1775년

프랑스혁명
1789년

맬서스,
『인구론』 출간
1798년

1776년
정조,
규장각 설치

1791년
천주교
신해박해

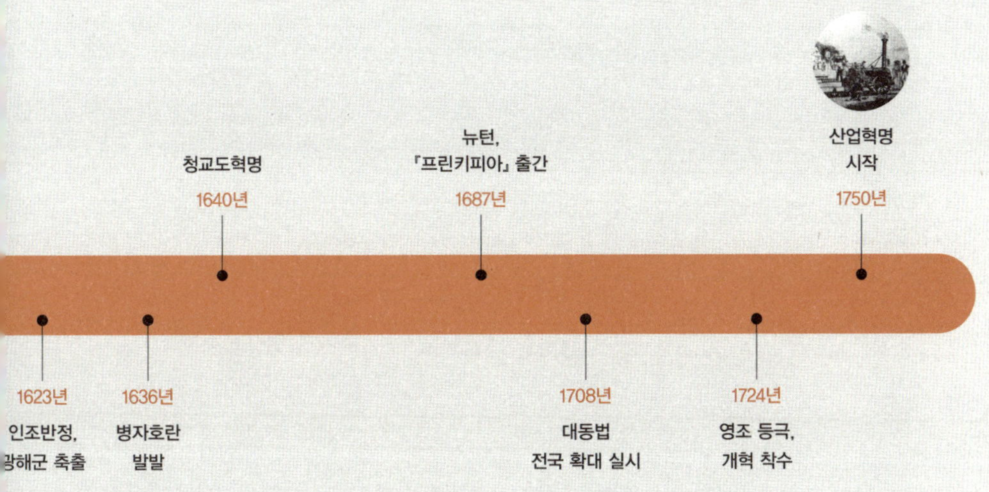

청교도혁명
1640년

뉴턴,
『프린키피아』 출간
1687년

산업혁명
시작
1750년

1623년
인조반정,
광해군 축출

1636년
병자호란
발발

1708년
대동법
전국 확대 실시

1724년
영조 등극,
개혁 착수

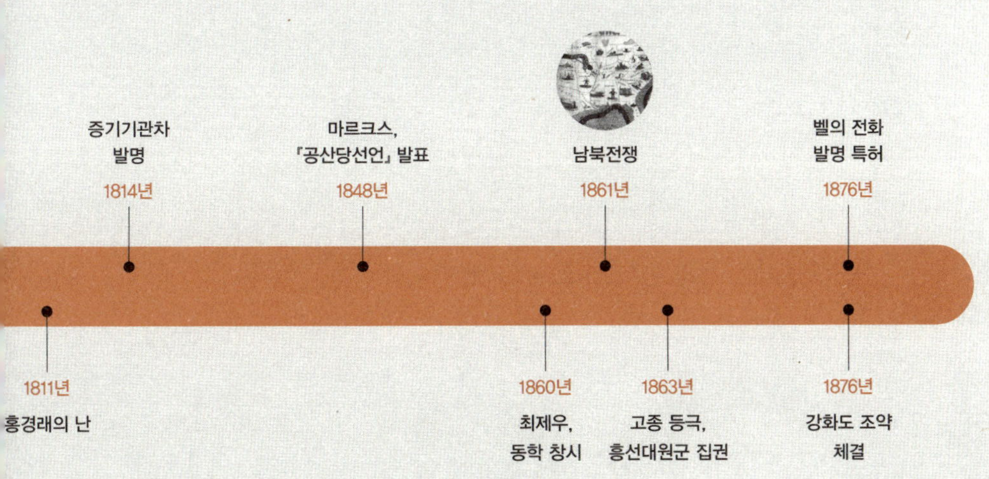

증기기관차
발명
1814년

마르크스,
『공산당선언』 발표
1848년

남북전쟁
1861년

벨의 전화
발명 특허
1876년

1811년
홍경래의 난

1860년
최제우,
동학 창시

1863년
고종 등극,
흥선대원군 집권

1876년
강화도 조약
체결

1장

근대 의식의 각성

- 르네상스: 베네치아와 피렌체의 경제가 르네상스를 열다
- 종교개혁: 종교개혁의 최대 공헌자는 구텐베르크 인쇄술

르네상스

베네치아와 피렌체의 경제가 르네상스를 열다

역사가 야코보 부르크하르트는 이렇게 적었다.
"인류사에 큰 의미가 있는 두 도시가 있다. 300년 동안 격동에 휘말렸던 피렌체, 그리고 정치적으로 볼 때는 정체한 듯 보이는 도시 베네치아가 그곳이다. 두 도시가 보여준 것보다 더 선명한 대립을 생각할 수 없다."
무척 다른 개성을 지닌 두 도시는 '르네상스'라는 드라마에서 공동 주연을 맡았다.

꽃의 도시, 피렌체

기원전 59년 율리우스 카이사르는 '꽃의 도시'라는 뜻을 지닌 도시 플로렌티아Florentia를 세웠다. 완벽한 계획도시로 건설된 플로렌티아는 도로나 상하수도, 공중목욕탕, 원형 경기장 등을 두루 갖춘 작은 로마였다. 피렌체로 이름을 바꾼 이 도시는 '코뮌'의 원조인 주민 자치공동체 '코무네Comune'를 탄생시킨 곳답게 자율성이 넘쳤다. 흔히 메디치 가문이 피렌체의 부흥을 이끌었다고 하지만, 메디치가 등장하기 전부터 피렌체의 경제력은 이미 막강했다. 바르디 가문과 페루치 가문을 중심으로 엄청난 자본이 모여들었던 것이다. 피렌체는 영토는 작았지만

피렌체 공화국의 번영에 기여한 코시모 메디치. 금융업으로 축적한 재산을 문화예술에 아낌없이 쏟아부어 레오나르도 다 빈치 등 천재적인 예술가들을 배출시켰다.

경제력은 당시 잉글랜드, 프랑스, 터키를 압도했다.

피렌체는 극심한 내분을 겪으며 성장하다가 1434년 메디치 가문의 코시모가 권력을 잡으면서 비로소 정치적 안정을 찾았다. 코시모는 독재나 다름없는 '참주정'을 실시했는데, 그가 학문과 예술을 사랑한 합리적 지도자였던 것은 다행스러운 일이다.

피렌체는 통계의 도시였다. 도시에서 벌어지는 모든 상거래와 행정기록이 통계로 남아 있다. 피렌체인들의 이런 치밀함이 경제적 합리성의 바탕임은 당연하다. 1492년 로렌초 메디치가 사망하고 메디치 은행이 파산할 때까지 메디치 가문은 방대한 자금력을 바탕으로 예술가와 학자들에게 많은 애정을 쏟았다.

물의 도시, 베네치아

413년 파도바 이민자들이 세운 도시국가 베네치아는 피렌체에 비해 정치적으로 평온했다. 베네치아에는 언론 · 출판 · 사상의 자유를

자코포 데 바르바리의 〈베네치아 풍경〉. 15세기 베네치아는 언론 · 출판 · 사상의 자유를 중시했다.

중시하는 유구한 전통이 숨쉬고 있었다. 금서목록에 오른 루터나 마키아벨리의 책을 베네치아에서는 어렵지 않게 구할 수 있었던 것도 이런 전통 때문이다.

그러나 베네치아가 개인의 자유를 보장한 가장 중요한 이유는 상업 발전과 공화국의 번영에 도움이 됐기 때문이다. 베네치아에는 이런 말이 유행했다.

"베네치아인이 먼저, 기독교도는 그다음."

교황이 이렇게 말한 적도 있다.

"나는 어디에서나 교황이지만 베네치아에서는 아닌 것 같다."

베네치아인들은 늘 실용을 추구했다. 1171년 콘스탄티노플에서 베네치아 상인을 배척해 폭동이 일어난 것을 보면, 셰익스피어가 쓴 『베니스의 상인』의 샤일록 같은 파렴치한 상인이 베네치아에 실제 있었을 것 같다. 노골적인 이해타산 역시 베네치아 정신이기 때문이다.

베네치아의 인쇄출판업자들 역시 실용성을 강조했다. 이들은 오랜 세월 써오던 유려하고 고상한 고딕체를 버리고 읽기 좋은 이탤릭체를 고안해 보급했다. 이런 실용 전략이 결과적으로 지식 보급과 문맹률 감소, 문예부흥운동을 이끌었다.

르네상스의 배경

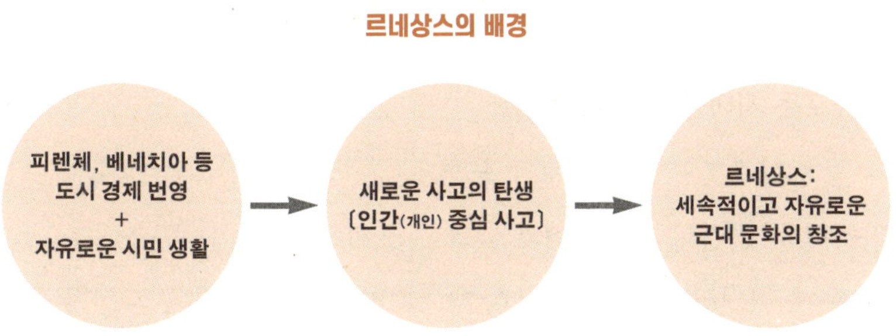

당시 해상권을 장악한 베네치아는 4차 십자군 운송을 도맡았다. 콘스탄티노플을 통상거점으로 삼으려던 베네치아의 욕심과, 동로마 교회를 로마 가톨릭으로 흡수하려던 교황의 야망이 맞아떨어져 일어난 사태가 1203년 콘스탄티노플 점령이었다. 이로써 기독교 세계는 완전히 분열됐지만 베네치아는 원하던 것을 얻었다.

베네치아의 실용정신은 십자군 원정에 사용된 배 모양에서도 잘 드러난다. 경쟁 항구도시인 제노바가 돛에만 의존하는 범선을 운용한 데 비해, 베네치아는 바람이 불지 않을 때도 배를 움직일 수 있게끔 노를 많이 장착한 갤리선을 만들었다. 국가는 '콜레간차(오늘날 주식과 비슷함)' 제도를 운영해 시민 누구나 원하는 금액을 상선에 투자해 이익을 거둘 수 있도록 했다.

베네치아인은 상업적 이익을 중시해 '전쟁 사업'에도 참여했지만 모든 것을 시장의 논리에만 맡기지는 않았다. 개처럼 번 돈을 정승처럼 쓴 것이다. 풍부한 유족연금과 탄탄한 복지정책이 대표적인 사례다. 베네치아의 복지정책은 적대국 사람들도 이렇게 말할 정도였다.

"적군 부상자들도 국가에서 지원하는 의료기관에서 치료해주니 경탄할 만하도다."

새로운 시대정신, 후마니타스

두 도시에 감도는 자유로움과 경제적 여유를 바탕으로 르네상스가 밀려왔다. 인간의 정신능력과 교양을 중시하는 '후마니타스humanitas' 즉 인문주의가 새로운 시대정신으로 자리잡았다. 르네상스 시대의 3대거장이라 불리는 레오나르도 다 빈치, 라파엘로, 미켈란젤로가 등장한 것도 이런 풍토 때문이었다. 피렌체는 최초의 근대적 정치사상가인 니콜로 마키아벨리뿐만 아니라 단테, 페트라르카, 보카치오 같은 훌륭한 문학가들을 탄생시켰다. 르네상스 지식인들은 인문주의라는 토양에 뿌리를 내리고 종교개혁을 지지했는데,『우신예찬』을 쓴 에라스뮈스와『유토피아』를 지은 토머스 모어가 대표적인 인물이다.

역사가 부르크하르트는 르네상스를 중세와 단절한 '근대의 봄'이라 불렀다. 재생과 부활을 의미하는 르네상스는 돈 많은 부자들의 후원과, 뛰어난 학자나 예술가들의 결실이 선순환하면서 맺은 달콤한 열매다. '꽃의 도시'와 '물의 도시'가 강력한 경제력으로 그 열매를 맺었다.

종교개혁의 최대 공헌자는
구텐베르크 인쇄술

포르투갈과 에스파냐가 신항로를 개척할 때 독일의 수도사 루터는 인간 구원을
향한 새로운 길을 모색했다. 루터에게 독일 민중과 귀족들이 힘을 보태자 난공불
락이던 로마 가톨릭도 대전기를 맞이하게 됐다. 이해관계가 판이했던 종교개혁
세력을 하나로 묶은 힘은 어디서 나온 것일까?

구텐베르크, 답을 발견하다

유럽 각 도시에 인쇄술이 전파된 시기를 살펴보자. 쾰른 1465
년, 베네치아 1468년, 파리 1470년, 런던 1476년, 스톡홀름 1483년.
1480년대에 이미 전 유럽에 구텐베르크 인쇄술이 보급됐다는 말이다.

인쇄술은 어느 날 하늘에서 뚝 떨어진 발명품이 아니다. 시대가 인
쇄술을 요구했고 기술자들이 그 요구에 응답했기 때문이다. 단적으로
종이가 보급됐기에 인쇄기술이 출현했다. 1300년대까지 책 만드는
재료는 주로 양피지였는데, 새롭게 등장한 종이가 양피지를 급속히
대체했다. 싸기 때문이다. 기존에 『성서』한 권을 만들기 위해 양 300
마리에 해당하는 돈이 필요했다면 종이는 양피지 가격의 6분의 1 정
도밖에 안 들었다.

게다가 사람들은 손으로 일일이 베끼는 수고에서 벗어나 쉽게 복
제본 만드는 방법을 줄기차게 탐색했는데, 구텐베르크가 그 답을 발
견했다. 책값이 싸지자 책의 수요가 늘어났다. 재미있고 풍부한 정보
를 책에서 얻으려다보니 문맹률도 낮아졌다. 무수히 많은 지역 방언

도 차츰 표준어로 통일됐다. 사상을 교류하고 모으는 일이 더욱 쉬워졌다. 모든 조건이 갖춰졌다.

종교개혁의 근위병, 인쇄술

교황청이 면죄부를 팔기 시작하는 바람에 온 나라가 뒤숭숭하던 1517년 3월 어느 날, 루터에게 아주 중요한 순간이 찾아왔다. 교황청의 잘못을 조목조목 비판하는 「95개조 반박문」을 비텐베르크 성당 대문에 게시하고 교황청과 한판 붙을 참이었기 때문이다.

그런데 루터는 '인쇄술'이라는 강력한 무기를 활용하지 않고 매우 조용한 방법을 택했다. 루터는 왜 반박문을 손수 라틴어로 써서 게시판에 붙였을까? 루터의 판단에 따르면 당시 필요한 것은 민중 선동보

1455년 구텐베르크가 인쇄한 라틴어 『성서』. 한 쪽에 42행씩 인쇄되어 '42행 성서'라고 불리기도 한다.

다는 학문적 논쟁과 토론이었다. 게시판 역할을 하는 성당 대문에 글을 붙여 교황청 신학자나 관료를 상대로 사상논쟁을 벌이고자 했던 것이다. 그런데 일이 엉뚱한 방향으로 흘러갔다. 루터의 지지자들과 대학 친구들이 반박문을 독일어로 번역한 다음, 인쇄기로 대량 복사해 배포한 것이다. 일이 커졌다. 루터는 일약 유명인사가 됐고 자연스럽게 종교개혁의 선봉에 서게 됐다. 인쇄술의 위력을 깨달은 루터는 팸플릿을 만들어 민중을 선동하는 데 적극 활용했다. 그는 버릇처럼 되뇌었다.

"언어의 힘밖에 믿을 게 없다."

1520년에 찍은 「독일 기독교 귀족에게 고함」이라는 팸플릿에서 루터는 대중성을 염두에 두고 과격한 구어체 독일어로 "적그리스도가 통치한들 지금보다 나쁘겠는가?" 하고 역설했다. 읽기 쉬웠던 덕분에 초판 4,000부가 며칠 만에 매진됐다. 그는 25년 동안 2주일에 한 번꼴로 팸플릿을 찍었다. 인쇄술이라는 근위병이 늘 루터를 호위했던 것이다.

젊은 시절 루터는 그리스어 『신약성서』를 라틴어로 대역한 에라스뮈스를 롤 모델로 삼았다. 경건한 휴머니스트였던 그는 성직자들의 부도덕한 생활을 목격하고 종교개혁을 향한 의지를 불태웠다. 교황청은 값비싸고 호화로운 미술작품으로 바티칸을 장식했다. 시간이 지날수록 권력 남용, 성직 매매, 금전적 탐욕 등 교회의 부패는 심각해졌다. 성직자는 결혼을 하면 안 된다는 규정도 깨졌다.

교황 레오 10세는 성 베드로 성당 건축에 욕심을 부려 재정이 열악한데도 대공사를 감행했다. 마침내 교황청은 재정 상태를 호전시키기

죄를 지었어도 처벌을 면할 수 있다는 면벌부는 '면죄부'란 이름으로 바뀌어 판매됐다.

위해 면벌부 판매에 손을 댔다. 교회에서 발급하는 면벌부를 구입하면 죄가 있어도 처벌을 면할 수 있다는 것이다. 면벌부는 어느새 '면죄부'란 이름으로 바뀌어 판매됐다. 처벌을 면하는 것은 물론 죄 자체를 없애주니 당연히 인기가 더 좋았다. 혹자는 루터 시대의 교황 레오 10세를 "교회 문지기로도 부적합한 인물이었다"고 평했다. 교회마다 철제 모금함은 짤랑 소리와 함께 금세 가득 찼다. 천국행 열차표를 끊기 위해 장사진을 이룬 사람들은 모금함에 돈을 넣은 후 죄를 고백하고는 면죄부를 받았다. 당시 이런 노래가 유행했다.

"잔돈을 돈궤 속에 짤랑 넣자마자 영혼은 연옥으로부터 빠져나오네."

루터는 이렇게 외쳤다.

루터의 「95개조 반박문」 중 주요 논제

5조 교황은 교회법에 명시된 것 이외에는 형벌을 부과하지 못한다.

6조 교황은 하느님의 말씀을 대신 전할 뿐이지 인간의 죄를 사하지는 못한다.

21조 교황이 죄를 면하게 할 수 있고, 따라서 모든 형벌에서 벗어나 구원받을 수 있다며 선전하는 설교자들은 모두 엉터리다.

30조 스스로 참회하는 일에도 확신을 가질 수 없는데 하물며 남의 죄를 어찌 논할 수 있겠는가.

32조 면죄부를 얻어 구원받으려는 자는 그리 하라고 가르치는 사람들과 함께 영원히 저주받을 것이다.

35조 면죄부를 얻어 연옥에서 벗어날 수 있다고 말하는 자는 기독교 교리를 가르치는 사람이 아니다.

36조 진심으로 사죄하고 회개하면 면죄부 없이 누구라도 모든 형벌에서 벗어날 수 있다.

40조 주어진 형벌을 달게 받는 일이 참다운 회개다.

95조 기독교인은 위안이 아니라 오히려 수많은 고난을 통해 하늘나라로 들어가야 할 것임을 믿으라.

루터는 독일어판 『성서』를 번역해 보급하기도 했다. 루터의 번역작업은 현대 표준 독일어 정착에 기폭제가 됐다는 점에서도 각별한 의미를 지닌다.

2장

절대주의의 성립과 발전

● 신항로 개척: 향료 찾아 출항했다가 세계 언어지도를 완성하다

● 절대왕정: 무적함대를 격파하고 세계 바다의 지배권을 쥔 잉글랜드

향료 찾아 출항했다가 세계 언어지도를 완성하다

고기의 부패를 막고 악취를 없애는 데 사용되던 후추, 정향, 육두구, 계피 등의 향신료는 유럽인에게 기호품이라기보다 필수품에 가까웠다. 향신료를 구하기 위한 상인들의 경쟁은 유럽인에게 천연자원의 보고인 신대륙을 선물했다. 유럽인은 신대륙에서 자원만 수탈한 게 아니라 토착 언어와 문화까지 정복했다.

십자가 세우기

대항해 시대에 포르투갈과 에스파냐 원정대가 신대륙에 도착해 가장 먼저 한 일은 십자가 세우기였다. 그다음이 국기 꽂기였다. 십자가를 먼저 세운 것에는 영악한 속내가 숨어 있었다. 당시 교황은 절대권위를 지닌 존재로, 국가 간 분쟁이 일어날 때 이를 조율하는 심판관 역할을 했다. 교황은 양국의 공과를 따져서 식민지 통치권을 어느 나라에 주느냐 결정했는데, 그 중요한 기준이 바로 기독교 전파의 성과였다. 식민지 이교도를 얼마나 신속히 몰아냈느냐 하는 것이 결정적인 판단근거가 됐다.

각국의 목적은 향신료 획득과 경제적 수익이었지만 곳곳에 십자가를 세우고 교회를 짓는 일을 소홀히 할 순 없었다. 교황의 신뢰를 얻어

중세 말 유럽에서는 후추, 정향, 육두구(사진), 계피 등의 향신료 수요가 폭발적으로 늘었다. 특히 육두구는 후추보다 더 귀한 향신료였다.

야 향신료 수급도 장기간 보장할 수 있었기 때문이다. 1453년 오스만 투르크의 콘스탄티노플 점령은 대항해 시대를 연 중요한 계기가 됐다. 유럽과 비유럽 간의 통로가 막혔기 때문이다. 서유럽은 반대 방향인 대서양으로 눈을 돌렸다. 대항해 시대를 처음 연 포르투갈은 교황의 전적인 지지를 얻었다. 1455년에 교황은 서아프리카 이교도를 정벌한 공로를 치하하며 포르투갈에 해안 지역의 독점권을 부여했다. 1481년 교황 식스투스 4세는 포르투갈의 식민지 독점권을 더욱 확대시켜줬다.

후발주자인 에스파냐는 판도를 뒤집으려 노심초사했다. 두 나라는 앞서 1479년에 먼저 발견한 항로에 접근하지 않는다는 상호 협약(알카소바스 조약)을 체결했는데, 포르투갈이 먼저 차지한 항로를 멀리 돌

콜럼버스 원정대가 신대륙에 십자가를 세우고 있다.

아가야 했던 에스파냐에게 엄청난 행운이 찾아왔다. 1492년 콜럼버스가 신대륙을 발견한 것이다. 에스파냐 이사벨 여왕이 후원한 콜럼버스가 신대륙을 발견하자 패권이 에스파냐 쪽으로 향하기 시작했다.

포르투갈은 땅을 치고 후회했으리라. 콜럼버스가 에스파냐보다 먼저 포르투갈에 투자 제안서를 보냈지만 포르투갈의 주앙 2세가 거절했기 때문이다. 콜럼버스는 네 번에 걸친 원정으로 바하마 제도, 쿠바 등을 발견했다.

콜럼버스 원정대도 광대한 브라질 땅을 발견하지는 못했다. 브라질을 처음 발견한 유럽인은 포르투갈 국왕의 후원을 받은 알바르스 카브랄이었다. 카브랄 원정대는 1500년에 적도 근처에서 해류에 밀리다가 우연히 미개척지를 발견했다. 포르투갈은 아메리카 대륙을 에스파냐에게 뺏기긴 했지만, 자국 면적의 100배에 이르는 브라질 땅을 획득했다. 이는 극심한 영토 분쟁을 막기 위해 에스파냐와 포르투갈이 교황의 중재 아래 1494년 에스파냐 토르데시야스에서 맺은 협정의 결과다. 토르데시야스 조약의 골자는 향후 남아메리카를 서쪽은 에스파냐가, 동쪽은 포르투갈이 통치한다는 것이었다. 이 조약에 따라 브라질은 포르투갈의 식민지가 됐다.

학살의 시대, 새롭게 그려지는 언어지도

1521년 에스파냐의 모험가 에르난 코르테스는 아스테카 왕국의 수도 테노치티틀란을 공격해 원주민의 터전을 쑥대밭으로 만들었다.

미국의 역사 저술가 케네스 데이비스는 이렇게 적었다.

"콜럼버스의 카리브해 도착은 놀라운 업적이었으나 역사상 가장 무자비한 사건들의 출발점이다. 콜럼버스를 비롯한 유럽 식민주의자들이 주도한 학살의 시대가 열린 것이다. 이후 아메리카 대륙 원주민들은 전쟁, 강제 노역, 가혹한 형벌, 유럽에서 온 질병들로 인해 황폐해졌다."

1532년 5월, 불과 200여 명의 에스파냐 정복자들이 잉카를 침략했다. 철제 대포에 혼비백산한 잉카 병사들은 저항 한번 못해보고 굴복했다. 인류 역사상 이처럼 손쉽게 한 문명이 철저히 절멸된 사례는 잉카와 아스테카 말고는 찾아보기 어렵다.

잉카와 아스테카의 고유 언어 역시 원주민들과 함께 사라졌고, 에스파냐 문명과

1521년 에스파냐의 에르난 코르테스는 300명의 부하를 데리고 아스테카 왕국의 수도 테노치티틀란을 점령해 원주민들을 닥치는 대로 학살했다.

에스파냐어가 그 자리를 대신했다.

오늘날 영어(미국)와 프랑스어(캐나다 일부)를 쓰는 북아메리카를 보자. 북아메리카의 언어지도 역시 강대국들의 식민지 쟁탈전이 그려낸 결과물이다. 1776년 영국으로부터 독립한 미국은 황무지에서 신세계를 건설한 개척정신의 상징이지만 영국의 언어, 문화, 사상을 뺀다면 그들의 역사는 무척 빈약하다.

대항해 시대 연표

포르투갈	1418년	엔리케 왕자, 항해 명령
	1431년	아조레스 제도 발견
	1444년	베르데 곶 발견
	1487년~1488년	바르톨로뮤 디아스, 희망봉 발견
	1498년	바스코 다 가마, 인도 항로 개척
	1510~11년	고아 점령, 믈라카 점령
	1557년	마카오 점령
에스파냐	1492년	콜럼버스, 신대륙 발견
	1499년	아메리고 베스푸치, 아메리카 대륙 탐험
	1513년	바스코 발보아, 파나마 종주 태평양 발견
	1519년~1522년	마젤란, 세계 일주
	1521년	에르난 코르테스, 아스테카 왕국 정복
	1533년	프란시스코 피사로, 잉카 제국 정복
	1545년	페루 포토시 은광 발견
	1565년	필리핀 진출
네덜란드	1609년	일본 진출
	1619년	바타비아(인도네시아) 식민지 건설
	1625년	뉴암스테르담(미국) 식민지 건설
	1652년	케이프타운(남아프리카공화국) 식민지 건설
잉글랜드	1577년	프랜시스 드레이크, 태평양 진출
	1600년	동인도회사 설립
	1607년	버지니아 식민지 재건
	1610년	헨리 허드슨, 북아메리카 동부 해안 탐사
	1620년	청교도 이주, 보스턴 시 건설
프랑스	1534년~1541년	자크 카르티에, 캐나다 탐험
	1608년	퀘벡 시 건설
	1664년	동인도회사 재건
	1682년	미시시피 강 유역 진출

무적함대를 격파하고 세계 바다의 지배권을 쥔 잉글랜드

엘리자베스 여왕이 이끈 잉글랜드가 에스파냐 무적함대를 물리친 원동력은 무엇일까? 그것은 국민들에게 무리하게 세금을 징수하지 않고도 재정을 마련하는 합리적인 방법을 찾았기 때문이다.

여왕의 고민

'세금을 걷지 않고 전쟁이나 대규모 국가사업을 진행할 수 없을까?'

엘리자베스 여왕은 늘 이 문제를 고민했다. 그리고 이전에 어느 왕도 시도하지 않은 방법을 택했다. 방대한 왕실 소유의 토지를 국민들에게 판매한 것이다. 스코틀랜드 개신교를 지원할 때도, 무적함대와 싸울 때도 왕실 부동산을 공개 처분함으로써 프로젝트를 훌륭히 완수했다. 국가를 사유재산처럼 생각하고 무리하게 세금을 걷었던 이전 군주들과 정반대의 방식이었기에, 엘리자베스는 국민들의 폭넓은 지

엘리자베스 1세의 정치행보

1558년	엘리자베스 1세 즉위
1559년	통일령 선포 → 영국 종교를 국교회로 통합
1588년	에스파냐 무적 함대 격파 → 대서양 해상권 장악
1600년	동인도회사 설립 → 식민지 개척으로 중상주의 정책 강화
1601년	구빈법 제정 → 도시 빈민 구제

지와 존경을 이끌어냈다. 엘리자베스 시대에 이르러 정점에 이른 절대왕정의 존립 기반은 여기에 있었다.

튜더 왕조(1485~1603년) 초기 헨리 7세는 백년전쟁과 장미전쟁으로 피폐해진 나라를 재건하기 위해 약해진 귀족 세력을 강력히 통제하고 절대왕정을 추진했다. 헨리 8세가 취한 포용정책으로 귀족세력이 되살아나는 듯했지만 엘리자베스 1세가 이를 다시 통제했다.

엘리자베스는 정치적 수완이 뛰어난 인물이었다. 영국 역사상 첫 여성 군주인 메리가 가톨릭 세계로 되돌아가자고 역설하며 에스파냐와 동맹을 맺으려다가 민중의 반감을 산 것과 달리, 엘리자베스는 민중의 반가톨릭, 반에스파냐 정서를 잘 읽으면서 국가 역량을 하나로 모았다. 25세에 여왕이 된 엘리자베스가 메리에게 물려받은 나라는 전쟁 중에다가 종교가 극도로 분열되고, 교역은 침체됐으며, 국고는 텅 빈, 파탄 직전의 잉글랜드였다. 엘리자베스는 절망 대신 뛰어난 정치역량을 발휘해 문제를 하나씩 개선했다.

잉글랜드는 개신교로 복귀했고 여왕은 사재를 처분해 국가재정에 보탰다. 국익에 도움이 되는 것이면 노략질도 묵인했다. 화폐를 개혁해 경제를 살리고자 했고, 인클로저(사유지 확대)를 규제하며 농업을 다시 장려했다. 구빈법을 제정해 근대적 사회복지제도를 구축했다.

이런 적극적 국책사업에 힘을 불어넣은 결정적 전환점이 1588년 해전이었다. 가톨릭 세계, 즉 구시대 질서의 수호자인 최강국 에스파냐와 개신교를 옹호한 새 시대의 개척자 잉글랜드가 정면충돌한 것이다.

대영제국의 발판을 마련한 처녀 군주

탐험가이자 해적이었던 프랜시스 드레이크. 엘리자베스 1세는 에스파냐를 상대로 싸운 그의 공로를 인정해 해군 제독으로 임명했다.

잉글랜드는 식민지를 개척하면서 에스파냐의 비위를 건드렸다. 에스파냐는 자국의 상선을 노략질하는 잉글랜드 해적 때문에 골머리를 썩고 있었다. 그런데 1585년 잉글랜드가 자국에 반기를 든 네덜란드에 지원군을 파견하자, 잉글랜드를 상대로 에스파냐에 전쟁 분위기가 고조됐다. 1587년 메리의 처형 소식을 들은 에스파냐는 드디어 전쟁을 결심했다. 그러나 즉각 전쟁이 벌어지진 않았다. 잉글랜드 해적 드레이크가 에스파냐 카디스 항을 습격해 대형 선박 30척을 파괴했기 때문이다. 시간을 번 잉글랜드는 결전에 대비했고, 에스파냐는 이를 갈며 잉글랜드 공격을 준비했다.

1588년 5월, 드디어 에스파냐 함선 130척이 출정했다. 그러나 에스파냐는 잉글랜드에 대패했다. 1570년대 이후 신형 대포로 무장한 잉글랜드 해군은 낡은 시스템과 무기를 사용하는 에스파냐 함대를 물리치기에 충분했다. 게다가 장거리 원정 내내 에스파냐 함대를 괴롭힌 폭풍우는 잉글랜드에게 행운을 가져다줬다. 잉글랜드 국민은 이 폭풍우를 '개신교의 신풍'이라 부르며 승리를 자축했다. 1588년의 극적인 승리로 민중의 애국심이 드높아졌고 공동체 의식이 확대됐다. 국익을 위해 솔선수범하는 군주, 일사불란한 행정 시스템, 단결하는 국민이 다 함께 대국으로 가는 폭발력을 뿜어냈다. 엘리자베스는 승리를 축하하는 자리에서 병사들에게 말했다.

"그대들은 나보다 더 위대한 군주를 가질 수 있을지는 몰라도 나보다 더 그대들을 사랑하는 군주는 가질 수 없을 것이오."

입버릇처럼 "난 국가와 결혼했다"고 말하던 잉글랜드의 연인 엘리자베스는 1603년 세상을 떠났다.

탐험대장 월터 롤리는 북아메리카 노스캐롤라이나 지방을 정복한 뒤 그곳을 처녀 여왕을 위한 '버지니아'라고 이름 붙였다. 버지니아 식민지 건설을 필두로, 1600년 동인도회사가 창설되자 식민사업에 탄력이 붙었다.

영국 절대왕정의 전성기를 이끈 엘리자베스 1세의 〈무지개 초상화〉.

동인도회사는 이후 에스파냐, 네덜란드, 프랑스 등과 치열하게 경쟁하면서 호국경 크롬웰 시대에 전성기를 구가했다.

17세기를 지배한 뉴턴

뉴턴을 과학자로만 안다면 그를 절반만 아는 것이다. 뉴턴은 경제 관료이자 정부의 싱크탱크인 왕립학회 회장이었고, 계시적 전통 교회에 도전한 혁신적 기독교 사상가였다. 뉴턴이 정치·경제·사회·철학·종교·문화 전반에 끼친 영향은 영국에 그치지 않고 전 유럽과 아메리카 대륙에까지 도달했다.

뉴턴이 완성한 과학혁명

뉴턴은 '자연은 수학이라는 언어로 쓰인 책'이라고 말한 철학자이자 수학자인 데카르트의 이론에 영감을 받아 자신만의 독창적인 우주관을 세웠다. 그 출발은 『프린키피아』 출간이었다.

뉴턴은 학계를 넘어서 대중 스타가 됐다. 뉴턴이 『프린키피아』에 쓴 것처럼 '달이 커다란 지구의 중력에 이끌리듯' 사람들은 뉴턴의 주변을 위성처럼 맴돌았다. 뉴턴의 새로운 발견은 시민들의 토론 방식까지 바꿨다. 뉴턴 이전 시대에 지적 호기심이 많은 시민이 '빛은 무엇인가?'라고 토론 주제를 던졌다면, 뉴턴 이후 시대에는 '빛은 어떻게 전달될까?'라고 물었다. '돈은 무엇인가?'에서 '어떻게 하면 돈을 벌 수 있나?'라고 바뀌었다. 뉴턴이 사람들에게 원인과 결과에 대한 관념을 심어줬기 때문이다.

뉴턴이 있으라 하시니

뉴턴은 50세 되던 해에 조폐국 감사를 맡았다가, 몇 년 뒤인 1696

년 조폐국 국장에 올랐다. 영국 조
폐국 역사에서 뉴턴이 재임하던 시
기는 업무 효율이 가장 높았다. 뉴
턴은 과학자답게 지식을 체계화하
고 분석해 현실에 적용하는 풍토를
조폐국 시스템에 정착시켰다. 뉴턴
이 조폐국 직원들에게 내린 지침에
서 그 철저함을 엿볼 수 있다.

아이작 뉴턴.

"한 사람이 계산한 결과를 그대
로 믿지 말라. 자기 눈 이외의 어떤
눈도 믿지 말라."

뉴턴은 1703년 런던왕립학회 회장에 취임해 죽을 때까지 재임했
다. 그는 한 발은 왕립학회에, 다른 한 발은 조폐국에 담근 채 1인 2역
을 열심히 해냈다.

뉴턴은 한 번도 외국에 가본 적이 없다. 고향 링컨셔와 케임브리
지, 런던만 오가며 살았을 뿐이다. 그러나 그의 사상은 전 세계에 미
치지 않는 곳이 없다. 그는 훌륭한 인격자는 아니었지만 위대한 과학
자였고, 유능한 관료였으며, 열정적인 사회사상가였다. 그가 평생 연
구한 주제는 광학, 즉 빛이었다. 그리고 스스로 빛이 되어 어둠 속에
있던 우주의 신비를 풀었다. 1642년 성탄절에 태어나 85년을 살다 간
뉴턴을 기리며 시인 알렉산더 포프는 이렇게 읊었다.

"자연법칙은 어둠 속에 있음에, 신께서 말씀하시길, 뉴턴이 있으
라 하시니 모든 것이 밝아졌다네."

3장

산업혁명과 시민혁명

● 산업혁명: 역사상 최초로 최대 권력을 창출하게 된 과학

● 영국혁명: 내부 역량을 보존한 잉글랜드, 모든 역량을 소진한 프랑스

● 미국혁명: 제국의 세금 폭탄에 대한 저항에서 탄생한 민주정

● 프랑스혁명: 처음으로 민중의 리더가 된 사상가들

역사상 최초로 최대 권력을 창출하게 된 과학

증기기관을 발명한 사람은 제임스 와트가 아니라 토머스 뉴커먼이다. 그러나 역사는 최초가 아니라 최대의 성과를 거둔 인물에게 더 많은 지면을 할애하는 법이다.

응용과학, 응용기술의 시대

기압의 힘을 이용해 과학적 결실을 이룬 건 뉴커먼에 이르러서였다. 뉴커먼이 설계한 증기기관은 끓는 주전자 뚜껑이 움직이는 것에서 출발했다. 그의 발명품은 1712년부터 광산에 투입됐으나 열 손실이 너무 커서 널리 보급되지는 못했다.

1764년 글래스고 대학에서 기구 제작을 하던 청년 제임스 와트 또한 물이 끓는 주전자에 주목했다. 와트는 과학지식을 최대한 활용해 실용기술과 절묘하게 결합시켰다. 와트는 매튜 볼턴이라는 수완 좋은 사업가를 만나 볼턴-와트사를 설립하고 기술 상용화에 성공했다. 와트의 친구이자 동업자인 볼턴에 관한 유명한 일화가 있다. 국왕 조지 3세가 볼턴-와트사 공장을 방문해 볼턴에게 "자네들은 무슨 일을 하는가?" 하고 물었다. 그러자 볼턴은 이렇게 대답했다.

"어떤 것을 만들고 있사온데, 국왕께서도 무척 갈망하고 계신 것이옵니다. 바로 파워power 입니다, 전하."

이 프로젝트는 대번에 국왕의 환심을 샀다. 볼턴이 사업 면에서 영리했다면 와트 역시 자신이 잘하는 영역에서 명석했다. 와트는 기술이 보급되려면 일반인의 환심을 사는 게 중요하다고 생각하고, 힘의 크기를 일반인에게 알기 쉽게 보여줬다. 말을 이용해 일정 시간에 일정한 무게를 들어올리는 힘을 수치로 정의한 것인데, 이것이 지금까지 엔진의 힘을 측정하는 기준으로 통용되는 '마력馬力'이다.

볼튼-와트사의 기술자 윌리엄 머독은 증기기관 기술을 활용해 기관차를 만들었다. 첫 운행 실험은 작은 소동으로 끝났다. 한 역사서는 그날을 이렇게 기록한다.

"기관차는 달리기 시작했고 머독은 전속력으로 뒤를 쫓았다. 교회에서 걸어나온 목사는 무서운 속력으로 불꽃을 내뿜으면서 자신에게 달려오는 검은 물체를 악마라 여기고 비명을 질렀다."

발명품과 산업혁명

1733년	방추기를 혁신한 '플라잉셔틀' 발명(존 케이)
1764년	'제니 방적기' 발명(제임스 하그리브스)
1765년	증기기관 개량(제임스 와트)
1769년	수력 방적기 발명(리처드 아크라이트)
1779년	뮬 방적기 발명(새뮤얼 크럼프턴)
1785년	역직기 발명(에드먼드 카트라이트)
1793년	조면기(목화씨를 빼내는 기계) 발명(엘리 휘트니)
1807년	증기선 발명(로버트 풀턴)
1814년	증기기관차 발명 및 시운전 성공(조지 스티븐슨)
1830년	영국 맨체스터-리버풀 간 철도 개설
1837년	전신기 발명(모스)
1840년	대서양 정기 항로 개설
1876년	전화 발명(알렉산더 그레이엄 벨)

산업혁명 당시 면산업 발전을 이끈 수력 방적기.

이 실험 후에도 결함투성이인 수많은 기관차가 등장했다. 이 모든 어설픈 실험에 종지부를 찍은 것은 1814년에 출시한 조지 스티븐슨의 기관차였다.

증기기관이 지원한 산업혁명

영국의 산업혁명은 증기기관을 활용한 방적기의 혁명이었고, 증기기관을 탑재한 열차의 혁명이었다. 제임스 와트의 증기기관 기술과 결합해 개선된 방적기가 1767년 리처드 아크라이트에 의해 선보였는데, 이는 최초로 동력을 이용해 만든 기계였다. 아크라이트 방적기는 노동자들의 일손을 크게 덜어준 대신 그들의 임금 역시 크게 덜어가 자본가에겐 탄성을, 노동자에겐 원성을 샀다.

조지프 라이트의 〈공기 펌프 속의 새 실험〉. 오른쪽 상단에 밝게 빛나는 달은 당시 계몽주의 학자단체인 '루나 학회'를 상징한다. 이 모임의 가장 열성적인 회원이 와트의 파트너 볼턴이었다.

증기기관은 철도 교통망을 낳았다. 철도망 확충이야말로 산업혁명을 진정 혁명답게 만들었다. 1830년 리버풀-맨체스터 간 철도 개통을 시작으로 1844년부터 광범한 철도 붐이 일어났다. 자본주의의 동맥으로 자리잡은 철도는 새롭게 출현한 산업 질서의 중심이 됐다.

제임스 와트는 실질적인 응용과학, 응용기술의 시대를 활짝 열었고 이로써 본격적인 산업 시대의 막이 올랐다. 와트는 산업혁명에 '힘'을 불어넣었고 영국에는 '권력'을 부여했다. 와트 이후 지상 최대 권력으로 부상한 과학기술은 한 번도 왕좌를 내놓지 않고 지금까지 장기집권 중이다.

내부 역량을 보존한 잉글랜드, 모든 역량을 소진한 프랑스

17세기 잉글랜드는 전성기를 누렸지만 경쟁자 프랑스는 만년 2인자에 머물렀다. 한쪽은 힘을 모았고 한쪽은 힘을 쓰느라 정신없었다. 1588년 잉글랜드는 에스파냐 무적함대를 무찌르면서 세계를 놀라게 했는데, 100년이 지난 1688년에는 피 한 방울 없는 혁명을 완수하며 또 한 번 세계를 놀라게 했다.

빛도 온기도 잃어버린 태양

엘리자베스 시대 잉글랜드가 국력을 키울 때, 프랑스는 1562년부터 1598년까지 8번의 종교 전쟁을 치르느라 국력을 소진했다. 국가재정은 물론 국민 정서도 피폐해졌다. 전쟁보다 민중을 더 힘들게 한 것은 이른바 '작은 빙하기'인 악천후와 페스트였다. 악천후로 인한 흉작과 1580년대 이후 닥친 페스트의 참상은 1594년과 1595년 농민 폭동으로 분출됐다.

1600년대부터 야금야금 오르던 프랑스의 조세가 1648년쯤에는 50년 전에 비해 3배나 인상됐다. 왕실은 재정 확보를 위해 매관매직을 방관하거나 조장했다. 1648년부터 1652년에는 귀족들이 주도하고 민중이 동참한 프롱드 난(Fronde는 '투석기'란 뜻으로 관료에 대한 저항을 의미)이 일어났다. 17세기 중반 프랑스는 루이 14세(재위기간 1643~1715년)를 군주로 맞았다. 국왕은 '한 국가에 한 종교'라는 모토를 내세워 신교도(위그노)를 대대적으로 탄압했다. 낭트 관용령으로 종교 자유를 얻었던 신교도들에게 다시 시련이 시작됐다. 이것이 향후 루이 14세를

"짐이 곧 국가다"라고 말한 프랑스의 루이 14세.

몰락시키는 단초가 됐다. 국왕이 신교를 탄압하자 전문직 종사자와 숙련 노동자였던 25만 신교도들이 잉글랜드, 네덜란드, 독일로 떠났다. 기술자와 지식인이 대거 조국을 버렸으니 국가가 쇠락하는 건 당연했다. 루이 14세 시대의 재상 콜레르는 식민지 활동을 강화해 재정 상태를 호전시켰지만 쇠락을 막기에는 역부족이었다. 사상가 페늘롱은 루이 14세가 죽기 직전 프랑스를 "황량하게 버려진 거대한 병원 같다"고 표현했다. 루이 14세가 죽었다는 소식이 전해졌을 때 프랑스 국민은 조금도 슬퍼하지 않았다. 역사는 당시 분위기를 이렇게 기록했다.

"국왕이 별세하자 파멸과 황폐로 절망에 허덕이던 지방은 기쁨으로 몸을 떨었다. 파산과 압제로 정신을 빼앗겼던 민중은 꿈같은 해방을 맞아 소란을 피우면서 하느님에게 감사해 했다."

태양왕은 후대에 아무런 빛과 온기도 주지 못하고 엄청난 부채와 정치, 종교적 갈등만 남겼다. 내부의 힘을 소진한 프랑스는 국력을 축적한 잉글랜드와의 패권경쟁에서 밀려났다. 정치혁명은 요원했다.

'거룩한 승리'의 길로 달려간 잉글랜드

잉글랜드는 차근차근 정치혁명의 2막을 준비했다. 1628년 잉글랜드 의회는 의회 권한 확대와 국왕의 절대성을 제한하는 〈권리청원〉을 찰스 1세에게 제출함으로써 의회 민주주의로 향하는 기틀을 마련했다. 그 내용의 골자는 다음과 같다.

1) 의회의 승인 없이 강제로 과세할 수 없다.

2) 자유인을 마음대로 구속하지 못한다.

3) 동의 없이 병사를 민가에 숙박시킬 수 없다.

4) 민간인에게 군법을 적용하지 못한다.

상공업 세력인 청교도들은 왕당파를 제거하고 혁명을 완수했다. 그리고 유럽 전체가 경악할 사건이 벌어졌다. 1649년 찰스 1세가 처형된 것이다. 이후 공화정 체제를 지휘한 건 올리버 크롬웰이었다. 크롬웰은 자신을 '모세' 같은 존재라 여긴 청교도로, 금욕적인 생활을 하면서 성실히 일했다. 그는 『성서』 읽기를 장려하고 유곽, 도박장, 경마, 투계는 물론 주점의 주말 영업을 금지하고 연극 관람까지 통제했다. 활기와 자유가 넘치던 '즐거운 잉글랜드'는 크롬웰 이후 호국경 시대에 접어들면서 침울한 도덕국가로 바뀌었다. 해외정책에서도 완고함을 고수했다. 항해법을 제정해 잉글랜드 선박의 독점권을 주장하고 적극적인 식민정책을 펼쳤다. 국민은 불만스러워 했지만 해외에서 유입되는 부는 계속 증가했다.

크롬웰의 도덕국가에 신물을 느낀 탓인지 잉글랜드 국민은 네덜란드에 피신해 있던 찰스 왕자가 1660년 '왕위에 복귀하는 대신 누구의 잘못도 묻지 않고 모든 사항을 의회 결정에 따른다'는 데 합의했다(브레다 선언)는 소식을 듣고 열렬히 환영했다. 왕자는 왕위에 올라 찰스 2세가 됐고, 역사는 다시 왕정 시절로 돌아갔다. 종교 탄압을 비롯해 여러 면에서 후퇴와 갈등을 겪긴 했지만, 잉글랜드 국민에게는 〈대헌장〉〈권리청원〉으로 이어지는 '국민 승리'의 경험이 축적돼 있었다. 1666년 런던 대화재와 페스트 창궐, 네덜란드와의 전쟁으로 엄청난 국가 재난을 맞이했으나 잉글랜드는 의연하게 위기를 극복했다. 1688년에는 별다른 혁명 없이 전제군주정을 입헌군주정으로 전환했다. 이는 유럽의 어느 나라도 이룩하지 못한 '거룩한' 승리였다. '명예혁명'이라 불리는 이 극적인 전환은 이듬해 〈권리장전〉으로 절정에 달했다. 절대왕권은 역사 속으로 사라졌다. 〈권리청원〉의 전통을 이은 〈권리장전〉의 주요 내용은 다음과 같다.

1) 의회의 동의를 거치지 않고 법률의 적용·면제·집행·정지를 금지한다.
2) 의회의 동의 없는 과세, 평시의 상비군 운용을 금지한다.
3) 선거의 자유, 의회 발언의 자유, 국민 청원권을 보장한다.
4) 로마 가톨릭교도를 왕위 계승자에서 배제한다.

새로운 의회 중심 국가 운영의 사상적, 법률적 기초를 마련하는 일은 존 로크가 맡았다. 이를 위해 로크는 『통치론』을 썼다. 로크는 '왕권 신수설'을 '재산권 신수설'로 바꿔 자본주의 발전을 촉진했다. 잉글랜드는 1707년 스코틀랜드를 통합해 '대영제국'을 출범시켰다.

역사가들은 1668년부터 1815년까지의 시기를 프랑스와 잉글랜드 간의 '제2 백년전쟁기'라고 부른다. 대서양, 태평양, 아프리카 등지에서 두 열강은 끊임없이 충돌했다. 그러나 승리는 대개 잉글랜드 편이었고 프랑스에는 잔 다르크 같은 인물이 더 이상 나타나지 않았다. 프랑스는 미국 독립 전쟁 당시 미국을 도움으로써 잉글랜드에 복수했다.

제국의 세금 폭탄에 대한 저항에서 탄생한 민주정

식민정부 미국이 대영제국 정부에 맞서 싸워 이기고 민주정을 수립한 미국혁명은 대영제국에 닥친 가장 큰 불행이었다. 그 불행은 식민지에 대한 본국의 무리한 세금 징수에서 비롯됐다.

자유가 아니면 죽음을!

미국혁명 과정을 요약하면 다음과 같다.

식민지 건설 → 본국의 세금 증액 요구 → 반대 시위 → 강제 진압 → 보복 제재 조치 → 전쟁

올리버 크롬웰이 본국에만 유리한 '항해법'을 제정할 때만 해도 아메리카 뉴잉글랜드 주민들은 앞으로 닥칠 경제적 시련을 상상조차 못했다. 그러나 한 세기 후 북아메리카 대서양 연안의 뉴잉글랜드 주민 대표들은 '영국의 폭정과 압박 타도'를 외치고 나섰다.

1765년 5월, 9개 식민지 대표들이 선언한 '버지니아 결의'는 영국에 대한 투쟁이 무리한 세금 부과에서 비롯했음을 보여준다.

"어떠한 세금도 국민의 동의 없이 부과할 수 없다는 것은 본질적인 것이다. 영국의회가 제정한 법률은 식민지인의 권리와 자유를 억압하려는 의도를 명백히 드러냈다."

패트릭 헨리는 영국에 맞서려면 미 국민이 강력하게 단결해야 한다며 "자유가 아니면 죽음을 달라!"고 외쳤다. 미국 독립전쟁에 참전한 프랑스 혁명가 라파예트는 헨리의 말에 감명을 받아 훗날 프랑스에 이 슬로건을 퍼뜨렸다. 1776년 7월 4일 발표된 독립 선언 내용을 보자.

패트릭 헨리(위)는 "자유가 아니면 죽음을 달라"며 영국 본국과의 개전을 주장했다. 토마스 페인(아래)은 소책자 『상식론』에서 독립의 정당성을 주장하며 독립정신을 고취했다.

"국왕은 우리 인민을 괴롭히고 인민의 재산을 축내려고 수많은 관직을 새로 만들어 식민지에 보냈다. 국왕은 평화 시에도 우리 입법기관의 동의 없이 상비군을 주둔시켰다. 우리와 전 세계의 무역을 차단하고, 동의 없이 세금을 부과하고, 입법기관의 기능을 정지시키고, 우리를 대신해 법률을 제정할 수 있는 법을 허가했다. …이에 아메리카 주 대표들은 엄숙히 선언한다. 이 모든 식민지 연합은 자유롭고 독립된 국가다. 이 국가는 영국의 왕권에 대한 모든 충성 의무를 벗으며, 자유국가로서 전쟁, 평화 유지, 통상관계 수립 등 독립국가가 당연히 누릴 완전한 권리를 갖는다."

영국의 식민지 정책

1732년	모자법: 식민지의 모자 수출을 제한한다.
1733년	당밀법: 서인도 제도 이외 지역에 설탕과 당밀을 수출할 때 중과세한다.
1750년	제철법: 식민지의 제철 투자를 제한한다.
1764년	설탕법: 프랑스, 에스파냐령 지역과 설탕 거래를 금지한다.
1764년	화폐법: 식민지의 지폐 발행을 금지한다.
1765년	인지세법: 신문, 달력, 유언장, 면허증 등 모든 문서에 세금을 부과한다.
1767년	타운센드법: 군대주둔 비용을 식민지가 부담한다. 본국은 차, 기름, 종이, 유리 수입에서 보호 관세를 부과한다.

독립선언이 발표되기 반년 전, 뭐 하나 내세울 것 없는 가난한 집안 작가가 펴낸 48쪽짜리 소책자가 150만 부나 팔렸다. 『상식론』이라는 제목이 붙은 책자에는 이런 내용이 실려 있다.

"세계를 피와 잿더미로 만드는 재주뿐인 군주 정치와 화해하기를 단념하고 자유로운 독립국 아메리카를 세워 폭정과 압박에서 벗어나자!"

어린 시절에 겪은 굶주림과 고통 때문에 '고통pain'이라는 말을 넣어 이름을 고쳤다는 토마스 페인Thomas Paine은 이 책으로 미국 독립전쟁의 정신적 지주가 됐다. 그는 '싸움이 격렬할수록 승리는 빛난다'며 청년들의 피를 끓어오르게 했다.

영국이 식민정부에 내린 제재 법률을 보면 전쟁까지 촉발한 미국의 분노가 어떻게 일어났는지 가늠할 수 있다. 그중 인지세법이 결정타였다. 모든 신문이나 책, 공문서 등은 물론 심지어 카드에도 인지세를 부과했다. 8월에 일어난 폭동은 6개월간 지속됐다. 보스턴에서는 '자유의 아들'이라는 과격 애국단체가 결성돼 영국 관리에게 테러를 가하고 인지를 불살랐다. 이들은 〈대헌장〉 이래 영국이 고수해온 원칙을 도리어 그들 눈앞에 펼쳐 보였는데 원칙은 이랬다.

"대표 없이 과세 없다."

계속되는 영국과 미국의 갈등 속에서 1770년 3월 보스턴에서 영국군의 발포로 식민지 주민 5명이 사망하는 사건이 벌어졌다. 장례식에는 시민 1만 명이 참여했고, 추모는 거대한 반영 시위로 변했다. 독립전쟁의 도화선으로 알려진 '보스턴 차 사건(1773년)'은 이 무렵 일어난 여러 폭동의 하나일 뿐이다. 1774년 9월 필라델피아에 모인 13개 식민정부 대표들은 영국과 통상을 끊자고 결의했다. 전쟁 선언이었다. 1775년 4월에 시작된 독립전쟁은 7년간 계속됐다. 전쟁은 1783년 9월 파리 조약에서 미국 독립이 공식적으로 선언되면서 종료됐다.

처음으로 민중의 리더가 된 사상가들

프랑스혁명의 의의는 단순히 국왕을 폐위하고 처형한 데 있는 게 아니라, 새로운 사상으로 계몽된 민중이 구시대 질서를 깨뜨리고 자유·평등·박애의 세상을 열었다는 데 있다. 각 분야의 전문가와 사상가들이 함께 참여해 만든 『백과전서』는 프랑스혁명의 '성서'였다.

프랑스혁명의 바이블

『백과전서』는 겉으로는 '입술연지 제작법' 같은 실용 정보가 담긴 생활백과였다. 그러나 조금만 유심히 살펴보면 계몽사상가들이 국왕과 봉건 귀족들에게 보낸 장문의 경고 편지라는 점이 드러난다. 볼테르, 루소, 몽테스키외 등의 사상가들도 『백과전서』에 글을 썼다. 계몽주의자들은 크게 세 가지를 전하고자 했다.

1) 이성에 기반을 둔 법을 제정하시오.
2) 신분 불평등을 제거하시오.
3) 보편 교육을 확대하시오.

감수를 맡았던 사상가 디드로는 부에 대해 이렇게 썼다.

"만일 소수를 위한 특권이 허용되지 않고, 재정제도가 부를 집중시키지 않는다면 엄청난 떼부자는 덜 생겨날 것이다. …부자가 되는 수단이

　27권에 이르는 방대한 분량에 가격도 만만치 않은 이 전집이 귀족의 서재, 지방 상인의 가게, 평민 가정에 들어차기 시작했다. 불평등한 제도에 불만을 느낀 하급 성직자들도 앞다퉈 『백과전서』를 구매했다. 당시 프랑스는 인구 2,600만 명 중 10퍼센트에 지나지 않는 성직자와 귀족들이 전 국토의 30퍼센트 이상을 소유하면서 세금도 내지 않고 온갖 특혜를 누리고 있었다.

살롱에는 볼테르, 루소, 디드로 등 당대의 문학가와 사상가들이 모여 토론했다.

혁명의 요람, 살롱

살롱은 부유한 집안 여자들이 담소를 나누던 저택의 응접실을 말한다. 살롱은 루이 15세 시대부터 여론 형성의 장으로 자리잡았다. 단순한 수다나 잡담을 넘어서 신간 정보를 교환하고 시사문제를 토론하는 공간이었기 때문이다. 18세기 사상가들은 거의 다 살롱 출신이었다. 그들은 살롱의 스타이자 프랑스의 스타였고, 나아가 전 유럽의 스타였다. 살롱 문화를 촉진하는 데 가장 크게 기여한 인물은 볼테르다. 그는 3년간 영국에 체류하면서 자신이 꿈꾸던 정치체제를 영국이 완전하게 실현했다는 점에 놀랐다. 1688년 명예혁명 이후 자유와 평등을 이룬 영국을 볼테르는 이렇게 칭송했다.

"인간이 노예적 공포에서 벗어나 자유롭고 고상한 사상을 가질 수 있는 국가가 여기에 있다."

볼테르는 뉴턴의 장례식이 국가 행사로 치러지고, 모든 국민이 그를 존경하는 모습을 보고 놀랐다. 행동을 중시하는 뉴턴의 삶은 은둔을 미덕으로 삼던 프랑스 지식인에게 큰 귀감이 됐다. 볼테르는 영국 체류 중『영국 통신』을 집필해 영국의 사상과 성과를 프랑스에 소개했고, 루소 등 후대 사상가들에게 깊은 영향을 끼쳤다.

사상가들의 최고 걸작, 프랑스혁명

새로운 사상은 책이나 모임을 통해 시민들에게 빠르게 전달됐다. 1789년 대혁명이 일어나기 얼마 전 아베 시예스 신부가 펴낸 소책자는 3만 부가 팔렸다. 이 책자에 실린 내용은 새로운 신분제를 향한 열망이었다.

"제3신분은 무엇을 할 수 있나? 무엇이든 될 수 있고 무엇이든 할 수 있다. 이제까지 제3신분은 무엇이었나? 아무것도 아니었다. 앞으로는 무엇이 되고 싶은가?"

언론인 리바롤르는 이렇게 말했다.

"국민을 분노하게 만든 건 왕의 전제정치가 아니라 귀족들의 계급적 편견이다."

프랑스혁명의 이데올로기를 구체화한 『제3신분이란 무엇인가』의 저자 아베 시예스.

그것이 바로 프랑스혁명의 출발점이었다. 이미 혁명을 예감한 듯, 한 귀족은 "볼테르는 이성을 매혹시켰고 루소는 감정을 깨우쳤다. 우리 같은 귀족에겐 슬픈 일이긴 하나 가증스럽고 진부한 체제를 그들이 공격해줄 때 은밀한 쾌감이 밀려왔다"고 말하기도 했다.

과격한 정치사상가인 미라보 백작은 귀족 사회에서 퇴출된 후 제3신분으로 출마해 삼부회 의원으로 선출되어 혁명가로 명성을 날렸다. 그가 혁명에 관해 남긴 유명한 말이 있다.

"혁명을 추진하는 데 곤란한 점은 혁명을 일으키는 게 아니라 혁명을 그의 통찰처럼 혁명 수습은 무척 힘든 일이었다. 프랑스혁명은 제 3공화정이 들어선 1870년에야 모든 임무를 완수했다. 시민들이 일으킨 위대한 혁명의 순간과, 혁명을 수습하는 내내 18세기 프랑스 사상가들이 함께했다.

매사추세츠공과대학MIT 교수 노엄 촘스키 교수는 이렇게 말했다.

“지식인이란 특정 분야에 전문지식을 갖춘 사람이 아니라 자신의 지식 특권을 활용해 정치문제에 깊이 관여하고 세계를 개선하고자 노력하는 사람이다.”

18세기 프랑스 사상가들이 그러했다. 프랑스혁명은 프랑스 지식인들이 만든 최고의 걸작이다.

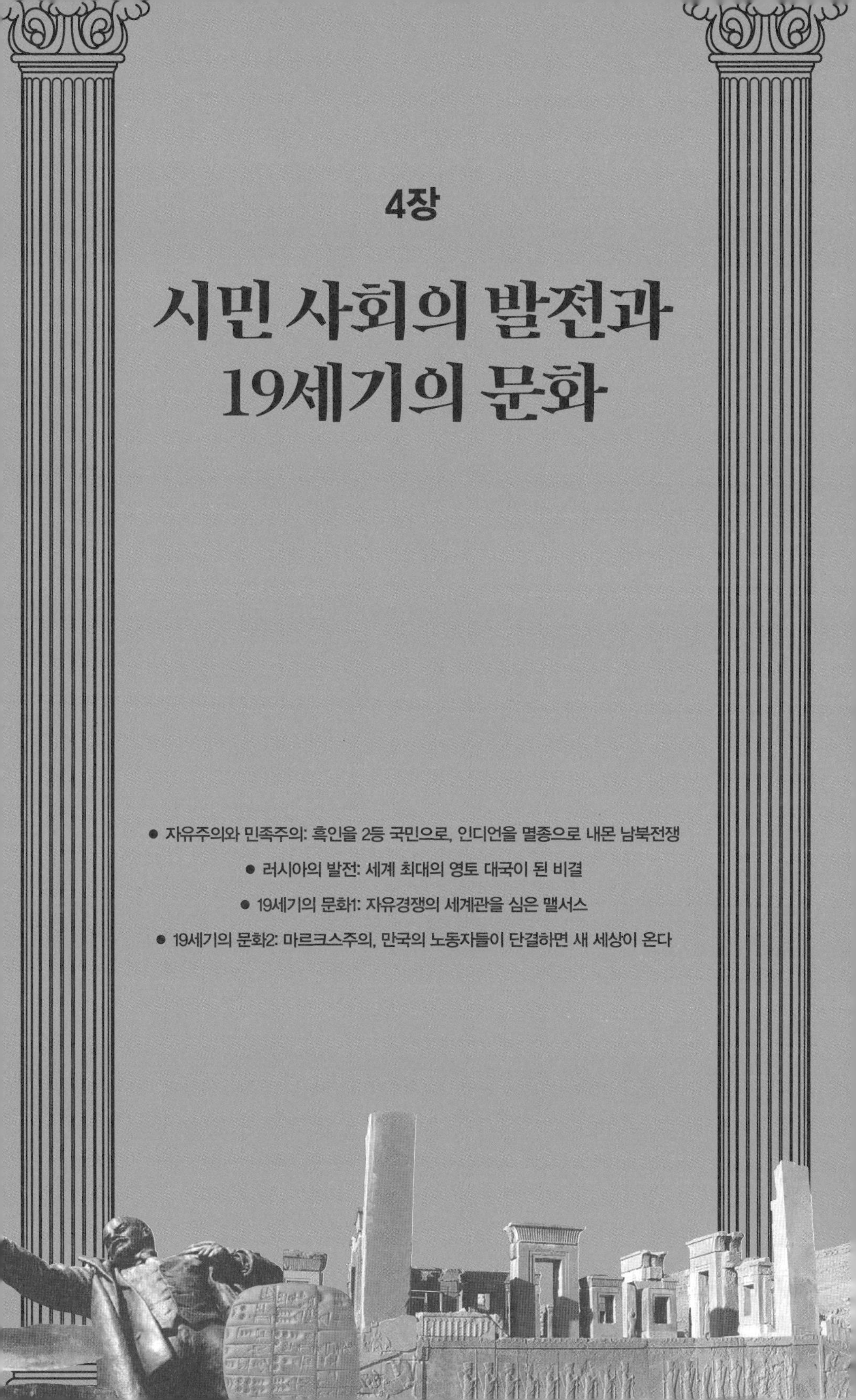

4장

시민 사회의 발전과 19세기의 문화

● 자유주의와 민족주의: 흑인을 2등 국민으로, 인디언을 멸종으로 내몬 남북전쟁

● 러시아의 발전: 세계 최대의 영토 대국이 된 비결

● 19세기의 문화1: 자유경쟁의 세계관을 심은 맬서스

● 19세기의 문화2: 마르크스주의, 만국의 노동자들이 단결하면 새 세상이 온다

흑인을 2등 국민으로, 인디언을 멸종으로 내몬 남북전쟁

미국 남북전쟁은 노예해방 전쟁이라기보다 지배층인 백인들의 권익증대 투쟁이었다. 이 전쟁은 흑인을 노예에서 해방시켰지만 그들에게 빈곤과 차별이라는 새로운 족쇄를 채웠다. 아메리카 원주민은 100년에 걸친 백인들의 탄압을 이겨내지 못하고 사실상 멸종의 길로 떠밀려갔다.

남북전쟁의 두 얼굴

'미국 건국의 아버지들'이라 불리는 조지 워싱턴, 토머스 제퍼슨은 아메리카 원주민을 몰아낸 주동자이자 노예제를 적극 옹호한 인물들이다. 에이브러햄 링컨도 예외가 아니다. 흔히 링컨을 '인민의, 인민에 의한, 인민을 위한'이라는 말과 함께 떠올린다. 그러나 링컨이 미국 역사에서 중요한 자리를 차지하는 이유는 따로 있다. 전쟁을 통해 미국의 통합을 관철했기 때문이다. 흑인 해방은 그 과정의 부산물이었을 뿐이다. 그가 말한 '인민'은 미국의 독립을 쟁취한 백인 이주민이지, 아메리카 원주민이나 흑인이 아니었다. 링컨은 원래 노예제 폐지론자가 아니었다. 그의 연설 한 대목을 보자.

"만약 노예를 해방시키지 않고 연방을 구할 수 있다면 그렇게 하겠습니다. 모든 노예를 해방시켜서 연방을 구할 수 있다면 그렇게 하겠습니다. 일부를 해방시키고 일부 노예들을 남겨둠으로써 연방을 구할 수 있다면 그렇게 하겠습니다."

러시모어 산의 미국 대통령 얼굴 조각(위)과 게티스버그에서 연설하는 링컨(아래).

당시 링컨이 처한 상황은 어땠을까? 미국에서 노예제를 둘러싼 논쟁이 뜨거울 무렵, 링컨은 논란의 한복판에 있었다. 1860년 공화당 후보로 출마해 대통령에 당선된 링컨은 이듬해 취임하자마자 사우스캐롤라이나를 비롯해 남부 7개주가 연방에서 탈퇴해 '남부연합'을 결성하는 사태를 맞았다. 국가가 반으로 분열되는 위기에 처한 것이다. 당시 북부에서는 공업이 발전해 노예제의 필요성이 줄어들었고, 남부는 면화를 중심으로 한 농업이 발전해 노예 노동에 크게 의존하고 있었다. 남부 백인들에게 흑인 노예는 모든 것을 걸고 지켜야 할 경제적 기반이었다.

마침내 남북전쟁이 발발했다. 1861년 4월, 남부연합군이 사우스캐롤라이나 찰스턴항 요새에 주둔한 북군을 공격한 것이다. 남북전쟁은 북군 사망자 36만 명, 부상자 200만 명, 남군 사망자 25만 명, 부상자 70만 명이라는 엄청난 희생을 가져왔다. 막대한 피해를 감내하면서 링컨은 무력을 통한 제국 통합이라는 첫 신화를 완성했다. 링컨은 전

남북전쟁 초기 북군 총사령관 윈필드 스콧이 고안한 '아나콘다 계획'. 남부의 모든 연안을 봉쇄하고, 미시시피강까지 거슬러올라가 남부를 동서로 쪼개 말살시키려 했다.

쟁을 승리로 이끈 지 6일 만인 1865년 4월 14일에 유명 배우이자 남부 지지자의 총격을 받고 숨졌다.

역사상 가장 무자비한 사건들

미국 땅에 흑인 노예를 들여놓은 건 네덜란드다. 1619년 잉글랜드령 버지니아 제임스타운에 닻을 내린 네덜란드 배에는 식민지 농장주들에게 판매할 새로운 상품인 검은 노예들이 실려 있었다.

미국 작가 알렉스 헤일리는 자신의 가문에 전해내려오던 6대조 할아버지 쿤타킨테의 처절한 경험을 바탕으로 소설 『뿌리』를 썼다. 서아프리카 감비아 해안에서 태어난 쿤타킨테는 열일곱 살 때 노예사냥꾼들에게 잡혔다. 붙잡힌 쿤타킨테는 1767년 배에 실려 메릴랜드주 애나폴리스 항구로 '배달delivered'됐다. 노예 140명 중 42명이 죽고

아프리카에서 이송되는 흑인 노예들.

98명이 살아남았다. "그는 최고급 젊은 검둥개로서 존 월러라는 사람에게 팔렸다." 그 뒤 쿤타킨테는 줄기차게 탈출을 감행했다. "네 번째 탈출에서 붙잡혔을 때 그는 노예사냥꾼에게 돌멩이를 던져 상해를 입혔는데, 이에 격분한 노예사냥꾼은 "발을 자를까, 성기를 자를까" 하며 그를 위협했다. 쿤타킨테는 자신의 성기를 가렸고 노예사냥꾼은 그의 발을 겨냥했다. 시뻘건 피가 잘린 발 토막에서 뿜어져나오자, 그는 떨어져나간 발의 앞쪽 반 토막을 찾으려는 듯 두 손으로 정신없이 더듬거렸다. 주변은 온통 암흑이었다."

국가 통합의 희생양, 흑인 노예

미국의 노예무역은 1808년에 폐지됐고, 1863년 노예제도 공식 폐지됐다. 그러나 대다수 흑인들은 여전히 빈곤과 차별을 면치 못했다. '나태하고 약한 개체는 도태될 수밖에 없다'는 사회진화론은 프론티어(개척) 정신을 낳았지만, 경쟁에서 밀린 인종은 자신들의 처지를 받아들여야 한다는 인식도 강화시켰다.

국가 통합을 위해서라면 원주민쯤은 절멸시킬 수 있는 나라, 그것이 미국의 적나라한 모습이다. 제퍼슨, 워싱턴, 링컨으로 이어지는 국가 통합의 이면에 소수 인디언들과 흑인들의 고통스러운 역사가 있다. 흑인들은 노예에서 '2등 국민'으로 지위가 급상승했으나 200년이 지나도록 그 위로 올라간 적은 없다. 미국의 44대 대통령 버락 오바마는 아프리카 노예의 후손이 아니라 흑인 유학생과 백인 여성 사이의 '혼혈'이었다.

러시아의 발전

세계 최대의
영토 대국이 된 비결

"러시아 국기는 일단 걸어놓은 곳에서는 내릴 수 없다."

몽골의 지배를 벗어난 러시아

러시아는 지구상 육지 면적의 11퍼센트를 차지하는, 세계에서 가장 큰 나라다. 소련 해체로 카자흐스탄 등 15개 연방공화국이 다 독립해 나간 뒤에도 이처럼 크다. 한때 대영제국이 이보다 넓은 판도를 가진 적은 있지만 그것은 지구상에 흩어진 식민지를 모두 합쳤을 경우다. 러시아는 어떻게 유라시아 대륙을 관통하는 대제국으로 성장했을까?

바실리 수리코프의 1895년작 〈예르마크의 시베리아 정복〉. 러시아의 시베리아 원정은 1577년 코사크 무장집단의 우두머리 예르마크로부터 시작됐다.

러시아의 영토 팽창은 몽골족과 깊은 관련이 있다. 몽골족은 전쟁에서는 무적 군대였지만 경제와 상업에는 매우 서툴렀다. 14세기 초 모스크바 공국의 이반 1세는 몽골 제국의 세금 징수업을 맡으면서 막대한 부를 축적해 러시아 통일의 초석을 쌓았다. 이후 모스크바 공국은 이반 3세의 지휘 아래 몽골 세력을 몰아내고 주변의 다른 공국을 정복했다. 15세기 말에서 16세기 중반까지 이반 3, 4세는 주변의 다른 공국을 정복하고 볼가강 중류의 요충지 카잔을 점령했다. 카잔 점령은 러시아가 옛 몽골 영토를 되찾았다는 선언과 같았고, 이를 기념해 모스크바 붉은 광장에 화려한 상크트바실리 대성당을 세웠다.

4년 뒤인 1556년에 볼가강 하류의 아스트라한 칸국이 항복해왔다. 이로써 볼가강을 통해 카스피해로 가는 통상로와 함께, 광활한 시베리아와 드넓은 중앙아시아 초원이 열렸다. 1577년에는 코사크(카자흐) 무장집단의 우두머리 예르마크가 시베리아 원정에 나섰다. 그들은 퉁구스족 등 원주민들을 위협해 모피를 사냥해 오게 했다. 특히 '달리는 다이아몬드'라고 불린 검은담비 털을 비롯한 모피는 1660년에 이르러 러시아 국고 수입의 3분의 1을 차지했다. 17세기 초 이반 4세의 혈통이 끊기면서 러시아는 한동안 정치적 혼란을 겪었다.

가장 제국주의적인 팽창

17세기 말 표트르 1세는 숙원이던 서쪽 발트 지방을 획득해 대양 진출로를 활짝 열고 상트페테르부르크를 건설해 서구와 교류를 강화했다. 시베리아 진출에도 심혈을 기울여, 청과 네르친스크 조약을 체결해 흑룡강 북쪽 외흥안령과 알군강을 이으며 국경을 넓혔다. 18세기 후반 여제 예카테리나 2세는 남방에서 오스만 제국과 싸워 크림 반도 등 흑해 연안을 빼앗았다. 그 결과 우크라이나 내륙과 지중해를 연결하며 흑해를 러시아 내해처럼 활용하게 됐다.

제정 러시아 때는 유라시아 동쪽 끝인 베링해협을 넘어 알래스카로 진출했다. 그러나 모피의 수익성이 떨어지자 1867년 알래스카를 미국에 720만 달러(현재 화폐가치로 약 1억 1,300만 달러 정도)에 매각했다. 당시 미국 여론도 알래스카 매입에 부정적이어서 알래스카를 '북극곰 동물원'이라며 비판했다.

러시아는 폭력적이고 무자비한 침략 전쟁으로 영토를 확장했다. 발트해 연안 점령과 페테르부르크 건설을 가능케 한 북방 전쟁(대 스

러시아의 발전을 이끈 군주들

	재위기간	주요 치적
이반 4세	1533년~1584년	절대 왕정의 시작 전제 군주권 확립, '차르' 시베리아 진출 → 러시아 제국 기반 마련
표트르 대제	1682년~1725년	서구화 정책-내정 개혁, 군비 강화, 유럽 문화 수입 시베리아 지배 강화, 청과 네르친스크 조약 체결(1689년) 북방 전쟁-스웨덴 격파, 발트해 진출 → 상트페테르부르크 건설, 도읍으로 삼음 흑해 연안으로의 남하 정책 추진
예카테리나 2세	1762년~1796년	계몽 전제 군주 - 법전의 편찬, 학교와 병원의 설립 등 노력 전제 정치와 농노제 강화 팽창정책-크림 반도와 흑해 연안 일대 획득, 폴란드 분할에 참여 → 영토 확장

웨덴 전쟁), 크림 반도 확보(대 오스만 투르크 전쟁), 카프카즈 복속, 중앙아
시아 점령 등 주요 전환점마다 전쟁으로 점철돼 있다.

시베리아의 철도와 군사 요새, 도시 건설에 필요한 많은 노동력을
충당하기 위해 국내 정치범을 유형 보내곤 했다. 강제노동은 제정 러
시아는 물론 스탈린 시대에도 계속됐다.

『러시아 제국의 역사』를 쓴 러시아의 역사가이자 시인인 니콜라이
카람진은 보수주의자인데도 이렇게 말했다.

"페테르스부르크는 눈물과 시체 위에 건설됐다."

얼마나 많은 사람들의 피눈물과 시체 위에 러시아는 세계 최대 제
국의 깃발을 꽂은 것인가?

자유경쟁의 세계관을 심은 맬서스

19세기에 진화론을 주장한 다윈과 동의어처럼 여겨지는 '적자생존'은 원래 다윈의 것이 아니었다. 1800년대 급진적 사상으로 유럽에 엄청난 영향을 끼친 토머스 맬서스가 『인구론』에서 주창한 개념이다. 그의 생각은 다윈을 비롯해 당시 사상과 학문에 엄청난 영향을 미쳤다.

맬서스의 자식들

"동식물은 생존수보다 훨씬 많은 자손을 낳는데, 생존경쟁을 통해 적자만 살아남고 부적자는 절멸한다. 하등동물일수록 많은 개체를 출산하는데 끝까지 살아남는 비율은 무척 낮다. 열등한 존재이기 때문이다. 식량 생산량이 인구 증가를 따라잡지 못하는 인간 사회 역시 자연과 비슷한데, 경쟁에서 진 인간이 도태되는 건 어쩔 수 없다. 따라서 사회가 그들을 위해 자비를 베푸는 건 자연의 순리를 거스르는 일이다. 하등동물이나 다름없는 하층민 역시 많은 자손을 낳는데 이것이 생존경쟁을 부추기는 원인이다."

『인구론』에서 맬서스는 이렇게 설파했다. 이 무시무시한 주장은 젊은 다윈에게 자연도태, 적자생존이라는 테마를 각인시켰다. 다윈은 맬서스의 냉혹한 진단에 무겁게 동의할 수밖에 없었다.

다윈뿐만이 아니다. 다윈의 자연선택 이론에 대응해 영국의 철학

"식량은 산술급수적으로 증가하는데 인구는 기하급수적으로 증가한다"고 밝힌 맬서스와
그가 쓴 『인구론』 초판본 속표지.

자 허버트 스펜서는 사회를 살아 있는 유기체로 보면서 '사회선택' 이
론을 발전시켰다. 스펜서는 강자의 시장 독식이나 불평등한 사회계급
을 사회선택의 결과라고 봤다. 이런 논리의 연장선에서 그는 기업의
무한경쟁을 옹호하고, 구빈사업에 반대했다. 그 역시 '맬서스의 자식'
이었던 것이다.

마르크스주의, 만국의 노동자들이 단결하면 새 세상이 온다

소수 자본가에게 노동력을 팔아 생계를 꾸리는 다수의 노동자들은 세계 어느 곳에서나 여전히 빈곤하다. 자본주의를 철저히 분석한 한 철학자는 '노동자들에게는 조국이 없다'고 선언하며 '만국의 노동자들이 단결해' 세계를 바꿔야 한다고 역설했다. 카를 마르크스다.

'위험인물'

독일 청년 카를 마르크스는 대학 시절 헤겔 철학에 심취했다. 스스로의 모순을 해결하며 더 높은 단계로 나아가는 정신 과정을 다루는 헤겔 철학은, 마르크스의 '변증법적 유물론' 사상의 근간이 됐다. 대학에 남아 철학을 연구하고자 한 마르크스의 계획은 아버지의 급작스런 죽음과, 헤겔 사상의 열렬한 옹호자인 바우어가 강단에서 강제 퇴임당하는 사건을 계기로 어긋나게 된다. 마르크스는 《라인신문》 편집장을 맡아 사회문제에 관여하면서 실천적 지식인으로서의 삶을 시작했다. 그러나 반체제 언론에 대한 독일 정부의 탄압이 거세지자, 그는 망명 지식인들의 도피처인 파리로 활동 무대를 옮겼다.

마르크스(왼쪽)와 엥겔스(오른쪽)는 자본주의 체제 아래서 고통받는 노동자들의 삶을 직시하며 노동자들이 해방되는 새로운 세상을 꿈꿨다.

파리 생활도 오래가지 못했다. 독일에서 피신해온 이 급진주의자는 '위험인물'로 분류돼 프랑스에서도 추방됐다. 마르크스는 벨기에를 거쳐 영국으로 망명해 1883년에 사망했다.

마르크스가 망명했을 때 영국은 차티스트(인민헌장주의자) 운동이 막을 내렸을 때였다. 차티스트 운동은 1832년 영국이 선거법을 개정하면서 노동자의 선거권이 배제되자, 노동자들의 분노가 절정에 달해 일어났다. 인민헌장 발표와 차티스트들의 총파업이 이어졌다.

동반자 마르크스와 엥겔스

엥겔스는 1844년 가을 파리에서 마르크스와 처음 만나 평생의 동지가 됐다. 엥겔스는 마르크스의 난해한 설명을 노동자들도 이해할 수 있도록 쉽게 표현했다. 그는 『공산당 선언』(1848년)의 공동 저자이자, 마르크스가 미완으로 남긴 『자본』 1권의 후속편을 완성했다.

군복무를 마치고 영국 맨체스터에서 1840년대를 보낸 엥겔스는 당시 산업혁명의 중심지인 맨체스터 노동자들의 비참한 현실을 보고 큰 충격을 받았다. 빈민 노동자들은 쥐가 우글거리는 음습한 지하실에서 15명 정도가 모여 살았는데, 맨체스터에만 이런 지하실이 2만 개나 있었다. 잘 곳이 없어 노숙하는 노동자들도 5,000명이나 됐다. 방적공장 노동자들 곁에는 늘 부상과 죽음이 도사리고 있었다. 방적기 벨트에 일꾼들이 빨려들어가는 사고가 허다했기 때문이다.

엥겔스와 마르크스는 이런 암울한 상황에서 노동자들이 해방되는 새로운 세상을 꿈꿨다. 『공산당 선언』을 통해 그들은 '지금까지 존재

19세기 산업혁명에 성공한 영국에서는 아동 노동과 노동자 착취 등이 새로운 사회 문제가 됐다.

한 모든 사회의 역사는 계급 투쟁의 역사'라고 정의하고, 노동자들을 옭아매는 사회질서를 전복해야 한다고 주장했다. 마르크스와 엥겔스는 이른바 '공상적 사회주의'를 비판하고 견고한 과학적 사회주의를 세우려 애썼다.

1848년의 '선언'과 풍요 속의 빈곤

원래 '부르주아'는 봉건 사회를 닫고 근대 사회를 연 혁명 세력을 가리켰지만 근대 이후에는 생산수단을 가진 자본가, '유산有産 계급'을 의미한다. 자본가는 무산계급인 노동자를 고용해 생계를 유지할 만큼의 임금만 주며 노동력을 제공하게 한다. 임금과 상품 가치 사이에는 차이가 발생하는데, 이것이 '잉여가치'고 이는 곧 자본가의 이윤이 된다. 마르크스는 이것을 '착취'라고 봤다. 그에 따르면 자본주의는 노동 착취 위에 서 있는 체제다.

마르크스는 생각했다. '자본주의는 이윤을 남기려고 대량 생산하기 때문에 내적 모순에 빠질 수밖에 없다. 빈익빈 부익부는 커지고 부는 소수에게 집중된다. 이 불균형 속에서 빈곤과 계급 갈등이 더욱 심화된다. 결국 사회주의 혁명이 임박하고 자본주의는 필연적으로 붕괴한다. 노동자들이 이에 대비하지 않으면 사회는 대혼란에 빠지지만,

제대로 준비하면 사회주의 시대가 온다.'

1848년의 '선언' 이후 각국 노동자들이 단결하기 시작해 1864년 9월 국제노동자협회(제1인터내셔널)가 창설됐다. 마르크스는 열렬한 회원이 됐다. 1880년대 초 러시아에서는 그의 사상을 표방한 사회주의 정당이 등장했다. 레닌은 마르크스 사상을 적극 활용해 혁명을 구상했다. 1917년 레닌이 이끈 혁명 세력이 승리를 거두고 '선언' 내용대로 토지를 농민들에게 재분배했다.

"어느 곳, 어느 국민이든 반란을 일으켜 정부를 타도하고 국민들에게 더 적합한 새 정부를 세울 권리가 있다. 이는 가장 귀하고 신성한 권리다."

이것은 『공산당 선언』에 나온 구절이 아니라, 이 선언이 나오기 한 달 전 당시 미국 하원의원인 링컨이 의회에서 한 연설의 일부다. 21세기를 맞은 세계 곳곳에서 반세계화, 반신자유주의, 반금융자본주의 시위가 벌어진다. 그들이 제기하는 문제는 19세기 노동자들의 생각과 같다.

'같이 좀 살자.'

6부
아시아의 근대적 발전

중국은 아편 밀수로 식민주의적 침탈을 지속하는 대영제국에 아편전쟁으로 맞서면서 근대를 열었다. 그러나 중국은 서구 제국주의의 상대가 되지 못했다. 연이은 전쟁에서 무참히 패배하고 강제 개항과 불평등 조약이 잇따랐다. 중국인들은 절망적인 상황을 타개하기 위해 근대화를 위한 몸부림을 시작했다. 그 결과 신해혁명을 일으켜 청 왕조를 몰아내는 데는 성공했으나 곧 군벌들의 방해에 휘말려 미완의 혁명으로 변질됐다.

서구 식민주의와 일본 제국주의가 이중으로 공세를 취하는 가운데 자본주의적 근대화를 추구하는 국민당과, 공산주의 혁명을 추구하는 공산당은 권력을 놓고 경쟁에 돌입했다. 국민당은 초기 기습적인 백색 테러로 공산당 세력을 크게 위축시키는 데는 성공했지만, 곧 스스로의 반동적 성격 때문에 급격히 변혁의 동력을 잃고 말았다. 공산당은 국민당의 토벌작전에 밀려 서북방에서 근거지를 찾는 대장정에 나섰다. 그리고 농민을 주된 혁명 세력으로 삼아 군대를 모병하고 자급자족을 이루는 해방구를 갖춘 뒤 지구전을 펼치자고 설파한 마오쩌둥이 주도권을 장악했다. 결국 제2차 세계대전 종전 뒤 재개된 내전에서 공산당이 최종 승리해 중국 대륙은 중화인민공화국의 지배 아래에 들어갔다.

일본은 1854년 미국 페리 함대에 의해 강제 개항한 뒤 메이지 유신을 거쳐 급격한 서구식 근대화에 돌입했다. 이와쿠라 사절단을 파견해 서구를 답사하고 연구한 일본은 프로이센 모델을 중심으로 급격한 부국강병정책을 추진했다. 그 결과 21년 뒤 근대 해군을 갖춰 이웃 조선을 강제 개항하게 하는 데 성공했다. 일본은 메이지 유신을 통해 '위로부터의 개혁'을 급진적으로 추구하면서 곧 천황 중심의 강력한 군국주의 국가로 변모했다. 이 과정에서 1차적으로 조선과 대만을 침략하고 식민화했다. 일본의 군국주의는 만주국 수립과 대륙 침략으로 이어져 아시아 태평양을 제2차 세계대전의 전화 속으로 몰아넣었다.

서구 열강이 아시아 · 아프리카에 대한 식민지배를 강화하면서 각지에서는 이에 저항하는 반식민주의-반제국주의 투쟁이 활발하게 벌어졌다. 서아시아에서는 오스만 투르크 제국에 대한 유럽 강대국의 침략이 본격화되면서 영국과 프랑스 등 서구 세력이 새로운 지배자로 등장했다. 이 과정에서 중동 아랍 국가들의 자주권과 국익은 심각하게 훼손됐고, 나중에 석유수출국기구OPEC를 결성해 막강파워를 행사하면서 그 수모를 부분적이나마 되갚았다.

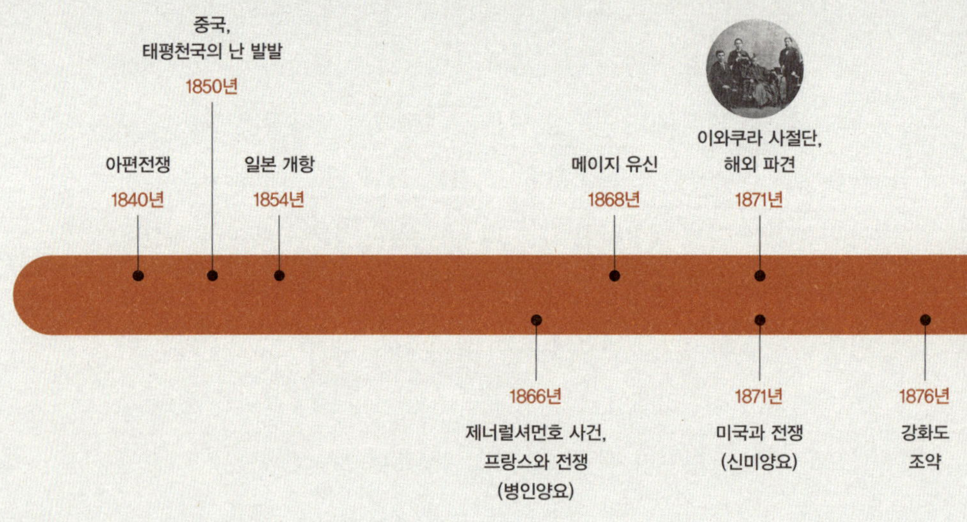
중국,
태평천국의 난 발발
1850년

아편전쟁
1840년

일본 개항
1854년

메이지 유신
1868년

이와쿠라 사절단,
해외 파견
1871년

1866년
제너럴셔먼호 사건,
프랑스와 전쟁
(병인양요)

1871년
미국과 전쟁
(신미양요)

1876년
강화도
조약

신해혁명,
청나라 멸망
1911년

중국 공산당,
대장정 돌입
1934년

태평양
전쟁
1941년

필리핀
독립
1945년

1909년
안중근,
이토 히로부미
사살

1919년
3 · 1 운동.
대한민국
임시 정부
수립

1932년
이봉창,
윤봉길 의거

1945년
해방

1920년
봉오동,
청산리 전투에서
일본군 격파

대일본제국
헌법 제정

1889년

청일전쟁 발발

1894년

러일전쟁 발발

1904년

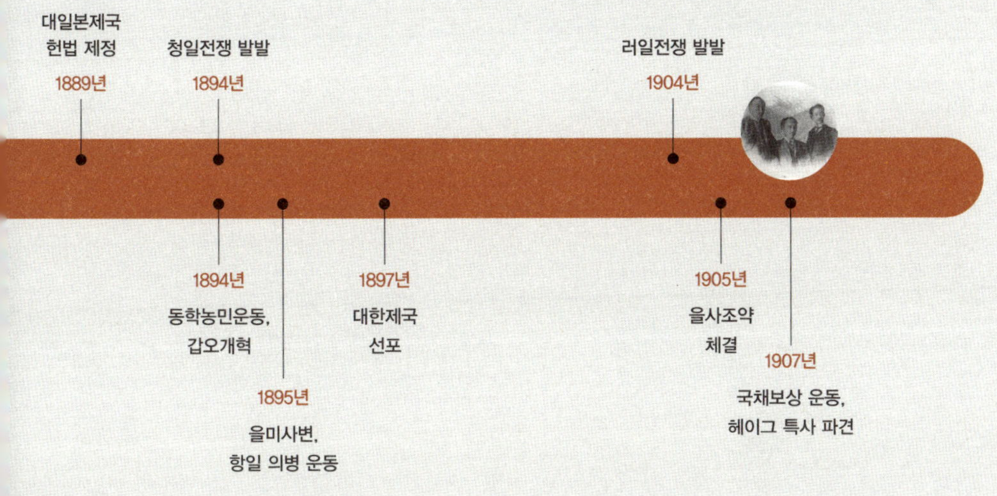

1894년

동학농민운동,
갑오개혁

1897년

대한제국
선포

1905년

을사조약
체결

1907년

국채보상 운동,
헤이그 특사 파견

1895년

을미사변,
항일 의병 운동

중화인민공화국 건국,
인도네시아 독립

1949년

1차
오일쇼크

1973년

베트남
사회주의공화국
수립

국공내전

버마 독립

디엔비엔푸 전투

OPEC 설립

테트
공세

1946년

1948년

1954년

1960년

1968년

1976년

1950년

6 · 25 전쟁
발발

1953년

휴전 협정
조인

1956년

제3대
대통령
이승만
당선

1960년

제4대
대통령
이승만
당선

1963년

박정희,
대통령
당선

1961년

5 · 16
군사정변

1965년

한 · 일 협정 조인,
일본과 국교 정상화.
베트남에 전투병 파병

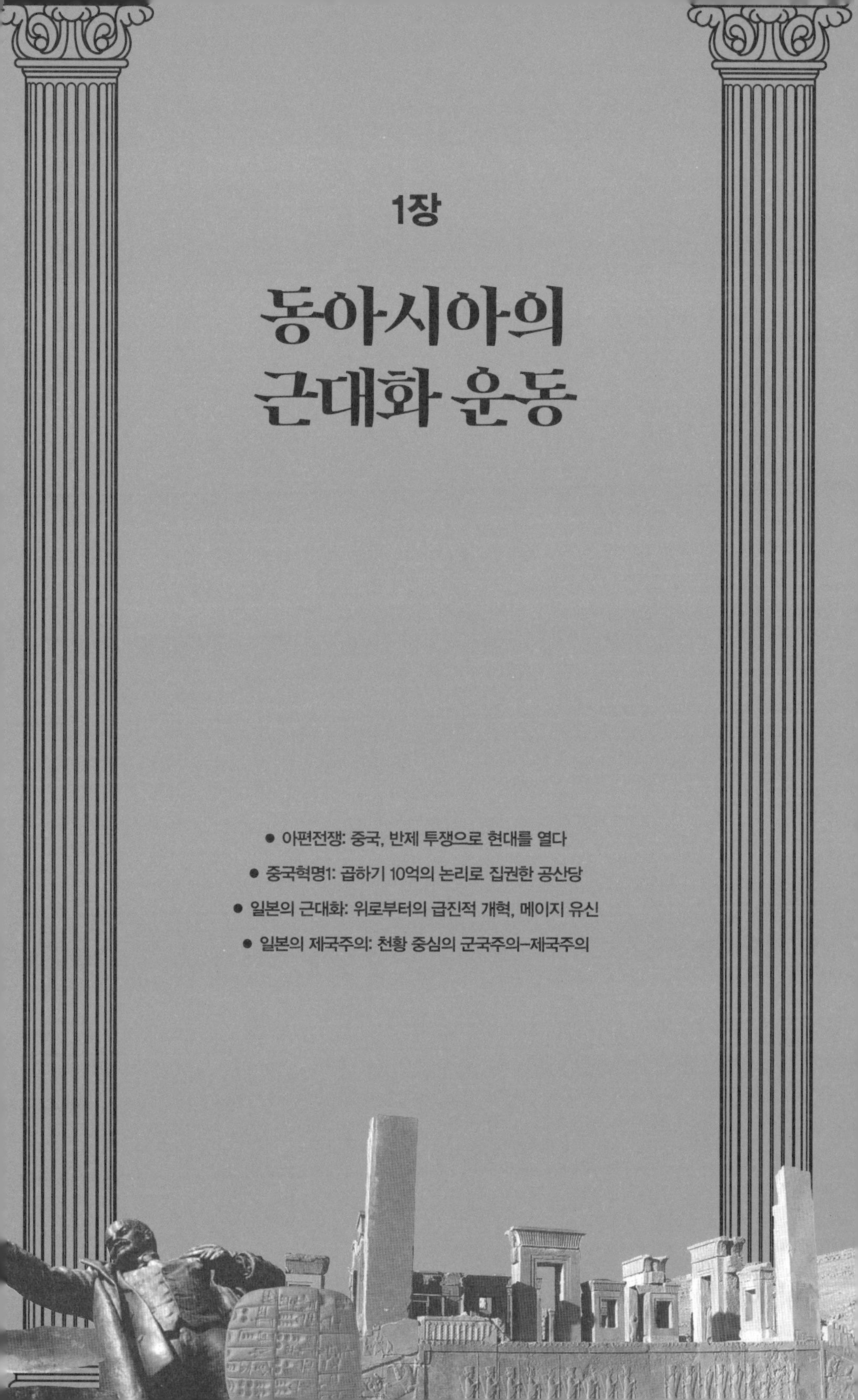

1장

동아시아의 근대화 운동

- 아편전쟁: 중국, 반제 투쟁으로 현대를 열다
- 중국혁명1: 곱하기 10억의 논리로 집권한 공산당
- 일본의 근대화: 위로부터의 급진적 개혁, 메이지 유신
- 일본의 제국주의: 천황 중심의 군국주의-제국주의

중국, 반제 투쟁으로 현대를 열다

청나라를 겨냥해온 영국은 초기에 심각한 무역적자가 발생하자 인도에서 마약을 밀수해 청에 풀었다. 이런 영국의 침탈에 청이 저항하자 영국은 포함을 동원해 아편전쟁을 일으켰다. 동아시아는 제국주의와의 전쟁으로 '핏빛 현대'를 열었다.

서세동점

16세기부터 서양 세력이 거세게 아시아로 밀어닥쳤다. 포르투갈이 희망봉을 돌아 인도, 믈라카까지 진출하더니 에스파냐도 아메리카 남단을 거쳐 필리핀까지 밀고들어왔다. '서세동점西勢東漸', 서양 세력이 동양을 뒤덮기 시작했다.

영국도 인도를 식민지화한 뒤 아시아의 거인 중국을 향해 몰려왔다. 영국은 청에 면직물과 모직물을 팔고 싶었다. 그러나 상황은 거꾸로 돌아갔다. 청은 영국의 면직물 따위에 별 관심이 없었다. 오히려 영국이 청의 차와 비단에 목을 매는 신세가 됐다. 특히 차는 18세기에서

산업혁명기 영국에서 차는 국민적인 기호식품이었다.

19세기 초 산업혁명기 영국에서 노동자들도 즐기는 국민적인 기호식품이었다('티타임'이라는 말이 이때 생겨났다).

이 때문에 17세기 이래 두 나라 간 무역에서는 늘 청이 막대한 흑자를 거뒀다. 영국은 멕시코산 은을 에스파냐에서 사들여 차와 비단 대금으로 지불했다. 청은 광주에서만 국가 주도로 교역을 했고, 필요하면 아무 때나 무역을 중단하곤 했다. 영국이 협상이라도 제안하면 청은 이런 식으로 대꾸했다.

"천조(청나라)는 없는 것이 없으므로 너희 나라의 화물을 빌어서 유통시킬 필요가 없다. 다만 천조가 생산한 홍차, 도자기, 생사 등은 너희 영국의 필수품이므로 은혜를 베풀어 일용에 도움을 받게 한 것이다."

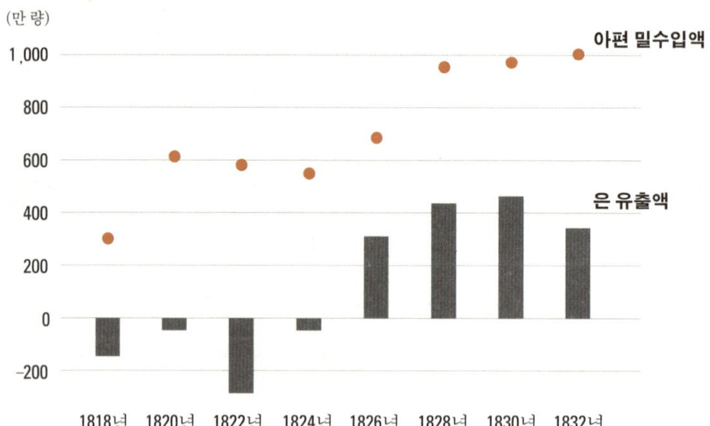

청나라의 아편 밀수입액과 은 유출액(1800년대 초)

영국은 18세기 말부터 정상적인 국가 관계에서는 상상할 수 없는 극악한 방법을 동원했다. 인도산 아편을 청으로 밀수한 것이다. 청 옹정제 때인 1729년 두 나라 사이의 아편 교역량은 60킬로그램들이 200상자 정도였다. 약 110년 후인 1838년에는 4만 상자를 넘어섰다. 도를 넘어선 밀수였다.

아편 밀수가 급증하면서 1830년대부터는 거꾸로 청의 은이 영국으로 빠져나갔다. 1830년대 말 국외로 유출되는 은이 청나라 국가 수입의 80퍼센트에 이를 정도였다. 청 내부에서는 은 유통량이 심각할 정도로 줄어들었다. 청은 지정은제도라는 은본위제였기에 세금납부액을 은으로 표시했다. 동전으로 세금을 내도 은 가치에 상응하게 내야 했다. 은 가치는 폭등하고 동전 가치는 폭락했다. 가만히 있는데 세금이 2배나 뛰었다. 백성들은 나날이 가난해졌고 조정은 조정대로 세수에 심각한 차질을 빚었다. 게다가 아편이 급속도로 전국 각계각층으로 퍼져 그 폐해가 심각하기 짝이 없었다. 청은 영국의 아편 밀수로 빈사상태에 빠져들었다.

가장 추악한 제국주의 전쟁

이런 상황에서 터진 것이 아편전쟁이었다. 청 조정은 1838년 각 지방 책임자들에게 아편을 엄금하기 위한 방안을 제시하라고 지시했다. 지금의 호남성과 호북성을 책임지던 호광총독 임칙서의 방안이 채택됐다. 그는 흠차대신이 되어 황제의 전권을 위임받고 광동에 파견됐다. 임칙서는 1839년 정월 광동에 도착하자마자 아편을 엄금하고 청의 아편 밀수거상 등을 전격적으로 처형시켰다. 영국 상인들에게도 "사흘 안으로 모든 아편을 인도하고, 아편 밀수를 하지 않는다"는 서약서를 제출하게 했다. 영국 상인들은 놀라 굴복하려 했지만 영국 무역감독관이 버티려 했다. 임칙서는 곧바로 병력을 동원해 영국 상관을 바다와 육상에서 포위해 봉쇄했다. 견디지 못한 영국은 결국 2만여 상자의 아편을 인도했다. 임칙서는 몰수한 아편을 석회와 바닷물을 이용해 소각 처분했다. 그러자 영국은 함대를 동원해 무력 도발에 나섰다. 청이 선전포고로 맞서면서 1840년 본격적으로 아편전쟁이 벌어졌다.

영국군은 광주항 입구를 봉쇄한 다음 북상해 강소의 주산열도를 공략하고, 더 북상해 천진을 본격적으로 위협했다. 천진은 수도 북경으로 들어가는 수운의 숨통이었다. 이 무력시위에 놀란 청조는 영국

불타는 청의 정크선. 아편전쟁의 패배로 청은 서구 열강의 제국주의 침략에 무차별적으로 짓밟혔다.

과 협상에 돌입했다. 협상과 결렬을 반복한 끝에 두 나라의 전투가 재개됐다. 그러나 청은 압도적인 무력을 갖춘 영국의 상대가 되지 못했다. 당시 영국은 철장갑을 갖춘 최신 포함과 근대화 함대를 갖췄다. 청은 '정크선'이라는 구식 목선에 240년 전에 주조한 구식 대포를 장착한 수준이었다. 청의 정크선은 영국군의 포격에 모조리 격침됐다. 결국 영국 해군이 남경으로 접근하자 청조는 다급하게 영국의 요구를 들어주며 전쟁을 매듭지었다. 사실상 항복이나 다름없었다.

아편전쟁 결과, 청과 영국이 체결한 남경 조약은 세계사에서 '제국주의 시대의 대표적인 불평등 조약'의 효시로 기록됐다. 애초 영국이 제시한 청의 배상금 3천만 달러를 9백만 달러로 삭감하는 것 외에는 영국의 요구를 다 수용했기 때문이다. 이 조약으로 영국은 99년 동안 홍콩을 할양받았다. 아울러 광주, 상해 등 5개 항구도 개항됐다.

아편전쟁의 패배로 청은 덩치만 컸지 힘은 없는 늙은 용으로 간주돼 서구 열강의 침략에 무차별적으로 짓밟혔다. 아울러 중국인에겐 어떤 식으로든 서구 문물을 새롭게 받아들여 재기하지 않으면 안 된다는 점을 각성시켰다. 아편전쟁은 다음과 같이 평가할 수 있다.

1) 식민 제국주의 전쟁 가운데 가장 추악한 전쟁
2) 제국주의 침탈에 대해 아시아 최대국가가 실행한 반제 투쟁이자 방위 전쟁
3) 그러나 가해자인 식민 제국주의의 압도적 무력에 의해 피해자 반제국가가 패배
4) 그 결과, 역사상 대표적인 불평등 조약을 외형적인 결과물로 남김

5) 그러나 이후 중국의 반제국주의-민족주의-사회주의로의 전환
   점이 됨

아편전쟁에 대해선 영국 안에서도 매우 잘못된 전쟁이라는 여론
이 적지 않았다. 나중에 자유당 당수를 거쳐 수상이 된 윌리엄 글래드
스톤은 "이다지도 부정한 전쟁, 영원히 불명예가 될 전쟁을 나는 아직
알지 못하고, 읽은 적도 없다"며 법안 반대 연설을 했다. 그러나 반대
여론에도 불구하고 전쟁 자체를 막는 데는 실패했다. 전쟁의 피해자
인 중국 인민은 다른 방법을 찾아야 했다.

대국굴기大國堀起, 큰 나라가 실패를 맛본 뒤 그것을 딛고 재기하는
장대한 드라마는 중국에서 그렇게 시작됐다. 그 길은 1세기 동안 숱
한 인민이 엄청난 희생을 치러야 할 만큼 멀고도 험난했다.

곱하기 10억의 논리로
집권한 공산당

"상하이 공장 노동자들을 학살하라는 장제스의 명령이 떨어진 지 사흘 뒤인 1927년 4월 15일부터 18일까지 광동에서는 많은 공산주의 및 대중조직이 반동분자들에 의해 깨졌고, 총파업을 막기 위해 많은 사람들이 체포됐다. 노동조합 간부들이 모두 검거되고 중산대학교에서도 300여 명이 잡혀갔으며 200여 명이 처형됐다."

―김산, 『아리랑』

한 세기에 네 가지 체제를 실험한 중국

중국은 1900년대 이후 현재까지 1세기 넘도록 네 가지 체제를 숨가쁘게 실험해오고 있다. 왕정-공화정-사회주의-'중국 특색의 사회주의'가 그것이다.

20세기가 갓 밝았을 무렵, '종이호랑이' 신세가 된 중국은 여전히 전제정치 아래 신음하고 있었다. 1911년 쑨원의 주도로 신해혁명에 성공해 불완전하나마 민주주의를 실험할 기회를 잡았다. 그러나 막강한 서구 세력과, 중국을 통째로 삼키려는 일본의 숨가쁜 침략 속에서 기회를 제대로 살리지 못했다. 곧 중국은 국가의 생존을 위해 양자택일해야 했다. 지배계급의 전통을 계승하고 자본주의체제로 나아가려는 장제스의 국민당인가? 피지배계급 혁명으로 공산주의체제를 밀어붙이려는 공산당인가?

선제공격에 나선 것은 국민당이었다. 국민당 북벌군 사령관 장제스는 1927년 4월 상하이를 비롯한 중국 전역의 국민당 군대와, 상하이 '청방' 조직을 동원해 대대적인 좌익 척결에 나섰다. 노동운동이 활발했던 상하이를 비롯해 중국 전역에서 노동운동가, 비밀공산당원, 대학생, 지식인 등을 무더기로 체포해 고문하고 살해했다. 당시 장제스는 공산당 세력이 우세해지자 더욱 불안감에 사로잡혔다. 게다가 중국 경제를 지배하던 '절강재벌(현재의 저장성과 장쑤성을 근거지로 성장한 자본가들. 장제스의 처가가 절강재벌의 대표가문이었다)'은 물론, 중국에 이권을 쥔 열강으로부터 '공산당을 처리하라'는 압력도 더해졌다. 1924년 쑨원의 주도로 성사된 제1차 국공합작은 이렇게 깨졌다.

공산당은 국민당의 백색 테러로 당원수가 6만 명에서 6분의 1 선으로 줄어들었다. 공산당 지도부는 검거 선풍이 몰아치는 도시를 떠나 농촌과 변경으로 후퇴했다.

그러나 북벌에 성공한 국민당과 맞서 싸운다는 것은 계란으로 바위 치기나 다름없었다. 중국 현실에 맞는 새로운 혁명이론과 방법이

1945년 무렵의 마오쩌둥(왼쪽)과 장제스(오른쪽).

필요했다. 이 과정에서 농민들이 장기적인 게릴라전을 벌여 '농촌으로부터 도시를 포위하는 전술'을 써야 한다고 주장한 마오쩌둥이 당내 주도권을 잡았다.

권력은 총구에서 나온다

마오쩌둥은 애초 개혁주의자로 출발했다가 거듭된 시행착오로 좌절을 경험한 뒤 폭력혁명만이 유일한 방법이라는 결론을 내렸다.

"권력은 총구에서 나온다."

무엇보다 마오는 실천을 통해 자신의 혁명이론을 증명하는 데 매우 뛰어났다. 그는 혁명이 계급투쟁을 기초로 자본주의에 대항하는 세계적인 운동이라는 레닌의 개념을 받아들이면서도 중국적 현실을 토대로 삼았다. 마오는 특히 중국의 농업 실태와 그 가능성에 대해 매우 예리한 통찰력을 가지고 있었다. 결국 일시적인 봉기를 통해 도시를 장악하는 것으로는 국민당을 이길 수 없다고 보고, 인력 충원과 식량 공급이 동시에 가능한 농촌을 근거지로 군대를 발전시켜야 승리할 수 있다고 주장했다.

마오의 혁명 전략은 1931년 '강서소비에트공화국'에 적용된 후 1934년의 '대장정大長征'을 거쳐 공산당의 기본노선으로 자리잡았다. 국부군의 대대적인 공산군 토벌작전을 피해 중국 남부에서 서북부 산시성으로 근거지를 옮기는 대장정은 10만 명으로 시작했지만 1년 뒤 4,000~8,000명만 옌안에 도착하면서 마무리됐다. '홍군'으로 불리는 공산군은 하루에 약 25킬로미터씩 총 9,000여 킬로미터를 강행군

1930년 무렵 병사들을 시찰 중인 장제스.

하면서도 대지주의 토지를 몰수해 농민들에게 재분배하고, 빈농을 지원하는 등 공산혁명을 확산시켰다. 마오는 농민들의 인심을 얻기 위해 이런 지시를 내렸다.

"빈농의 물품을 절대 몰수하지 마라."
"빌려 쓴 물건은 모두 돌려주고 망가진 것은 전부 변상하라."

역경 속에서도 농민들의 광범한 지지가 잇따르자 마오의 지도권은 강화되고 홍군은 더욱 강해졌다.

인민해방군 공산당

그 무렵 국민당은 권력의 절정에서 내려오기 시작했다. 국민당은 북벌 과정에서 대중의 지지로 상당한 에너지를 충당했지만, 백색 테러 이후 밑으로부터의 지지가 급격히 사라져버렸다. 1929년 말 국민당 당원은 전국적으로 55만 명에 지나지 않았다. 그중 28만 명은 군인이었다. 권력을 독점한 국민당 간부들은 "관리가 되어 부자가 되자"며 사익을 챙기기에 바빴다. 당은 유괴, 납치 같은 암흑가의 수단까지 동원해 상인들에게 거액의 기부금을 뜯어냈다. 장제스마저 이렇게 탄식할 지경이었다.

"중국혁명은 실패했다."

그런데 일본의 중국 침략이 변수로 등장했다. 1935년 일본군이 중국의 화베이 지방을 침공하자, 항일운동이 전국적으로 확대됐다. 그 와중에 공산군 토벌을 독려하기 위해 시안을 방문한 장제스를 국부

1949년 10월 1일, 마오가 톈안먼 성루에서 중화인민공화국 중앙인민정부의 창립을 선포했다.

군이 구금하는 이른바 '시안 사건'이 벌어졌다.

시안에 파견돼 산시성 일대의 공산군과 대치하던 장쉐량이 장제스를 인질로 잡고 "내전중지" "일치항일"을 호소하고 나선 것이다. 결국 장제스는 굴복했다. 1938년 일본군이 노구교 사건을 일으킨 뒤 베이징, 텐진, 상하이를 공격하자 제2차 국공합작이 성립됐다. 국민당과 공산당은 힘을 모아 일본에 맞서며 중일 전쟁에 돌입했다.

제2차 세계대전이 끝났을 때, 외형적으로는 여전히 국민당이 우세했다. 국부군 병력은 400만 안팎인 데 반해 공산군은 120만에 지나지 않았다. 게다가 공산주의와의 경쟁을 염두에 둔 미국이 대대적으로 국부군을 지원했다. 그러나 마오는 자신에 차 있었다.

"장제스는 미국의 지원을 받고 있지만 인민이 장제스에 반대한다.

중국 공산화 과정

1911년 10월	신해혁명. 청조 멸망, 중화민국 탄생
1919년 5월	5.4운동(산동성에 대한 독일의 조차지 이양을 요구한 일본에 항의하는 북경대학 학생들의 시위로 시작) → 현대적 의미의 반제국주의, 반봉건주의, 신민주주의 혁명의 기원
1921년 7월	공산당 창당
1927년 4월	중국공산당 제6차 전국대표대회 개최
1927년 7월	국민당과 공산당 결별
1927년 8월	난창에서 중국공산당 무장 봉기
1931년 11월	중화소비에트공화국 수립. 마오쩌둥, 주석 선임
1930년~1934년	국민당의 공산당 토벌 시작
1933년 10월	국민당 50만 병력과 비행기 200대를 동원, 공산군에 대한 포위망 구축
1934년 10월	공산군 서금 탈출, 서북방으로 이동하면서 대장정 시작
1946년 1월	국공내전
1949년 4월	공산당의 창강도하작전 후 국민당군 궤멸
1949년 10월 1일	중화인민공화국 건국

국부군은 사기가 낮지만 우리 군은 그렇지 않다. 국민당 지역의 경제는 곤란하지만 우리 경제는 건전하므로 궁극적으로 우리가 이긴다."

내전 초기 한때 국부군은 공산당이 지배하던 200여 개 현과 도시를 접수했다. 하지만 국민당 지배 지역에서 인플레이션이 발생했다. 또 원조의 대가로 중국 시장을 미국에 개방하는 것에 민족자본가들이 불만을 터뜨렸다. 이 기회를 틈타 공산당은 농민들을 설득하면서 토지를 농민들에게 나눠줬다. 난생 처음 토지를 손에 쥔 농민들은 국공내전을 "지주에 대한 싸움" "농민들의 계급 이익을 위한 싸움"으로 인식하기 시작했다. 이 기세를 타고 군대 이름을 '인민해방군'이라 바꾼 공산당은 대대적인 반격에 나서 결국 1949년 국민당을 대만으로 몰아냈다.

중화인민공화국의 창업자 마오쩌둥은 인민의 뜻을 제대로 읽고 하나로 모으는 이른바 '곱하기 10억의 논리'로 권력을 장악했다. 이제 마오 앞에는 이룩한 것을 '나누기 10억의 논리'로 인민들에게 나눠주는 시험이 기다리고 있었다. 그것은 결코 만만한 싸움이 아니었다.

위로부터의 급진적 개혁, 메이지 유신

"어느 곳을 살펴도 땅에서 생산하는 것은 없다. 다만 석탄과 철이 있을 뿐. 제작품은 모두 다른 나라에서 (원료를) 수입해 그것을 (가공해) 다른 나라에 수출하는 것뿐이다. 물품은 언제나 들은 것보다 훨씬 융성했고 가는 곳마다 검은 연기가 하늘에 가득했다. 왜 영국이 부강한지 그 이유를 확실히 알 수 있었다."

―오쿠보 도시미치, '이와쿠라 사절단' 전권부사

봉건국가 일본의 개항

막부 통치하에 있던 일본에 미국 동인도 함대사령관 페리 제독이 나타난 것은 1853년이다. 일본은 우람한 최신 함대와 일제히 포문을 연 대포의 위용에 질렸다.

19세기 동아시아에 밀어닥친 서구 제국주의와의 교섭에 말려든 나라는 둘 중 하나였다. 스스로 급속히 자본주의화하든가, 아니면 식민지로 전락하든가. 일본도 이 도전 앞에서 격렬한 갈등을 빚었다. 낡은 봉건제도를 어떻게 극복할 것인가? 개국인가, 쇄국인가?

1854년 페리 함대는 다시 일본에 와서 미일 화친조약을 맺었다. 그 결과, 미국 선박의 기항지로 2개 항구 개항, 미국 영사의 주재권 등을 얻어냈다. 일방적 최혜국 대우도 포함됐다. 곧이어 영국, 러시아 등이 기다렸다는 듯 조약을 강요하고 나섰다.

개국 결과, 막부 독재는 파탄나기 시작했다. 이전까지 천황에게 주요 국사조차 보고하지 않던 막부는 자신감을 잃고 천황에게 보고를 하고, 다이묘(영주)들에게 대책을 자문하는가 하면 일반 인민에게도

의견을 진술케 했다. 일본 역사상 처음 벌어진 일이다. 새로운 시대를 모색하는 다양한 정치권력이 등장했다. 천황의 권위도 서서히 부활했다. 이런 상황에서 막부는 외세에 눌려 미국, 러시아, 영국 등과 차례로 통상조약을 체결했다. 1859년 가나가와(나중에 '요코하마'로 바뀜), 나가사키 등의 항구가 무역항으로 개방됐다. 생사, 차, 해산물 등의 수출이 급증하고 각지에서 공장제 수공업과 상농업이 활발해졌다. 부작용도 심각했다. 쌀을 비롯한 각종 물자가 해외로 빠져나가면서 물가가 폭등했다. 이에 따라 특히 빈농과 도시 민중, 하급 무사의 생활난이 심각해졌다. 막부들이 무기를 대량 수입해 재정난이 심각해지자 인민을 더욱 쥐어짰다.

막부의 몰락, 천황제의 복원

결국 천황의 권력을 회복시키고 외국 세력을 배척하자는 존왕양이尊王攘夷파가 득세했다. 무사, 지주, 부농, 도매상, 지식인 등으로 이뤄진 이 세력은 천황을 움직여 막부가 외국 세력을 배척하게 하는 한편, 독자적으로 세력을 규합해 막부를 공격했다. 그러나 압도적인 외국 세력의 압력에 개국은 불가피했다. 그 무렵인 1866년 5월, 물가 폭등과 군자금 모금을 위한 세금에 반발해 효고, 오사카에서 폭동이 일어났다. 체포된 도시민은 "이 소동의 원흉은 쇼군"이라고 비난했다. 반막부 분위기가 몹시 팽배했다. 마침내 1868년, 260년간의 막부 시대가 막을 내리고 왕정복고에 성공했다.

권력을 잡은 메이지 유신정권은 중대한 결정을 내렸다. 1871년 메

이와쿠라 사절단 지도부.

이지 정권은 이와쿠라 도모미를 전권대사로 50여 명의 사절단을 편성해 미국과 유럽에 파견했다. 이와쿠라 사절단의 목적은 구미 국가와의 조약 개정을 위한 예비교섭과, 서양 선진문명 시찰로 새로운 일본 건설에 참고하는 것이었다.

그러나 미국은 예비교섭을 아예 받아주지 않았다. 사절단의 목적은 오직 친선과 시찰 중심으로 바뀌었다. 사절단은 미국에서 유럽으로 건너가 영국, 프랑스, 네덜란드 등 유럽 국가를 빠짐없이 시찰했다. 이처럼 한 나라 정부 최고 수뇌부의 절반이 선진 문물을 배우러 2년 동안 시찰을 떠난 것은 역사적으로 유례를 찾아보기 힘들다. 사절단은 일본이 나아갈 국가의 표본으로 '황제 권력이 강하고' 문무관료가 지배하는 프로이센을 주목했다.

국가가 앞장선 근대화

이후 국가 주도로 근대화를 추진했다. 새로운 헌법이 채택되고 의무교육제를 실시했다. 유럽식으로 군대를 개혁하고 젊은 장교들을 서양의 육·해군사관학교에 유학 보냈다. 이와 함께 근대적 은행제도를 설립하고 새로운 토지 조세제도를 마련했다. 관료 독재를 뒷받침하기 위해 강력한 경찰국가 시스템도 도입했다.

일본은 행정·군사·교육·문화·산업 등 모든 방면에 걸쳐 서양 근대문명을 급속히 성취해나갔다. 그 결과, 1910년대에 몇몇 경제 및 산업지표상 이탈리아나 러시아와 견줄 정도가 됐다. 강대국의 말단 자리에 이름을 올려놓은 것이다.

특히 군사력 면에서 매우 빨리 강대국 대열에 진입했다. 1910년

천황의 위엄을 부여하기 위해 나폴레옹을 모방한 메이지 천황.

<h2 style="text-align:center">일본 근대화 과정 및 메이지 유신</h2>

1853년	미국 동인도 함대 사령관 페리 제독의 흑선 등장(우라가 항), 개국 및 통상 요구
1854년	미-일 화친 조약(시모다-하코다테 개항, 영사관 설치)
1858년	미-일 수호 통상 조약(일본 최초의 불평등 조약). 영국·러시아·네덜란드·프랑스와도 통상 조약 체결
1867년	도쿠가와 막부의 정권 반납(대정봉환)
1868년	메이지 천황의 왕정 복고 선언. 메이지 정부 수립. 5개조 서약문(근대화 선언)
1869년	도쿄 천도. 판적봉환, 관제 개혁, 신분제 개혁
1871년	폐번치현의 칙서, 신화폐 제도. 유럽과 미국으로 이와쿠라 사절단 파견
1872년	서구식으로 학제 개편
1873년	징병제, 조세 개정 실시
1876년	폐도령으로 무사 계급 해체
1885년	내각제 채택
1889년	대일본제국 헌법 제정

해군력은 오스트리아는 물론 이탈리아, 러시아를 제쳤다. 일본의 근대화는 곧 군국주의화-제국주의화를 향해 달려가고 있었다.

아시아가 위험해지고 있었다.

천황 중심의 군국주의-제국주의

"지금 일본은 국력의 기반을 다져야 한다. 어느 날 틀림없이 찾아올 동양에서의 기회를 엿보면서 기다려야 한다. 그리고 그날이 왔을 때 일본은 스스로의 운명을 결정하게 될 것이다."

—하야시 곤스케 남작, 1894년

메이지 정부의 대외 진출 야심

일본이 근대화를 추진하면서 최종적으로 어느 방향으로 갈지는 1868년 메이지 유신 때부터 이미 예고돼 있었다. 존왕양이파 이론가 요시다 쇼인은 일찍이 옥중 서한에서 이렇게 주장했다.

"국력을 배양해 손쉬운 조선, 만주, 지나(중국)를 취해 …교역에서 러시아, 미국에게 잃은 것을 토지로서 조선, 만주로부터 보상받아야 한다."

메이지 정부에는 요시다를 추종하는 제자들이 득실거렸다. 이와쿠라 사절단을 이끌고 귀국한 뒤 조선 침략을 주도한 이토 히로부미를 비롯해, 정한론을 가다듬은 기도 다카요시, 메이지 헌법 발포 뒤 총리대신에 오른 야마가타 아리토모 등이 모두 그의 제자들이었다. 그들은 서구 열강을 모방해 부국강병을 이뤄 대외로 진출하자는 야심에 불타 있었다.

<h2 align="center">일본 제국주의의 전개</h2>

1868년	메이지 정부 수립
1873년	징병제 시행
1874년	류큐 합병, 타이완 출병
1876년	강화도 조약 체결(조선 침략의 발판)
1882년	군인칙유로 군비 증강
1894년	청일 전쟁. 타이완 합병
1904년	러일 전쟁
1910년	조선의 국권 강탈
1931년	만주사변
1933년	국제연맹 탈퇴
1937년	독·이·일 3국 방공 협정 체결, 중일 전쟁
1941년	진주만 기습(태평양 전쟁)
1942년	싱가포르, 필리핀, 버마 등 점령
1945년	히로시마·나가사키에 원자폭탄 투하, 소련의 대일(對日)참전, 일본 제국 패망

1889년의 대일본제국 헌법 발포식.

일본은 형식적으로는 행정부인 내각, 입법부인 제국의회, 사법부인 재판소가 규정돼 있었다. 하지만 모두 천황의 통치를 돕는 분업기관일 뿐이었다. 천황은 통치권력과 함께 경제적으로 막강한 부를 독점했다.

메이지 정부는 서구 국가의 모방과 동시에 내부 무장 세력으로부터 정권을 지키는 일도 시급했다. 19세기 중반 이후 각 지역마다 무장을 강화한 결과, 내부의 압력이 심각하게 높아져 있었다. 천황과 특권계급에 재산이 심하게 쏠린 것도 큰 불안요인이었다.

이 모든 비정상적인 상황을 돌파하기 위해 일본 지도자들은 사악한 해결책, 대외 팽창을 내놨다. 그 결과 일본은 근대화를 다 이루지 못한 채 대만과 조선 침략에 나섰다.

태평양 전쟁 패배로 군국주의 종식

1937년 일본은 결국 세계대전으로 치달았다. 대전 초기 일본은 영국, 프랑스 등 유럽 세력을 간단히 누르고 승승장구를 거듭했다. 그러나 전쟁 비용이 기하급수적으로 늘었다. 미국이 석유 및 철광석의 대일 수출을 금지시키면서 상황은 더욱 악화됐다. 1941년 일본은 진주만 공격으로 미국에 결정타를 가한 뒤, 남방에서 석유와 지하자원을 확보해 전쟁을 승리로 이끌려 했다.

그러나 세계 초강대국으로 부상하는 미국과 소련을 상대로 한 전쟁은 차원이 달랐다. 소련은 1939년 몽골 노몬한에서 일본군을 패퇴시켰다. 소련의 덩치 큰 T형 탱크의 화력은 일본군을 충격에 빠뜨렸

1941년 12월 7일, 일본의 하와이 진주만 기습.

다. 게다가 미국은 진주만 공격 직후 고전하다가 모든 면에서 일본을 압도했다. 결국 일본은 태평양을 비롯한 전 전선에서 밀리다가 1945년 히로시마, 나가사키에 원폭을 맞고 무조건 항복했다.

그런데도 미국은 제2차 세계대전 후 소련과 중국, 북한을 견제하기 위해 일본을 부흥시키는 전략을 채택했다. 이로써 일본의 군국주의 청산이라는 과제는 미완으로 남았다. 식민주의정책과 아시아 침략, 제2차 세계대전에 대해 가장 무거운 책임을 져야 하는 일본 천황제는 변형된 채 살아남았다. 결국 일본의 진정한 사죄와 전후청산이 이뤄지지 않은 채 21세기로 넘어갔다.

2장

인도와 중동의 근대적 성장

● 인도의 근대화: 간디, 비폭력으로 제국주의를 타격하다

●오스만 제국의 해체: 오스만 제국에서 석유수출국기구로, 현대 중동의 역사

간디, 비폭력으로 제국주의를 타격하다

"인도를 지배하는 한 우리는 언제나 세계 최대 강국일 수 있다. 인도를 잃는다면 영국은 즉시 삼류 소국으로 전락할 것이다. 그리고 일단 인도를 잃으면 나머지 식민지는 아무런 가치도 없다."

—조지 커즌, 영국 로이드 조지 내각의 외무장관

식민지 인도의 희생

대영제국의 절정기였던 빅토리아 왕조 때 인도는 영국 면제품의 최대 수출시장이었다. 인도의 영국 면제품 수입은 갈수록 늘어 1880년에는 미국, 독일, 네덜란드를 합친 양의 3배가 넘었다. 사실상 인도가 영국을 '먹여 살린' 셈이다.

그뿐만이 아니다. 제1차 세계대전에 참전한 영국군 390만 명 중 150만 명이 인도 동원병이었다. 동원병에 들어가는 전쟁 비용은 인도 식민정부가 충당했다. 식민지 인도의 희생이 없었다면 영국은 세계대전에서의 승리가 요원했을 것이다. 그렇기에 영국은 인도에서 빨아들이는 부와 번영을 끝까지 돌려주지 않으려 했다.

"셰익스피어는 인도와도 바꾸지 않겠다"는 영국 역사가 토머스 칼라일의 말은 사실 헛소리에 지나지 않았다. 18세기 이후 인도의 독립투쟁에 영국이 무력을 앞세워 강경책을 고수한 것은 막대한 이익이 걸려 있었기 때문이다.

영국이 인도에 비해 얼마나 강력한 무력을 가지고 있었는지는 어렵지 않게 알 수 있다. 1757년 벵골 지방에서 영국군과 벵골군이 맞붙은 플라시 전쟁 때, 영국군 단 3,000명이 벵골군 5만 명을 물리쳤다. 영국군 중 백인은 단지 1,000명뿐이었고 나머지는 인도 용병들이었다. 150여 년 후 영국의 지배가 공고해진 20세기 초, 인도는 어떻게 영국에 맞섰을까? 어떻게 독립을 쟁취했을까?

간디의 새로운 길

1918년 제1차 세계대전이 연합국의 승리로 끝나자 독립은 인도인에게 가장 절박한 과제가 됐다. 특히 인도 국민회의 지도부는 전쟁 뒤 자치(스와라지)를 보장받을 것이라 믿고, 제1차 세계대전에 엄청난 병력과 자금을 동원하며 협력했기에 기대가 클 수밖에 없었다. 그러나 영국은 무력과 술수로 대응했다. 1919년 4월 펀자브에서 평화적으로 집회를 여는 민간인에게 영국군이 20여 분 동안 기관총을 난사했다. 이 '암리차르 학살'에서 인도인 수백 명이 죽고 부상당했다. 같은 해 영국은 '인도통치법'을 만들어 사실상 인도의 자치권을 부정했다.

인도인들은 격분했다. 그동안의 입장을 바꿔 단숨에 영국으로부터의 '완전독립'을 목표로 투쟁에 돌입했다. 이제 인도인들은 하나로 뭉쳐 최상의 독립운동을 벌여야 했다. 과거처럼 전쟁을 일으킬 것인가? 아니면 또 다른 길을 갈 것인가?

이 절체절명의 국면에서 모한다스 카람찬드 간디는 '비폭력·불복종'이라는, 이제까지 그 어느 나라 어느 역사에도 존재하지 않은 투쟁의 길을 걸었다. 그는 영국에 즉각 반격하거나 직접적인 정치 행위를 하지 않았다. 보다 근원적인 길, 즉 영국을 '물질'과 '영혼' 양면에서 타격하는 방법을 찾아낸 것이다. 간디는 전국적인 영국 상품의 배격, 파업, 납세 거부 등의 불복종운동을 비폭력·평화주의 원칙 아래 실행해야 한다고 호소했다.

영혼의 전쟁, 위대한 혁명

간디의 지도에 따라 수천 년 동안 글도 모른 채 살아온 인도 민중은 함께 전진해 영국 진압부대의 몽둥이에 얻어맞고 쓰러지는 유례없는 비폭력 시위를 벌였다.

인도 민중은 간디가 물레를 돌리면 함께 물레를 돌리면서 영국 상품 배척운동에

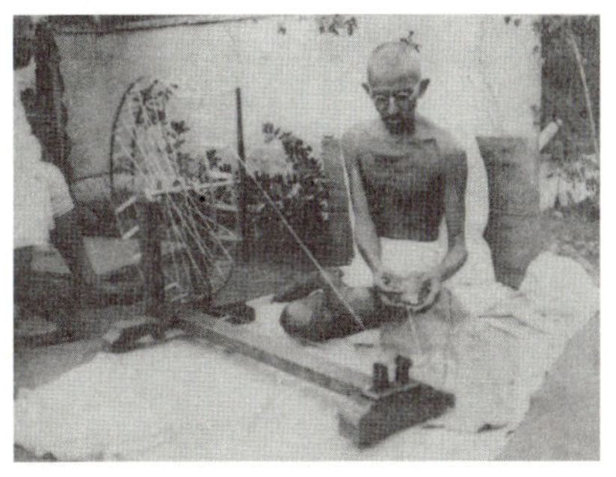

간디는 '비폭력·불복종'이라는, 그 어느 나라 어느 역사에도 존재하지 않은 새로운 반제국주의 투쟁의 길을 걸었다.

나섰다. 영국 식민당국은 충격에 빠졌다. 300년이라는 제국주의 역사에서 한 번도 상대해보지 않은 이상한 '적'이었다. 불결하기 짝이 없고 다민족·다종교로 갈가리 찢겨져 제대로 된 목소리를 내지 못할 것 같던 인도인은 한 사람 아래 똘똘 뭉쳐 인간의 존엄성을 증명했다.

당황한 영국 정부는 가능한 모든 수단을 동원해 간디의 혁명을 저지했다. 분리통치를 실시하겠다면서 이슬람연맹을 회유하는가 하면, 집회와 시위를 강력 진압해 유혈사태에 휘말려들도록 유인하기도 했

다. 우여곡절을 겪기도 했지만 간디는 비폭력 · 불복종 혁명을 흔들림 없이 밀고 나아갔다. 영국은 점점 더 견디기 힘들어졌다. 이제 인도 독립은 사실상 시간문제였다.

간디의 대영 독립 투쟁은 세 가지 혁명의 성격을 띤다.

1) 식민주의에 대한 혁명
2) 인종주의에 대한 혁명
3) 폭력에 대한 혁명

불행하게도 간디 등 지도부가 투옥된 동안 힌두교와 이슬람교는 분리독립으로 치달았다. 1947년 8월 15일 인도는 평화적으로 독립했지만, 하나의 인도가 아니라 이슬람교의 파키스탄과 힌두교의 인도로 분리됐다. 다시 불교의 실론(스리랑카)도 나눠졌다. 그래도 간디는 희망을 잃지 않고 마지막까지 통합을 호소하다가 1948년 힌두교 광신도의 총격을 받고 사망했다.

간디의 혁명은 좁은 관점에서 보면 '미완의 혁명' '실패한 혁명'으로 치부될 수 있다. 하지만 반인간적, 반생명적 체제에 비폭력 · 불복종으로 맞서서 얼마나 당당히 성공할 수 있는지 증명해 보였다는 점에서 여전히 '위대한 혁명'이다.

오스만 제국에서 석유수출국기구로, 현대 중동의 역사

"영국은 (중동의) 이 '모래지옥'에 발을 들이밀지 않으면 안 될 사정이 있었다. 바로 석유였다. 이미 제1차 세계대전 이전인 1911년 해군장관이 된 윈스턴 처칠은 제국 해군의 연료를 석탄에서 석유로 바꾸는 작업에 본격적으로 착수했다. 게다가 제1차 세계대전을 통해 동력화가 촉진됨으로써 석유야말로 세계 지배를 결정하는 핵심 요소라는 것이 명확해졌다."

―나가니시 테루마사, 『대영제국 쇠망사』

늙은 사냥감

오스만 투르크는 유럽 문명의 대공세 속에서도 유일하게 중동 오리엔트의 영토와 자존심을 지킨 마지막 보루였다. 제국은 말기의 개혁 노력이 별다른 성과를 맺지 못한 가운데 제1차 세계대전에서 독일-오스트리아의 추축국에 가담함으로써 돌아올 수 없는 다리를 건넜다. 독일-오스트리아 추축동맹에 맞선 영국과 프랑스는 적국이 된 이 '늙은 사냥감'을 거꾸러뜨리고, 막 뜨기 시작한 석유를 확보하기 위해 교묘한 '분할통치' 전술을 동원했다.

사냥감을 해체하기 위해선 먼저 거꾸러뜨려야 한다. 영국과 프랑스의 외교관과 총독부 관리들이 중동에서 오스만 투르크를 향해 칼을 들이밀 아랍의 전통적인 술탄과 샤리프('고귀한 사람'이라는 뜻. 무함마드의 후손)들을 만나 '통일 아랍국가의 독립'이라는 매혹적인 약속을 남발했다. 영국의 이집트 주재 고등판무관 맥마흔은 1915년 7월부터 1916년 3월에 걸쳐 메카의 샤리프 후세인과 서한을 주고받으면서 "오스만 제국 아래 아랍에서 아랍 국가의 독립을 승인할 것이며. 그

싸움을 지원할 것"이라고 합의했다. '맥마흔 서한'이었다.

샤리프는 합의를 지켰다. 1916년 6월 메카의 오스만 수비대를 공격하면서 아랍 반란을 일으켰다. 샤리프 후세인의 아들 파이잘이 이끄는 아랍군은 시리아로 진격해 1917년 10월 아시리아의 고대 도시 다마스쿠스에 입성했다.

제국주의의 도마 위에 놓인 아랍

그러나 제1차 세계대전에서 한편이었던 영국과 프랑스, 러시아 세 나라는 1916년 5월 비밀회담을 갖고 종전 뒤에는 영국과 프랑스가 각각 이라크와 시리아를 세력권에 넣고 팔레스타인을 국제 관리로 한다는 내용의 사이크스-피코 협정을 맺었다. 이 비밀협약은 1917년 11월 러시아 혁명정부가 '제국주의 국가의 밀약'이라는 비난과 함께 폭로함으로써 세상에 알려졌다.

그뿐만이 아니었다. 영국은 1917년 11월에 밸푸어 외상의 이름으로 세계적인 유대인 거부 로스차일드 남작에게 '팔레스티나에 유대인의 국가를 수립하는 것'을 찬성한다는 내용의 서한을 보내고 있었다. 제1차 세계대전에 들어가는 막대한 전쟁 비용을 위해선 세계적인 금융재벌 로스차일드 가문을 비롯해 유대인 금융가들의 자금 지원이 절실했기 때문이다. 아랍 세계에 대해 제국주의 영국은 서로 모순되고 충돌하는 약속을 3개나 남발했던 것이다. 한 입으로 두 말을 하는 '일구이언'이 아니라 세 말을 하는 '일구삼언'이었다.

'아랍의 독립'은 배신당하고 아랍은 사냥감으로 제국주의의 도마 위에 얹혀져 갈가리 찢겼다. 영국과 프랑스가 마구 그어대는 칼질 아래 한때 지리, 문화, 민족적으로 하나였던 공동체는 새로운 국경과 새로운 국가로 뿔뿔이 해체됐다. 사우디아라비아, 이라크, 시리아, 레바논, 팔레스타인, 트랜스 요르단은 그렇게 생겨났다. 팔레스타인에 다시 이스라엘이 들어섰음은 말할 필요도 없다.

중동은 서구 세력의 제국주의적인 간섭에 50여 년 동안 농락당한 후 석유의 힘으로 서구에게 복수할 수 있었다. 그러나 그 복수의 가장 큰 피해자는 일본, 한국 같이 중동의 석유에 절대적으로 의존하는 동아시아의 비산유국이었다.

7부
제국주의와 세계대전

산업화에 성공한 서구 열강은 아프리카와 아메리카, 아시아에 진출해 자원을 약탈하고 여러 나라를 식민지로 삼았다. 아프리카 파쇼다에서의 영국군과 프랑스군의 충돌을 비롯해 식민지 독점을 위한 각국의 경쟁은 더욱 치열해졌다. 1884년 베를린에 모인 미국과 유럽 열강 대표들은 식민지에서 불필요한 상호경쟁을 줄이자고 협의했다. 서구의 침략 속도를 그나마 늦춘 건 치명적인 열대 풍토병 '말라리아'였는데, 특효약인 키니네가 1850년에 발견되면서 연약한 방어막마저 허물어졌다. 원시적 무기를 들고 저항하는 원주민들이 신무기인 기관총으로 무장한 서구 병사들에 맞서는 건 불가능했다. 오늘날 지도를 보면 알 수 있듯 제국주의의 희생양이 된 아프리카는 면도칼에 베이듯 찢겨졌다.

아메리카나 아프리카 못지않게 강대국의 이권이 강렬하게 충돌했던 발칸 반도의 상황은 시한폭탄처럼 위태로웠다. 세르비아의 민족주의자가 오스트리아 황태자를 향해 총을 쏘며 세계대전의 막이 올랐다. 중립을 유지하던 미국마저 전쟁에 뛰어듦으로써 세계는 아비규환으로 변했다. 춥고 질척한 참호 속에서 적과 대치하는 암울한 상황은 인간에게 깊은 자기혐오와 불신, 좌절감을 안겨주었다. 20세기 중반에 널리 퍼진 실존주의 철학의 밑바탕이 바로 이것이다. 제1차 세계대전에 참여해 패배를 거듭하던 러시아에서는 레닌의 사회주의 혁명이 성공했다. 마르크스와 엥겔스가 꿈꿨던 세상이 실현되는 듯 보였으나 독재자 스탈린이 정권을 잡으면서 혁명은 급격히 변질됐다.

제1차 세계대전이 끝날 무렵 이상주의자 윌슨은 인류의 항구적 평화를 염원하며 민족자결주의 원칙을 천명했다. 이에 고무된 반제국주의 운동이 세계 각지에서 일어났다. 1920년대 엄청난 물질적 풍요를 누리던 미국은 자본주의가 안고 있는 가장 큰 위험을 간과했다. 바로 빚이다. 주식투기로 생긴 거품이 일순간에 꺼졌고 미국은 공황 상태에 빠져버렸다. 이 불황의 여파는 전 세계로 확산됐다. 불안한 경제 상황 속에서 이탈리아, 독일, 러시아에 강력한 지도자를 앞세운 전체주의 체제가 등장했다. 무솔리니, 히틀러가 합법적인 선거에 의해 정권을 획득한 것이다. 파시즘이 위험한 것은 이렇게 대중의 열광적인 지지 위에 서 있기 때문이다. 미국 대공황을 타개한 것은 뉴딜정책이 아니라 전쟁, 즉 제2차 세계대전이었다. 모든 걸 파괴하고 모든 걸 투입해야 하는 전쟁이야말로 생산력을 단기간에 극도로 끌어올릴 수 있는 극약 처방이기 때문이다.

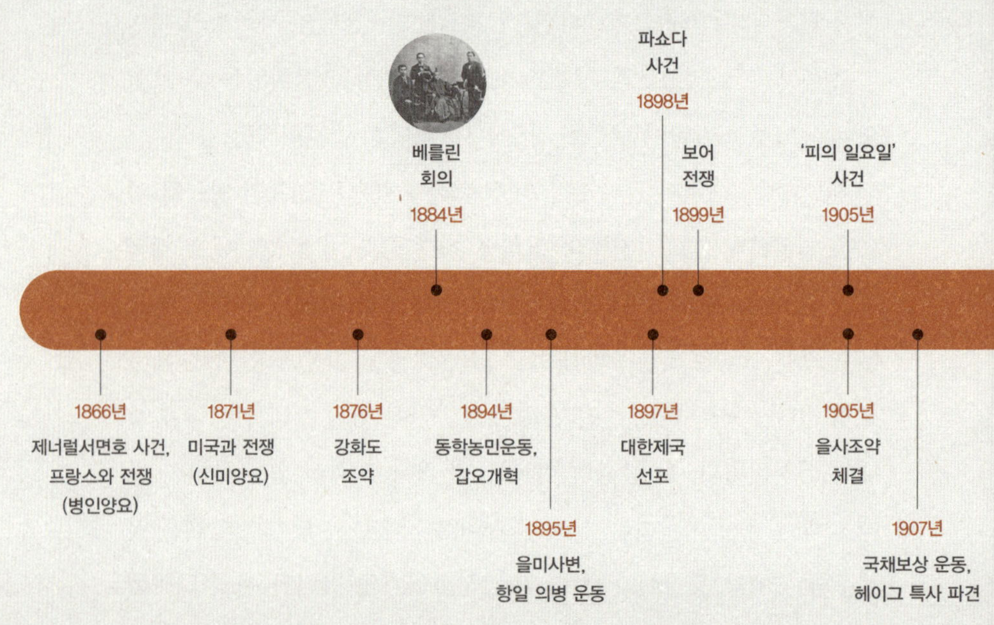

베를린
회의
1884년

파쇼다
사건
1898년

보어
전쟁
1899년

'피의 일요일'
사건
1905년

1866년
제너럴셔먼호 사건,
프랑스와 전쟁
(병인양요)

1871년
미국과 전쟁
(신미양요)

1876년
강화도
조약

1894년
동학농민운동,
갑오개혁

1895년
을미사변,
항일 의병 운동

1897년
대한제국
선포

1905년
을사조약
체결

1907년
국채보상 운동,
헤이그 특사 파견

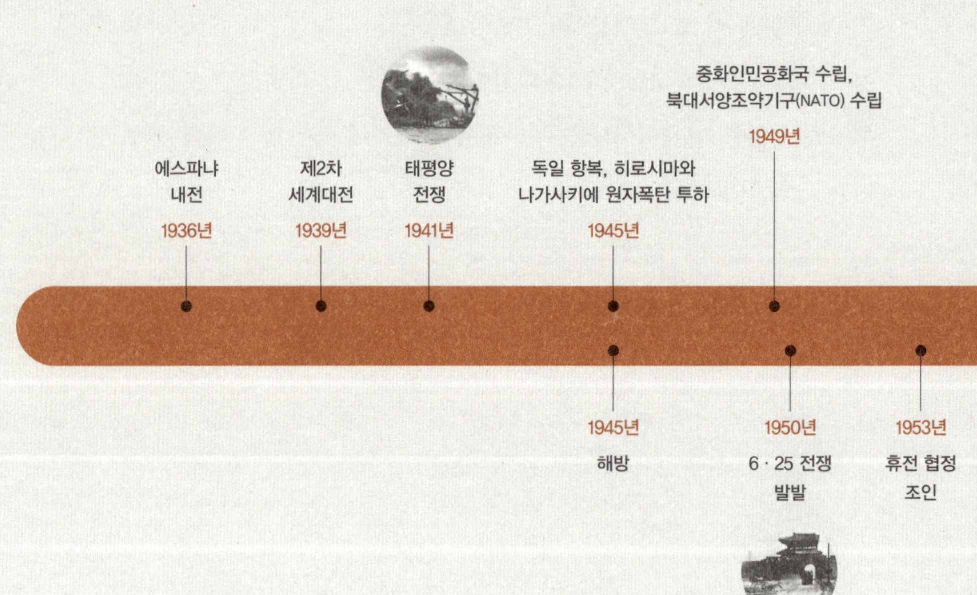

중화인민공화국 수립,
북대서양조약기구(NATO) 수립
1949년

에스파냐
내전
1936년

제2차
세계대전
1939년

태평양
전쟁
1941년

독일 항복, 히로시마와
나가사키에 원자폭탄 투하
1945년

1945년
해방

1950년
6·25 전쟁
발발

1953년
휴전 협정
조인

러시아 혁명,
볼셰비키 정부 수립
(10월 혁명)
1917년

베르사유
조약
1919년

제1차
세계대전
1914년

국제연맹
창립
1920년

미국 경제 대공황
1929년

히틀러, 1당 독재체제 구축
미국, 뉴딜정책
1933년

1909년
안중근,
이토 히로부미
사살

1919년
3 · 1 운동.
대한민국
임시 정부
수립

1920년
봉오동,
청산리 전투에서
일본군 격파

1932년
이봉창,
윤봉길 의거

통킹만 사건으로
베트남전 확전
1964년

문화대혁명
1966년

베트남전 종전
1975년

덩샤오핑,
개혁 개방 정책
1978년

1956년
제3대
대통령
이승만
당선

1960년
제4대
대통령
이승만
당선

1963년
박정희,
대통령
당선

1961년
5 · 16
군사정변

1965년
한 · 일 협정 조인, 일본
과 국교 정상화.
베트남에 전투병 파병

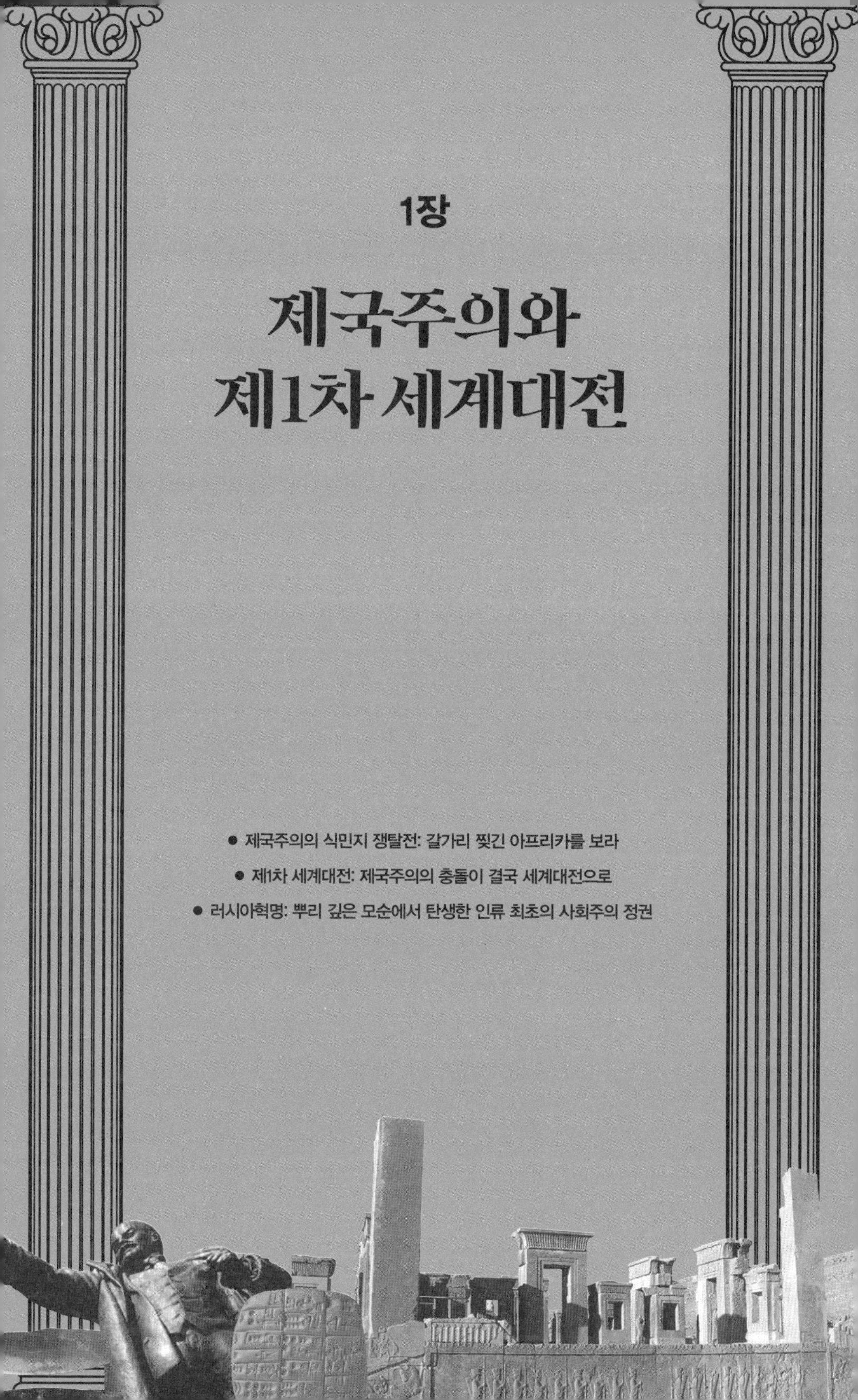

1장

제국주의와
제1차 세계대전

- 제국주의의 식민지 쟁탈전: 갈가리 찢긴 아프리카를 보라
- 제1차 세계대전: 제국주의의 충돌이 결국 세계대전으로
- 러시아혁명: 뿌리 깊은 모순에서 탄생한 인류 최초의 사회주의 정권

갈가리 찢긴 아프리카를 보라

오늘날 극심한 가난과 내란에 시달리는 아프리카는 제국주의가 초래한 참상을 가장 처절하게 겪은 대륙이다. 남북에 걸쳐 알짜 땅을 확보하던 영국과, 동서로 식민지를 개척하던 프랑스가 충돌한 '파쇼다 사건'은 나약했던 아프리카의 절망과 강대했던 제국들의 탐욕을 고스란히 보여준다.

아프리카 쟁탈전

1441년 포르투갈의 선장 안탐 곤살베스는 자신의 후원자인 엔리케 왕자를 "즐겁게 해주려고" 아프리카에서 흑인 남녀 한 명씩을 납치해 바쳤다. 왕자는 특이한 생김새를 지닌 온순한 흑인들을 보고 무척 즐거워했다. 이 사건은 노예무역의 시발점이다. 1550년 무렵 포르투갈 인구의 10퍼센트가 아프리카인이었는데 이중에는 자유민도 물론 포함돼 있지만 대부분 노예였다.

17세기 말 서아프리카 해안을 포르투갈이 점령하면서 본격적인 아프리카 식민지배 시대의 막이 올랐다. 뒤이어 프랑스, 네덜란드, 영국이 식민지 건설에 뛰어들었다. 1652년 네덜란드는 희망봉을 정복하고, 포르투갈은 추가로 모잠비크를, 프랑스는 마다가스카르를 점령했다. 아프리카 동부는 오스만 제국의 지배 아래에 놓였다. 18세기 산업혁명 시대에 유럽 열강은 아프리카를 원료 생산, 노동력 수급, 상품 판매시장으로 활용하기 시작했다.

유럽인에게 아프리카 대륙은 신천지인 동시에 죽음의 땅이기도 했

1914년 무렵 콩고식민지에서 행진하는 벨기에군. 이곳에서는 유럽 열강들이 자주 충돌했다.

다. 지독한 풍토병인 말라리아 때문이다. 말라리아는 식민정책의 속도를 늦춘 유일한 방어막이었다. 그러나 이마저 곧 허물어졌다. 1850년에 말라리아에 특효를 지닌 키니네가 발견되면서 아프리카를 자유롭게 오갈 수 있게 된 것이다. 유럽의 식민정책은 날개를 달았다. 초당 11발을 발사하는 기관총을 장착한 영국군은 활과 창을 든 아프리카 원주민들을 손쉽게 제압했다. 수단을 점령한 한 영국 장교는 이렇게 기록했다.

"단 한 번의 전투로 1만 800명을 사살했다. 아군 피해는 49명뿐이다."

아프리카 대륙에서 콩고와 콩고민주공화국은 중심부에 놓여 있다. 지리적으로 볼 때 열강들이 자주 충돌할 수밖에 없었다. 이곳에서의 영유권을 주장하던 유럽 각국이 불필요한 싸움으로 큰 손해를 보지 않기 위해 협상을 했는데, 바로 1884년 베를린 회의다.

영국, 프랑스, 독일, 러시아, 미국 등 15개국 대표가 회의에 참가해 아프리카 분할을 위한 원칙을 논의하고 이듬해에 '베를린 협정'을 체

베를린 회의 결과 아프리카 식민지 분할 지도

결했다. 협정에 따르면 식민지 영유권을 인정받기 위해서는 군대와 이주민이 그 지역에 거주해야 했다. 이 조건을 충족시키려고 온갖 꼼수를 동원한 쟁탈전이 벌어졌다. 대륙 서쪽에서 동쪽으로 확장하던 프랑스와, 남북을 가르며 식민지를 넓혀가던 영국이 충돌했다. 수단의 파쇼다였다. 두 나라의 대치 상황은 프랑스의 철수로 일단락됐는데, 대신 프랑스는 1899년 사하라 일대의 소유권을 인정받았다.

한편 독일은 아프리카 서안의 토고, 카메룬, 남서아프리카를 점령한 뒤 아프리카 동안의 탕가니카(오늘날의 탄자니아)를 식민지로 삼았다. 이탈리아는 아프리카 북안의 트리폴리, 키레나이카(두 지역이 합쳐져 리비아가 됨)를 점령하고, 이어 에티오피아 북부의 에리트리아와 아프리카 동부의 소말릴란드도 점령했다.

어느 제국주의자의 본심

남아프리카의 보어 전쟁(1899~1902년)은 금과 다이아몬드를 캐려고 17세기부터 정착한 보어인(네덜란드 출신 이민자)의 터전을 뺏으려는 영국의 야욕으로 벌어졌다. 특히 남아프리카 다이아몬드 채굴사업으로 백만장자가 된 영국인 세실 로즈는 철도, 통신 등으로 사업을 확장해 남아프리카에 막강한 영향력을 행사했고, 1890년에 케이프 식민지 총리가 돼 전쟁을 주도했다. 그가 쓴 회고록에 제국주의의 본질이 담겨 있다.

"빵을 달라는 영국 노동자의 절규를 들을 때면 제국주의가 중요하다는 생각이 더욱 확고해진다. 대영제국 4천만 인구를 피비린내 나는 내란

금과 다이아몬드를 확보하려던 영국의 야욕으로 일어난 보어 전쟁과 핵심 인물 세실 로즈.

으로부터 지키기 위해 새로운 영토를 개척하고 판로를 만들어야 한다. …결코 닿을 수 없는 것처럼 보이는 유성도 대영제국에 병합하고 싶다.”

세실 로즈 같은 제국주의자에게는 영국인이 신의 은총을 입은 최고 민족이었고, 열등한 아프리카를 두루 지배하는 건 신의 뜻이었다. 며칠이면 끝낼 수 있으리라는 세실 로즈의 자신감과 달리 전쟁은 3년이나 지속됐고, 국제 여론은 영국에 등을 돌리기 시작했다. 보어인들의 투쟁은 골리앗에 맞선 다윗 같아 보였지만, 사실 보어인이 세운 트랜스발공화국이나 오렌지자유국은 영국의 지배를 거부하고 북쪽으로 달아나 원주민을 내쫓고 세운 나라였다.

보어 전쟁의 가장 큰 피해자인 아프리카인의 분노는 1895년 부르키나파소 왕 워보고가 유럽인을 향해 한 말에서 잘 드러난다.

“당신들은 내 나라를 도와주러 왔다고 말하는데, 이 나라는 지금 이대로 훌륭한 질서를 갖추고 있소. 우리 스스로 무역을 하고 싶으니 이곳을 떠나 다시는 돌아오지 마시오!”

식민지 아프리카의 상처

1912년 아프리카의 96퍼센트가 열강의 손아귀에 들어갔다. 당시 독립을 유지한 나라는 에티오피아공화국과 1847년에 노예들이 건설한 신생국 라이베리아뿐이었다. 1919년 제1차 세계대전 패전국인 독일은 토고, 카메룬 등의 아프리카 식민지를 국제연맹에 반납했다. 국제연맹은 승전국인 영국, 벨기에, 프랑스에게 전리품을 나눠주듯 ‘위

영국	수에즈 운하 매수, 이집트의 보호국화(1882년) 종단정책(3C 정책): 케이프타운(남아프리카), 카이로(이집트), 캘커타(인도) 연결 보어 전쟁 → 남아프리카 연방 조직(1910년) 파쇼다 사건(1898년) → 영국 승리
프랑스	횡단정책- 알제리~튀니지~사하라~마다가스카르
독일	서남 아프리카, 카메룬, 토고, 동부 아프리카 획득
이탈리아	에리트레아, 리비아(트리폴리) 점령
벨기에	콩고 점령
포르투갈	앙골라, 모잠비크 점령
독립국	에티오피아, 라이베리아

임통치'라는 명분으로 식민지를 재분배했다.

1945년 10월 영국 맨체스터에서 개최한 '제5차 범아프리카 회의'
에 참석한 아프리카 각국 대표들은 이렇게 결의했다.

"우리는 더 많은 희생과 노력을 할 각오가 돼 있다. 그러나 굶주리
면서 세계의 짐꾼 노릇을 할 각오는 돼 있지 않다. 시대에 뒤떨어진
제국주의를 돕진 않겠다. 모든 수단을 동원해 자유와 민주주의를 위
해 싸우리라."

1943년 리비아는 자국에서 이탈리아를 몰아냈고, 1946년에는 이
집트가 영국의 지배에서 벗어났다. 1956년에는 모로코, 튀니지, 수단
이 독립했고 1962년에는 9년에 걸친 독립전쟁 끝에 알제리가 프랑스
를 이겼다.

1984년 노벨평화상을 수상한 남아공의 데스먼드 투투 주교는 이

렇게 말했다.

"바싹 야윈 어린이들이 세계 구호단체가 찔끔찔끔 보내는 원조 식량을 받으러 끝없이 긴 줄을 서고 있다. 세계는 언제쯤 배우게 될까, 이제 그만하면 됐다고. 세계인은 언제쯤 깨닫게 될까, 다른 인간을 자신보다 못한 존재로 취급하는 것이 신을 모독하는 일이며 결국 자신에게 화가 돌아오리라는 사실을."

아프리카는 갈가리 찢겨졌던 육체를 치유하기도 전에 수많은 내전으로 합병증을 앓고 있다. 반세기 만에 회복하기엔 제국주의가 할퀸 상처가 너무나 깊고 크다.

외국 자본에 장악된 '바나나 공화국'

1935년 미국 잡지 《에스콰이어》에 '바나나 공화국Banana Republic'이라는 용어가 실렸다. '바나나 공화국'이란 자국민의 이익보다 자국에서 영업 활동을 하는 외국 기업의 이익을 위해 존재하는 정권을 경멸적으로 이르는 말이다. 라틴아메리카의 과테말라, 온두라스, 콜롬비아 등은 바나나, 커피 같은 1차 상품이 국가 경제에서 가장 큰 부분을 차지하는데, 주로 미국의 다국적 기업이 국가의 농업을 좌지우지한다. 미국의 로비에 넘어간 각국의 지배 세력은 국가 기반시설 통제권을 미국에게 넘기고, 노동자들의 시위를 잔인하게 진압했다.

과테말라의 유나이티드 프루트사 바나나 농장.

바나나 기업이 몰고온 비극

중남미 국가에 이런 비극을 안긴 것은 유나이티드 프루트United Fruit, UFC를 비롯한 미국의 바나나 기업들이었다. 1960년 쿠바 통치자 피델 카스트로를 끌어내리기 위해 미국이 피그만을 침공했을 때, 함대를 제공한 기업이 유나이티드 프루트였다. 유나이티드 프루트는 1898년 쿠바에 진출한 이래 군벌 세력들과 결탁해 꾸준히 사업을 확장했다.

1912년 온두라스 정부가 미국인 소유 철도를 국유화하려 하자, 미국은 온두라스에 병력을 투입해 이를 저지했다. 이때 자금을 댄 유나이티드 프루트는 그 대가로 철도 건설권과 바나나 경작권을 얻어냈다. 유나이티드 프루트는 1954년 과테말라에서도 전화 부설권과 철도 건설권, 항구 건설권, 엄청난 농지를 획득했다.

문학작품으로 고발당한 '바나나 학살'

1928년 12월 6일 노동조건을 개선해달라며 한 달 동안 파업을 벌인 콜롬비아의 바나나 노동자들을 향해 정부군이 무차별 총격을 가해 노동자 2,000명이 죽었다. 콜롬비아의 작가 가브리엘 가르시아 마르케스는 소설 『백년 동안의 고독』에서 '바나나 학살'이라 불리는 이 사건을 묘사했다.

칠레의 민중시인 파블로 네루다는 유나이티드 프루트의 악행을 고발하는 시 「United Fruit Co.」를 썼다(소설가 가브리엘 가르시아 마르케스와 시인 파블로 네루다는 모두 노벨문학상을 받았다).

제국주의의 충돌이 결국 세계대전으로

20세기 초에는 세계 인구의 절반인 7억 명이 식민지배를 받았다. 이 시대를 '제국주의 시대'라고 정의하는 것은 당연하다. 제국주의 국가들의 이권은 수시로 충돌했고 언제든 전쟁으로 치달을 수 있었다. 이때 세르비아의 한 민족주의자가 오스트리아 황태자에게 권총을 발사했다.

세계대전으로 가는 길

당시 '해가 지지 않는' 영국은 식민지배로 인구 3억 5,000명을 다스리는 최강 제국이었고, 프랑스가 호시탐탐 그 자리를 노리고 있었다. 뿐만 아니라 미국이 신흥제국으로 떠올랐다. 아프리카에서 식민지 경영에 나선 영국과 프랑스를 중심으로 갈등이 심했지만, 간신히 대규모 전쟁만은 피하고 있었다.

아프리카 못지않게 강대국의 이권이 날카롭게 대립한 지역은 발칸 반도였다. 발칸 반도에는 지중해 교두보를 확보하려는 이탈리아, 범슬라브주의를 업고 부동항을 확보하려는 러시아, 유럽에서의 주도권을

사라예보 사건으로 암살된 오스트리아-헝가리 제국의 황태자 페르난트 공(오른쪽).

놓치지 않으려는 전통강국 오스트리아-헝가리 제국, 동유럽과 그리스에 대한 지배권을 고수하려는 늙은 거인 오스만 투르크, 뒤늦게 제국주의 쟁탈전에 뛰어든 범게르만주의의 맹주 독일이 복잡하게 뒤엉켜 팽팽한 긴장 속에서 폭발점을 향해 치닫고 있었다.

1914년 6월 28일, 세르비아 지지자가 오스트리아의 프란츠 페르디난트 공을 암살한 사건(사라예보 사건)은 이미 터질 준비가 된 폭탄 뇌관에 불을 붙였다. 1914년 7월 오스트리아가 세르비아에 최후통첩을 하며 10개 요구조항을 제시했을 때, 세르비아는 암살자와의 연관성을 부인하면서도 요구조항 대부분을 수용한다고 발표했다.

그런데 평화가 오지 않고 전쟁이 터졌다. 독일이 오스트리아를 부추긴 것이다. 오스트리아가 세르비아에 선전포고를 하자, 러시아는 곧바로 범슬라브주의를 내세워 참전을 선언하고 세르비아를 지원했다. 이후 전개될 전쟁은 오스트리아와 세르비아 두 나라만의 문제가 아니었다. 영국, 프랑스, 러시아, 독일 등 열강들의 이권이 충돌하지 않았다면 당사국 간의 평화협정으로 위기는 해소됐을 것이다.

최초의 전 지구적 전쟁

그동안 크림 전쟁을 제외하고 전 세계 여러 나라가 개입한 대규모 전쟁은 없었는데 '사라예보 사건'으로 동서양 주요 국가들이 전쟁에 참여하게 됐다. 인류 역사상 최초의 세계대전이었다. 무엇보다 제1차 세계대전을 진정한 세계 전쟁으로 만든 것은 미국의 참전이었다. 미국은 애초에 중립을 유지했다. 자신들도 영국으로부터 독립했기에 노

제1차 세계대전 전개과정

1914년 6월 28일	오스트리아-헝가리 제국의 황태자 프란츠 페르디난트 부부, 사라예보에서 암살
7월 28일	오스트리아, 세르비아에 선전 포고
7월 29일	오스트리아, 세르비아의 수도 베오그라드에 포격 개시
7월 30일	오스트리아-헝가리 제국, 전군에 동원령 선포. 이에 대응해 러시아도 총동원령 발동
8월 1일	독일, 러시아에 선전 포고
8월 2일	독일, 슐리펜 계획에 따라 룩셈부르크 점령
8월 3일	독일, 프랑스에 선전 포고
8월 4일	독일, 중립국인 벨기에에 선전 포고 후 점령(루벵 시 학살 사건) 영국, 독일에 선전 포고
1915년 3월 18일	영국과 프랑스, 다르다넬스 해협 포격
4월 22일	독일군, 이페르(벨기에) 전투에서 근대 이후 최초로 독가스 사용
4월 24일	오스만 제국, 미국인에 대한 강제 추방과 사형 집행
5월 23일	이탈리아, 오스트리아-헝가리에 선전 포고
8월 28일	이탈리아, 오스만 제국에 선전 포고
10월 19일	러시아 제국, 불가리아에 선전 포고
10월 14일	불가리아, 세르비아에 선전 포고
10월 19일	이탈리아, 불가리아에 선전 포고. 일본, 런던 선언 가입
1916년 1월 5일	영국, 의무 징병법 제정
8월 28일	이탈리아, 독일에 선전 포고
1917년 2월 3일	미국, 독일과의 국교 단절
4월 6일	미국, 독일에 선전 포고
11월 7일	러시아 혁명 발발
11월 26일	소비에트 정권, 모든 러시아군에게 정전 명령
12월 6일	미국, 오스트리아-헝가리에 선전 포고
1918년 2월 18일	독일, 러시아에 공격 재개
2월 23일	소비에트 정부, 독일의 새로운 강화 조건 수락 결정
3월 3일	소비에트 정부, 독일 측과 브레스트리토프스크에서 강화 조약 체결
10월 30일	오스만 제국, 연합국에 항복
11월 3일	오스트리아-헝가리, 연합국에 항복
11월 11일	독일 항복. 휴전 협정과 동시에 전쟁 종료

기관총(왼쪽), 참호(오른쪽), 독가스는 제1차 세계대전을 상징한다.

골적인 식민정책에 거부감을 표했다. 그러나 어디까지나 표면상 그랬을 뿐이다. 1823년 '아메리카는 아메리카인들에게'를 천명한 먼로주의는 겉으로는 반제국주의 선언처럼 보이지만, 실제로는 미국의 아메리카 식민화정책을 합리화하는 구실이었다. 남아메리카건 북아메리카건 아메리카는 미국의 손아귀에 있으니 손대지 말라는 것이 본심이었다.

1915년 독일이 미국을 자극했다. 독일은 '무제한 잠수함(U-보트) 작전'을 벌여 영국을 오가는 모든 선박을 공격했는데 미국 여객선을 격침한 것이다. 독일 외상 짐메르만은 멕시코 주재 독일 대사를 통해 멕시코 정부에 전보 한 통을 보냈다. 미국에게 뺏긴 뉴멕시코, 텍사스, 애리조나를 되찾아주겠으니 독일 편이 되어달라는 것이었다. 이 전문이 미국에게 발각됐다. 이에 분개한 미국은 급히 참전을 선언했다. 유럽에서 참전하지 않은 나라는 스칸디나비아 국가들과 스위스, 네덜란드, 에스파냐뿐이었다.

사라예보 사건이 일어나기 한 달 전인 1914년 5월, 미국 수뇌부는

이미 전쟁을 예감했다. 윌슨 대통령의 측근인 하우스 대령이 본국에
보고한 내용을 보자.

"비정상적인 상황입니다. 광적인 군사주의가 팽배해 있습니다. 이곳
에는 너무 많은 증오와 질투가 존재합니다. 영국은 독일이 완전히 붕괴
되는 걸 바라지 않습니다. 그렇게 되면 숙적 러시아와 홀로 맞서야 하기
때문입니다. 그러나 독일이 지금처럼 해군을 계속 늘린다면 다른 대안
은 없는 듯합니다. 평화를 위해 가장 좋은 길은 영국과 독일이 해군 군
비 확장에 합의하는 일인데, 그렇다고 양국이 너무 가까워지면 우리에
게는 불리하겠지요."

지옥의 참호전

독일 참모총장을 지낸 알프레드 폰 슐리펜이 세운 '슐리펜 계획'에
따르면, 독일은 프랑스 쪽인 서부전선에서 신속히 프랑스군 주력을
깬 다음, 전력을 동으로 돌려 러시아를 꺾을 계획이었다. 작전이 성공
하면 전쟁은 6주 안에 끝낼 수 있었을 것이다. 그런데 서부전선에서
'참호전'이라는 예상치 못한 복병을 만나 교착 상태에 빠지고 말았다.
병사 수백만 명이 4년 동안 끔찍한 참호 안에서 죽어나갔다. 적군은
물론 아군도 쓰러져나갔다.

프랑스의 주베르 중위는 사망 직전 일기에 이렇게 적었다.

"인간은 미쳤다. 이 끔찍한 공포와 즐비한 시체를 보라. 지옥도 이렇

참호를 파고 대치하던 서부전선에 또 하나의 끔찍한 적이 있었다. 바로 비였다. 1914년 10월부터 1915년 3월까지 비가 내리지 않은 날은 고작 18일이었고, 영하를 오가는 추운 날씨가 계속됐다. 한 프랑스 병사는 이렇게 말했다.

"진흙melasse과 똥mouscaille은 같은 말이다."

실제로 그랬다. '참호는 물과 똥오줌이 뒤섞여서 진흙이 잔뜩 낀 소총을 사용하려면 오줌을 갈겨야 했기' 때문이다. 한편으로 전차, 비행기, 잠수함 등 최신무기가 유럽과 대서양을 누비는 가운데 수많은 젊은이들이 진흙과 똥오줌으로 범벅된 대지 위로 쓰러져갔다. 제1차 세계대전에서는 약 1,000만 명이 죽거나 다친 것으로 집계됐다.

그러나 절망만 있었던 것은 아니다. 전쟁을 치르며 잘못된 전쟁을 결정한 책임을 묻고 새로운 사회를 요구하는 시대적 흐름 속에서 봉건적 사회구조가 후퇴했다. 독일에서는 빌헬름 2세가 망명하면서 제정이 끝났고, 러시아에서는 차르 체제가 무너졌다. 오스만 투르크 역시 새로운 공화정으로 변모했다.

참호전이 지루하게 이어지던 1914년 크리스마스이브였다. 독일군 진영에서 누군가 찬송가 〈고요한 밤 거룩한 밤〉을 불렀다. 노래는 어둡고 긴 참호를 넘어 고요한 전선에 울려퍼졌다. 독일 병사들의 합창이 끝나고 잠시 정적이 흐른 뒤, 100미터 떨어진 연합군 참호에서 누군가 "앙코르"를 외쳤다. 독일 병사들은 "메리 크리스마스, 잉글리쉬맨"이라고 화답했다. 독일군이 제안을 했다.

"우리는 쏘지 않을 테니, 너희도 쏘지 마라."

독일군은 참호 높은 곳에 불을 밝힌 양초를 일렬로 꽂았다. 그리고 영국군 쪽으로 걸어왔다. 예수가 태어난 밤 그들은 서로 적군이 아니라 타지에서 함께 고생하는 친구들이 됐다. 독일군 요제프 벤첼은 1914년 12월 28일 부모에게 보낸 편지에 이날의 감동을 전했다.

"믿기 어려운 사실을 전합니다. 영국 병사들이 우리에게 신호했고 우리는 응답했습니다. 적군과 아군이 크리스마스트리를 사이에 두고 함께 노래를 불렀습니다. 살인과 죽음이 모든 걸 앗아간다 해도 인간은 계속 살아가야 한다는 것을 깨달았습니다."

큰 전쟁 속에서 작은 평화가 싹텄다.

뿌리 깊은 모순에서 탄생한 인류 최초의 사회주의 정권

1917년 10월 러시아혁명은 최초의 사회주의 정권을 탄생시켰다. 러시아혁명의 원천을 파헤치다보면 뿌리 깊은 계급 갈등과 사회제도의 모순이 드러난다. 이 계급 갈등과 사회제도의 모순이 러시아 사회를 어디로 몰고갈 것인지 가늠하는 첫 번째 전환점은 1861년 농노해방령이었다.

노동자들의 분노

다른 유럽과 달리 러시아는 19세기 후반까지 구식 통치체제와 신분제를 고집했다. 당시 러시아는 봉건시대 말기의 전형적인 착취에 찌들어 있었다. 다른 나라에서 산업혁명으로 공업화에 박차를 가할 때도 러시아는 농업 중심에서 벗어나지 못하고 교역도 지지부진했다. 1861년 농노해방령은 생산력을 높이기 위한 어쩔 수 없는 선택이었다. 농노를 해방시키면 공장주와 대토지 소유주들이 노동력을 싼값에 구매해 농업 생산력을 높일 수 있으리라 기대했던 것이다.

황제와 귀족들의 바람이 부분적으로 실현됐다. 우선 자유 신분이 된 농민들은 알거지나 다름없었기 때문에 토지를 사는 건 꿈도 꾸지 못했다. 대신 비싼 토지 임대료를 내기 위해 전보다 두세 배 더 일해야 했다. 전에는 어느 들에서나 자유롭게 소에게 풀을 뜯겼지만 이제는 지주에게 세금을 내고 풀을 먹여야 했다. 어느 것 하나 나아진 게 없었다.

농민의 삶은 오히려 비참해졌다. 농민들은 살아남기 위해 농번기에는 농사를 짓고, 농한기에는 도시로 나가 단순노동으로 돈을 벌었다. 모스크바에 몰려든 노동자들은 대부분 비좁은 지하실에서 몇 명이 함께 숙식을 해결했다.

농노해방령은 노예제가 없어진 자리에 들어선 더 악랄한 노예제에 불과했다. 노동자들의 분노는 파업으로 표출됐다. 1877년 파업에 참여했다가 체포된 직조공 표트르 알렉세예프는 법정에서 "언젠가 노동자의 시커먼 손이 차르를 내리쳐 가루로 만들어버릴 날이 올 것"이라고 절규했다. 불과 4년 만에 그의 말이 실현되는 듯했다. 1881년 차르 암살작전이 성공한 것이다. 민중의 지도자 티호미로프는 새로운 차르 알렉산드르 3세에게 "혁명은 상황이 만듭니다. 인민 전체의 불만과 새로운 사회를 향한 러시아인의 열망이 반영된 것입니다"라고 민중의 요구를 전했다. 그러나 당시 상황은 안타깝게도 혁명이 되지 못했다. 새 차르는 1894년까지 비밀경찰을 조직하고 언론 검열을 위한 법률을 시행하는 등 전제정치를 더욱 강화했다.

한편, 공업화가 꽤 진전돼 이른바 사회주의 혁명을 위한 여건이 무르익었다. 1890년대 러시아는 재무장관 비테의 정책에 따라 중공업 중심의 공업화를 추진했다. 해방농노들이 도시로 흘러들어 저임금 노동자로 공업화를 지탱했다.

1869년 『공산당 선언』과 1872년 『자본』 1권이 번역되면서 마르크스의 공산주의가 러시아 지식인과 노동자들 사이에 퍼졌다. 1876년에 '모든 토지를 농민에게 평등하게 분배한다' '제국을 지방의 뜻대로 분할한다' '모든 사회 기능을 농민공동체에 이양한다'는 3개 핵심 강령을 내건 혁명정당이 러시아 역사 최초로 등장했다.

1890년에서 1903년 사이에 노동정당이 속속 출현했는데, 레닌도 여기서 활동했다. 1903년에는 가장 큰 노동정당인 사민당 지도부가 분열해, 적극적 투쟁을 주장하는 볼셰비키(Bolsheviks: '다수'라는 뜻. 실제 인원은 소수였음)와 융통성 있는 당 운영을 주장하는 멘셰비키(Mensheviks: '소수'라는 뜻)로 나뉘어졌는데, 볼셰비키가 혁명의 주도권을 잡았다.

피로 물든 일요일

1904년 2월 일본의 공격으로 러일 전쟁이 발발했다. 러시아가 일본에게 무기력하게 패하는 모습을 본 민중은 니콜라이 2세의 무능을 깊이 깨달았다. 1905년 1월 22일, 가퐁 신부의 인도로 노동자 시위대 20만 명이 노동시간 단축과 전쟁 중지를 외치며 상트페테르부르크 궁전으로 행진했다. 차르의 근위대는 시위대를 무차별 학살했다. 바로 '피의

1905년 1월 22일, 상트페테르부르크 궁전으로 행진하던 군중을 차르 근위대가 무차별 학살한 '피의 일요일'.

굶주림과 추위, 전쟁의 고통을 견디다 못한 러시아 노동자들의 성난 외침에 로마노프 왕조가 무너진 1917년 2월 혁명.

러시아혁명 전개과정

1898년	러시아 사회민주노동당 창당
1901년	사회혁명당 창당
1903년	사회민주노동당 제2차 당대회에서 기존 멘셰비키와 레닌의 볼셰비키로 분열
1904년	러일 전쟁 발발
1905년	'피의 일요일' 사건, 니콜라이 2세의 10월 선언
1914년	제1차 세계대전 발발
1917년	페트로그라드 민중봉기(2월 혁명), 로마노프 왕조 몰락, 레닌 귀국후 4월 테제 발표, 볼셰비키 혁명(10월)
1918년	헌법 제정회의 해산

일요일'이다.

학살에 항의해 전국 각지에서 투쟁이 벌어졌다. 노동자 파업과 함께 피압박민족과 농민들도 투쟁에 가담했다. 러시아 전역은 혁명의 불길에 휩싸였다. 레닌은 이 혁명이 1917년 10월 혁명을 위한 '예행연습'이었다고 말했다.

그동안 계속된 러일 전쟁에서 러시아군은 1905년 만주에서 일본군에 패하고, 5월 발트 함대도 패했다. 연이은 패배는 혁명에 더욱 불을 질렀다. 거의 모든 계층이 투쟁에 나섰다. 그 결과 수만 명이 희생을 치렀으나, 민중은 투쟁하는 법을 확실히 배웠다. 니콜라이 2세는 민중의 요구를 받아들여 개인의 자유 보장과 자유 선거권을 인정했다. 그러나 2년이 지나도록 약속은 지켜지지 않았고, 결국 귀족 중심의 간접선거제가 선포됐다. 역사는 다시 후퇴했지만 러시아에는 더욱 거센 혁명의 기운이 감돌았다.

혁명의 기운, 혁명의 불길

차르가 제1차 세계대전에 뛰어든 데는 노동자들의 불만을 다른 곳으로 돌리려는 속셈이 있었다. 볼셰비키를 제외한 사회주의 정당들도 '조국 수호'를 내세우며 전쟁을 지지했다. 제1차 세계대전에서 250만 명 이상이 목숨을 잃고 1917년이 밝아올 무렵, 러시아는 전쟁으로 모든 국력을 소진한 상태였다.

1917년 1월, 물가가 두 배 가까이 치솟더니 식량 공급에 위기가 닥쳤다. 이전의 '빵을 달라'는 구호가 1917년 2월엔 '전제 타도, 전쟁 반대'로 바뀌었다. 모든 굶주림의 근본적인 원인을 깨달은 것이다. 단합한 노동자와 자본가들은 마침내 1917년 3월 15일 차르를 영원히 몰아냈다. 그러나 이들은 차르체제 전복에만 의견일치를 이뤘을 뿐, 다른 모든 부문에서 금세 괴리를 드러냈다. 노동자는 평화를 원했지만 자본가는 더 큰 이익을 가져올 전쟁, 즉 제1차 세계대전 참전을 원했다. 노동자는 토지를 원했지만 자본가는 사업 파트너인 대지주들의 소유권을 건드리고 싶지 않았다. 노동자는 빵을 원했지만 자본가는 그것을 내놓지 않았다. 이에 노동자들은 다시 닥친 위기를 또 한번 승리로 이끌었다. 7개월이라는 짧은 기간에 민중은 무서울 정도로 단결했고 러시아의 운명은 볼셰비키 지도자 레닌에게 맡겨졌다.

1917년 10월 혁명 후 소비에트 정권이 가장 먼저 취한 조치는 '모든 토지를 농민에게 평등하게 분배'하는 것이었다. 그리 오래가지 못했지만 혁명 직후 사회주의의 이상을 어느 정도 실현했다. 노동자가 고용주에게 노동기본권을 가르쳤고, 학생은 교수에게 새 시대에 걸맞은 역사 강의를 요구했으며, 극장의 공동주가 된 배우들은 대본과 연

'볼셰비키 혁명'이라고도 불리는 10월 혁명(위)과 블라디미르 레닌(아래).

출 방향을 스스로 선택했다. 러시아의 정치가 케렌스키는 "민중이 주도하는 사태의 거대한 물줄기를 함께 따라가다가 막히는 곳을 터주는 일, 그게 혁명가의 역할"이라고 말했다.

1861년부터 1917년에 걸친 러시아의 대변혁은 민중사의 축소판이요 민중 혁명의 결정판이다.

2장

두 차례 세계대전 사이의 세계

- 제1차 세계대전 이후의 세계: 윌슨의 전후 처리 원칙이 초래한 작은 평화, 큰 전쟁
- 중국혁명2: 중국의 실험과 중국 특색의 사회주의

월슨의 전후 처리 원칙이 초래한 작은 평화, 큰 전쟁

미국 28대 대통령 우드로 월슨은 세계 전쟁을 종식하려면 각 민족의 특성에 맞게 국가를 재편하고 독립하도록 해야 한다고 생각했다. 강대국의 이해가 얽힌 냉혹한 현실에 월슨은 좌절했지만 그의 사상까지 실패한 것은 아니었다.

월슨주의, 유럽 전체를 화약고로

월슨의 민족자결주의는 1918년 1월 월슨 대통령이 14개 조항을 연두교서로 발표하면서 세상에 알려졌다. 그 내용은 토착민을 고려한 식민지의 공평한 조정, 러시아 재건 원조, 오스트리아 모든 민족이 스스로 독립 결정, 발칸 반도를 민족에 따라 부흥, 국제연맹 창설 등이었다.

당시 강대국 영국과 프랑스는 '세계 민주주의를 지키기 위해' 전쟁에 참전한 대서양 건너편의 이상주의자 월슨에게 냉소를 보냈다. 월슨이 주창한 14개 조항은 승전국의 이해관계에 따라 대부분 수정됐다. 민족의 특성을 중시해 국경을 재설정하자는 월슨의 구상은 실제로는 민족 갈등을 유발하는 방향으로 설정됐다. 예를 들어, 패전국 불가리아는 제1차 발칸 전쟁에서 얻은 영토를 루마니아, 유고슬라비아, 그리스에 양도해야 했는데 공교롭게도 대부분 불가리아인들이 살고 있는 지역이 이에 포함됐다. 헝가리의 전후 처리에서도 인구의 절반 이상이 헝가리인인 트랜실바니아가 루마니아 영토로 바뀌었다.

건드리면 언제든 터질 수 있는 시한폭탄이 곳곳에 매설된 것이다. 열강의 이해관계에 따라 수정된 윌슨주의는 결국 유럽 전체를 화약고로 만들었다.

전쟁의 씨앗이 된 독일의 전후배상

1919년 6월, 파리 베르사유궁 거울의 방에 모인 연합국 대표들이 독일에는 가혹했을 조치를 결정했는데, 이것이 '베르사유 조약'이다. 조약에 따라 독일은 프랑스에 알자스-로렌을, 덴마크에 슐레스비히를 반환하고 폴란드에 포센과 서프로이센을 양도하며, 프랑스에 15년간 자르 탄광 채굴권을 줘야 했다. 독일은 영토와 국민 일부를 잃게 됐고, 징병제를 폐지해야 했으며 육해군 인원을 감축해야 했다. 또 항공기와 탱크, 잠수함을 보유하지 못하게 됐다. 게다가 약 330억 달러를 연합국에 배상해야 했다. 연합국은 이로써 독일이 다시는 전쟁을

1919년 6월, 파리 베르사유궁 거울의 방에 모인 연합국 대표자들(왼쪽)과 미국 28대 대통령 우드로 윌슨(오른쪽).

일으키지 못할 것이라고 생각했지만, 이 매서운 조치는 독일로 하여
금 제2차 세계대전을 일으키게 했다.

국제연맹, 그 절반의 성공

국제연맹은 전쟁을 방지하고 각국의 이해관계를 조정할 목적으로
제1차 세계대전 직후 스위스 제네바에서 탄생했지만 본래의 목적을
달성하지 못하고 1946년에 해체됐다. 그러나 국제연맹은 국제노동기
구ILO 창설 등 노동문제를 개선해 일부 진보를 이뤄냈다. 또한 이후 유
엔UN의 초석이 됐다.

1932년 제네바에서 국제연맹 주도로 군축회의가 열렸다. 61개국
군사 대표들이 서로 설전을 벌이며 논의가 한창 뜨거울 무렵, 히틀러
가 독일 정권을 장악했다는 뉴스가 회의장에 긴급히 전해졌다. 각국
대표들은 서둘러 회의장을 빠져나갔다. 히틀러의 야심에 뒤통수를 맞
지 않으려면 서둘러 자국으로 돌아가 군비를 확충해야 했기 때문이
다. 그것이 윌슨의 한계였고, 짧았던 세계 평화의 종말이었다.

중국의 실험과 중국 특색의 사회주의

"우리는 광안의 거지 / 쟝칭과 4인방을 증오한다 / 덩샤오핑, 우리의 청원을 들어주오 / 우리를 기근에서 구해주오."

마오의 콤플렉스

1949년 공산혁명을 성공시킨 직후 중국은 매우 열악했다. 거의 1세기에 이르는 외세 침략과 국공내전 속에서 인구의 약 10퍼센트가 희생됐다. 게다가 1950년 한국 전쟁에 참전하면서 세계 최강 미국과 맞서 싸우느라 들어간 부담을 해소하는 데 3년이나 걸렸다.

국가 발전에서도 중국은 고민이 깊었다. 겉으로는 공산주의의 선배 격인 소련이 있었지만 중국의 현실이 소련과 매우 다르다는 게 문제였다. 소련은 급격한 산업화·중공업화를 이룩했지만, 중국은 자본주의의 맹아 단계를 갓 벗어났을 뿐이었다. 이런 상황에서 마오가 야심차게 추진했던 1950년대 인민공사와 대약진운동마저 실패로 끝나고 있었다.

"15년 안에 영국을 따라잡는다."

모든 경제계획이 이 슬로건에 맞춰 교조적으로 급조됐다. 그러나 준비 없는 국가계획 아래 인민공사의 생산성은 형편없었고, 1950년 전후로 기근까지 겹쳐 곳곳에서 굶어죽는 사람들이 속출했다. 경제는 마오에게 콤플렉스이자 '쥐약'이었다. 마오는 "아, 나는 왜 천윈(공산당의 재정전문가)처럼 재정을 잘 알지 못하지!" 하며 탄식하곤 했다.

대약진운동의 성과는 중국의 향후 전략 결정에 중요한 문제였다. 1959년 공산당 최고지도부가 총출동한 루산 회의는 중대한 분수령이었다. 마오의 대장정 동지이자 군부 실력자 펑더화이가 "만일 소규모 제철소를 지으려고 허비한 50억 위안을 소비재 생산에 투입했다면 지금 이 회의가 열리는 루산보다 훨씬 더 많은 소비재를 만들어냈을 것이오" 하며 나섰다.

저우언라이, 주더, 류샤오치 등 참석자 대부분이 공감했다. 하지만 마오는 경제적 공격을 비상한 정치 감각으로 맞받아쳤다.

"여러분이 나를 따르지 않으면 나는 새로운 홍군을 찾아내 제2의 해방군을 조직할 것이오."

협박은 성공했다.

인민공사는 아수라장이고, 대약진운동은 재앙에 가깝다는 것을 누구나 알고 있는데도 아무도 입을 열지 않았다. 이제 마오 주석이 원하는 것은 그대로 명령이 됐다.

문화대혁명의 대격랑

1960년대 초반, 경제 부진 속에서 현실주의자이자 경제주의자에 가까운 저우언라이와 덩샤오핑은 몇 년 동안 개혁을 시행하기 위한 권한을 위임받았다. 이들은 마오의 비현실적인 정책이 얼마나 엄청난 적자를 빚었는지 비밀 회계감사를 통해 알아내, 마오에게 양보를 얻어냈다. 당시 덩은 이렇게 말했다.

"가난은 공산주의가 아니다."

덩은 경제 회생에 적극적으로 나섰다. 대약진운동은 전환을 맞았다. 우선 마오가 쓰지 않은 불용예산으로 식량을 수입해 인민들에게 공급했다. 물자를 유통시키고, 멈췄던 공장을 돌렸다. 그러나 이 짧은 실험은 1966년 마오의 승인 아래 문화대혁명(문혁)의 격랑에 휘말려 들면서 끝났다.

10대 청소년들로 이뤄진 홍위병들이 붉은 깃발과 몽둥이를 휘두르며 전국을 누볐다. 그들은 지주, 부농, 반동분자 등을 찾아내 구타하고 고문하고 죽였다. 공안부장은 "경찰은 홍위병 편에 서서 그들과 접촉을 유지하고 연계를 확고히 해야 한다"며 홍위병을 지원했다.

1966년부터 10년 동안 계속된 문화대혁명으로 약 400만 명이 희

문화대혁명 당시 모습.

생됐다. 마오와 견해가 다른 류사오치와 덩샤오핑은 '공적 1, 2호'로 찍혀 탄압을 받았다. 류샤오치는 갑작스레 지병이 악화돼 사망했고, 덩은 멀리 장시성으로 추방돼 트랙터 수리공장의 누추한 노동자로 전락했다. 1966년부터 76년까지 10년 동안 일본의 국내총생산GDP은 345퍼센트, 프랑스 212퍼센트, 소련 99퍼센트가 늘었지만 가난하고 낙후된 중국은 단 77퍼센트 향상에 그쳤다. 진실로 중국은 변화가 필요했다.

덩샤오핑의 개혁개방

변화를 주도할 사람으로 중국 지도부는 결국 덩샤오핑을 선택했다. 50년 동안 마오쩌둥을 보좌한 저우언라이는 폐암으로 죽어가면서도 마오를 설득해 덩을 복권시켰다. 마오 역시 덩의 성향을 의심하면서도 중국

1979년 미국을 방문한 덩샤오핑이 백악관에서 지미 카터 대통령과 만나고 있다.

경제를 되살릴 수 있는 인재라고 인정했다. 덩은 여러 번 숙청과 복귀를 거듭한 끝에 1976년 마오의 사망 후 다시 중용됐다.

덩은 1960년대부터 이렇게 말했다.

"고양이가 검든 희든 문제가 되지 않는다. 쥐를 잘 잡는 고양이가 좋

훗날 이 흑묘백묘론黑猫白猫論은 그의 트레이드마크가 됐다.

사실상 중국의 최고 실권자가 된 덩은 곧 자신의 고양이를 세상에 내놓기 시작했다. 덩은 농업·공업·과학기술·국방의 4대 현대화를 국가 목표로 세운 뒤, 농업 분야부터 개혁했다. 물질적인 동기는 엄청난 효율을 발휘했다. 덩의 말마따나 "부자가 되는 것은 영광스러운 일"이었다. 한번 통제의 댐을 무너뜨린 개혁·개방경제는 엄청난 기세로 대륙을 휩쓸었다.

1980~1990년대를 거치며 중국은 농업 생산을 시작으로 고도성장을 기록했다. 외국자본과 앞선 기술을 유치하기 위해 해안 지역 곳곳에 경제특구를 설치했다. 중국은 곧 두 자리 수 경제성장률을 달성하기 시작했다.

사회주의와 자본주의의 장점을 결합시킨 이른바 '중국 특색의 사회주의' 전략은 이후 장쩌민, 후진타오 지도부에도 그대로 이어졌다. 마침내 2005년 미국의 경제학자 프레드 버그스텐은 "세계 경제가 중국과 미국 두 나라에 의해 주도되는 'G2' 시대에 들어섰다"고 선언했다.

3장

전체주의와 제2차 세계대전

- 세계 경제 공황: 대공황을 타개한 건 뉴딜정책이 아니라 제2차 세계대전
- 전체주의: 대공황을 틈타 '죽음의 권력'을 쟁취한 파시스트
- 제2차 세계대전: 에스파냐 내전에서 시작해 냉전으로 마감한 전쟁

대공황을 타개한 건 뉴딜정책이 아니라 제2차 세계대전

자본주의 시스템이 멈추는 상황을 '공황'이라고 한다. 1929년 미국에서 발생한 공황은 오랜 시간 미국뿐 아니라 전 세계 경제에 심각한 영향을 끼쳤다는 면에서 '대공황'이라고 불린다. 뉴딜정책은 대공황을 타개하기엔 역부족이었다. 공황에서 완전히 벗어나게 한 주역은 제2차 세계대전이었다.

뉴욕 주가 폭락, 혼돈의 30년대를 열다

이른바 '광란의 시대'라 불리는 1920년대 미국인들은 돈벌이를 위해 주식에 몰두했다. 예금은 물론 심지어 돈을 빌려 주식을 사는 것도 흔한 광경이었다. 주가가 정점에 달한 1928년 당시 주식에 투자한 미국인은 300만 명에 달했다. 1929년 10월 24일, 주가가 폭락하면서 상당량의 주식이 휴지조각이 돼버렸다. 빚더미 위에 앉게 된 수많은 사람들이 스스로 목숨을 끊었다. 9,000여 개에 달하는 은행이 줄줄이 파산하자 은행에 예치한 시민들 돈이 하루아침에 증발하고, 소비는 극도로 위축됐으며, 대량 실업이 발생했다.

광란의 20년대가 저물고 혼돈의 30년대가 찾아왔다. 아메리칸 드림의 좌절을 맛본 1930년대 미국인들의 허탈감과 분노는 존 스타인벡의 소설 『분노의 포도』에 여실히 드러난다. 은행에 농장을 빼앗기고 유랑민 신세가 된 주인공 톰의 가족은 도시 외곽의 '후버빌'이라는 판자촌으로 흘러든다. 당시 미국 경제를 공황으로 몰아넣은 무능한 대통령 이름이 바로 '후버'였다. 금융위기는 전 세계로 확산돼 몇 년 동안 세계 무역량의 60퍼센트가 감소하고 실업자가 5천만 명에 육박했다.

미국의 경제 위기는 왜 세계로 확산된 것일까? 제1차 세계대전 중 연합국은 미국 대형은행에서 전쟁자금을 빌렸다. 1924년 제1차 세계 대전 전후처리 협상에서 패전국 독일에게 1,320억 마르크에 달하는 배상금이 부과됐다. 배상금을 지불할 능력이 없던 독일에 미국의 은 행자금이 공급됐다. 빚을 내 빚을 갚으라는 승전국들의 요구 때문이었다. 그런데 얼마 후 미국에 금융위기가 닥쳤다. 독일에게 배상금을 받아 미국에 빚을 갚으려 한 연합국의 계획에 차질이 생겼다. 유럽을 이끌던 영국, 프랑스 경제가 위축되자 이 국가들에 원자재를 공급하던 아프리카, 남아메리카, 아시아의 1차 산업국들의 수출도 급감했다.

전쟁으로 해소된 경제 재난

후버 정부가 남긴 짐을 떠안고 1933년 대통령에 취임한 루즈벨트는 뉴딜정책을 실시해 공황 상태에 빠진 미국 경제를 일으키려 했다.

1929년 대공황으로 미국은 소비가 극도로 위축되고 대량 실업이 발생했다.

주택건설, 댐건설 등 대규모 사업을 벌여 수많은 일자리를 만들어 냈다. 사회보장법 등도 실시했다. 1935년부터 '2차 뉴딜정책'을 실시해 공공시설물, 공항 등의 공사에 210만 명을 고용하기도 했다. 그러나 잠깐 회복할 기미를 보이던 경제는 1937년에 다시 악화됐다.

뉴딜정책도 극복하지 못한 불황을 호황으로 바꾼 것은 제2차 세계대전이었다. 전쟁 참여에 부정적이었던 여론은 일본군의 진주만 공습을 계기로 완전히 뒤바뀌었다. 군수산업이 호황을 맞고 침체된 경제가 활력을 되찾으면서 미국은 어둡고 긴 불황의 터널에서 빠져나왔다.

대공황을 틈타 '죽음의 권력'을 쟁취한 파시스트

세계를 휩쓴 대공황은 파시즘 출현의 토대를 제공했다. 무솔리니와 히틀러, 스탈린이 혼란한 전후 세계에 동시에 등장했는데 이들이 내세운 정치이념과 통치방식은 여러 면에서 유사했다.

파시즘과 나치즘의 최면

대중의 불안과 공포를 이용해 카리스마 넘치는 독재자의 지도 아래 민족 단결을 촉구하는 파시즘은 민주주의·자유주의·사회주의를 모두 거부하는 전체주의 정치이념이다. '파시즘'이라는 말은 1919년 3월 무솔리니가 사회주의와의 투쟁을 선포하면서 처음 사용했다. 고대 로마 집정관은 행진할 때 장작다발로 둘러싼 도끼fasces를 대열 앞에 내세웠는데, 이는 공화정의 권위와 인민의 결속을 상징했다. 나뭇가지 하나의 힘은 약하지만 다발의 힘은 강하기 때문이다. 여기서 유래한 '파쇼fascio'라는 말은 집단이나 무리를 가리키고, 복수형 '파시fasci'는 참전을 촉구하는 선동부대를 일컬을 때 사용된다.

이탈리아는 제1차 세계대전의 승전국인데도 별 이익을 누리지 못했다. 부유한 북부 공업지역과 가난한 남부 농업지역의 격차만 심해졌고, 젊은세대는 지배계급과 기성세대의 무능함에 치를 떨었다. 전리품을 갈취당한 것 같은 기분에 사로잡힌 이탈리아 국민은 전장에서 돌아온 군인들 때문에 일자리가 줄어들자 더욱 난감한 상황에 빠졌다. 파탄난 경제를 바라보는 이탈리아 국민의 불안감이 증폭될 무렵, 무솔리니가 등장했다.

무솔리니는 원래 사회주의자였으나 제1차 세계대전을 겪으면서 과격한 민족주의자로 전향했다. 파시스트 정당을 창설한 무솔리니는 1922년 10월 쿠데타를 일으켜 수상이 됐다. 저항할 힘이 없는 지배계급을 '평화적'이고 '합법적'으로 밀어낸 것이다. 무솔리니는 집권 후 이렇게 말했다.

"국가를 초월하는 것은 아무것도 없고, 국가 밖에 존재하는 것은 아무것도 없으며, 국가에 대항하는 것은 아무것도 없다."

무솔리니는 무력으로 팽창하지 않으면 쇠망할 것이라며 군비 확장과 전쟁을 합리화했다.

패전국 독일에서는 이탈리아보다 더 극적인 변화가 일어났다. 세계 대공황과 더불어 독일을 강타한 인플레이션은 600만 실업사태를 초래했다. 화폐가치가 폭락하자 그동안 힘겹게 돈을 모은 사람들

파시즘과 나치즘의 대변자 무솔리니(왼쪽)와 히틀러(오른쪽).

은 일순간 알거지가 돼버렸다. 독일 국민의 자존심은 바닥으로 떨어졌고, 응어리진 분노를 표출할 희생양이 필요했다. 이때 유대인 타도, 공산주의 혐오, 적대국 격파, 강력한 국력 신장을 주창하는 인물이 나타났다.

히틀러였다. 그의 연설은 단번에 사람들을 사로잡았다.

독일의 사회학자 막스 베버는 『프로테스탄티즘의 윤리와 자본주의 정신』에서 합리적 관료제의 틀을 깨고 영웅적 지도자에 의존하는 '카리스마적 지배'가 등장할 수 있다고 지적했다. 히틀러만큼 이에 부합하는 인물도 없을 것이다. 히틀러는 군수산업을 확장하면서 일자리를 창출해 실업을 해소했다. 그는 아리아 인종만이 인류 진보에 기여할 것이라는 신념 아래, 나라 안에 가득한 불만과 분노를 유대인에 대한 혐오로 바꿨다.

히틀러가 주입한 나치즘의 최면에 걸린 독일은 전쟁을 향해 내달렸다.

그의 탁월한 선전능력은 괴벨스라는 인물에 의해 더욱 빛을 발했다. 나치의 선전장관으로 이름을 날린 괴벨스는 히틀러와 만난 1925년 7월 어느 날을 이렇게 기억했다.

"히틀러가 내 손을 잡았다. 마치 오랜 친구처럼. 그 커다랗고 푸른 눈은 마치 별과 같았다."

1920년 말 히틀러는 《푈키셔 베오바흐터(민족의 파수꾼)》라는 망해가는 신문사를 사들여 정치적 선전도구로 활용했다. 히틀러는 웅장한 오페라와 행진곡을 작곡한 바그너를 숭배해 그의 곡을 자신의 정치활동에 활용했다. 나치즘의 최면에 걸린 독일은 유대인에게 인류 역사상 가장 끔찍한 '대학살'을 저질렀다.

제2차 세계대전이 끝나고 만행에 가담한 자들에 대한 나치 전범재판이 열렸다. 유대인 출신 미국인 정치철학자 한나 아렌트는 《뉴요커》 특파원으로 재판 현장을 취재하러 갔다. 재판 과정에서 아렌트는 나치 장교 아돌프 아이히만의 진술 모습을 보고 충격을 받았다.

"나는 아이히만의 천박함에 충격을 받았다. 그의 과거 행적은 소름끼쳤다. 그러나 재판을 받는 한 인간으로서 그의 모습은 아주 일상적이고 평범하며 너그러운 가장처럼 보였다. 결코 악마적이거나 기이하지 않았다. 그에게서 나치 이데올로기를 발견할 수도 없었고 악의적 동기를 찾을 수도 없었다."

아돌프 아이히만은 여느 봉급생활자처럼 성실하게 전체주의체제 속에서 근무했을 뿐이었다. 유대인을 독가스실에 몰아넣어 처형할 때

도 그에게는 시간에 맞춰 깔끔하게 업무를 처리하는 게 중요했지, 갈
등이나 죄책감 따위는 없었다. 그는 사형선고를 받고 처형됐다. 한나
아렌트는 1963년 「예루살렘의 아이히만」이라는 보고서를 발표해 전
체주의의 위험성을 고발했다.

에스파냐 내전에서 시작해 냉전으로 마감한 전쟁

제2차 세계대전은 에스파냐 내전에서 시작해 냉전으로 마감됐다. 에스파냐 내전은 나라 안 분쟁에 그치지 않고, 파시즘과 반파시즘의 대결장이 됨과 동시에 앞으로 닥칠 거대한 세계대전의 서막이 됐다.

에스파냐 내전과 히틀러

제1차 세계대전에서 중립을 지킨 에스파냐는 1936년의 자유 총선(이후 40년 동안 자유 총선이 없었다)에서 15만 표 차로 인민전선(공화파)이 보수 세력(국민파)에 승리하고 개혁을 추진했다. 그러나 프랑코는 보수 세력을 업고 쿠데타를 일으켰고, 히틀러는 즉각 전차로 무장한 기갑사단을 에스파냐에 투입했다. 이 내전에서 최신 무기와 전술의 문제점을 보완한 히틀러는 제2차 세계대전에서 본격전을 치렀다.

인민전선은 서방 정부가 프랑코를 제거하러 단숨에 달려와줄 것이라 생각했지만 그것은 순진한 기대였다. 영국과 프랑스는 지원에 난색을 표했고 미국 역시

1937년 4월, 독일군은 에스파냐의 작은 마을 게르니카를 폭격했다.

1944년 반나치 일러스트에 등장한 히틀러와 프랑코.

불간섭 원칙을 고수했다. 그런데 미국의 텍사스정유회사(텍스코)를 비롯해 포드, 제너럴모터스, 듀퐁사가 국민파를 지원했다. 인민전선은 각국 공산당이 모집한 의용군들이 지원했는데 조지 오웰, 어니스트 헤밍웨이, 앙드레 말로 같은 작가들이 의용군으로 참전했다. 피카소는 독일군이 에스파냐 게르니카라는 마을을 폭격하자, 〈게르니카〉를 그려 전 세계에 만행을 알렸다. 1940년 피카소는 독일군이 점령한 파리에 머물고 있었는데, 조사를 하러 온 나치 장교가 탁자에 놓인 〈게르니카〉 사진을 보며 피카소에게 물었다.

"당신이 한 거요?"

그러자 피카소가 대답했다.

"아니, 당신들이 했지."

인민전선은 끝내 로망을 이루지 못했다. 파시스트 일당이 '파쇼'처럼 강력한 지도자를 중심으로 단단히 결집한 반면, 노동해방과 진보를 기치로 내건 국제연대는 너무 느슨했다.

자본주의 패권을 둘러싼 제국주의의 충돌

제2차 세계대전은 영국을 비롯한 선발 제국주의와 독일을 비롯한 후발 제국주의 세력이 자본주의의 패권을 놓고 벌인 전쟁이다. 제1차 세계대전 패배 후 막대한 배상금을 물어야 했던 독일과, 승전국이면서도 별 이익을 얻지 못해 심기가 불편했던 이탈리아는 누가 불씨만 당겨주면 언제든 터질 준비가 된 뇌관 같았다. 제1차 세계대전 후 맺은 베르사유 조약에 대해 프랑스의 페르디낭 포슈 사령관은 "평화를 얻은 게 아니라 20년 정도 휴전만 얻은 것"이라고 말했다.

그 말이 딱 맞았다. 이탈리아는 1936년에 에티오피아를, 1939년에 알바니아를 침공했다. 독일은 1939년 폴란드를 침공하고 1940년에 덴마크, 노르웨이, 프랑스를 점령했다. 독일과 그 우방이 점령한 나라를 빼면 영국만 남았다. 처칠만이 독일의 유일한 걸림돌이었다.

제2차 세계대전은 제1차 세계대전과 다른 몇 가지 특징이 있다. 먼저 군인들의 전투에서 정치가, 과학자, 예술가 등 모든 이들의 총력전으로 바뀌었다. 참호와 가시철망이 사라지고, 새로운 무기와 '전격전'이라 불리는 전법이 등장했다. 민간지역은 폭격에서 제외한다는 조항도 제2차 세계대전에서는 무의미해졌다.

제2차 세계대전에서 전쟁국은 모든 것을 쏟아붓고 신속히 결단내기 위해 대량 살상무기를 투입했다. 핵무기가 사용된 까닭도 여기에 있다. 제2차 세계대전 후 세계 각국은 '전쟁을 끝내기 위한 전쟁'을 치르기 위해 핵무기를 증강하는 불행한 역설에 갇혀버렸다.

핵폭탄이 선사한 파국과 평화

미국이 주도한 핵무기 개발 계획인 '맨해튼 프로젝트' 팀은 1945년 7월 16일 아침 뉴멕시코에서 최초로 핵폭탄 실험을 실시했다. 개발은 일사천리로 진행돼 1945년 8월 6일 히로시마에서 그 성공이 확인됐다. 이틀 뒤에는 나가사키에 핵폭탄이 한 번 더 떨어졌다. 일본은 무기력하게 항복했고 전쟁도 끝났다.

히로시마에 떨어진 것과 같은 원자탄인 '리틀 보이(위)'와 나가사키 원폭 투하(아래).

1945년에 원자탄이 투하되지 않았다면 세계 역사는 어떻게 됐을
까? 1946년에 투하됐을 것이다. 제2차 세계대전 당시 연합군을 이끌
던 몽고메리 장군은 이렇게 말했다.

"핵 시대의 인류는 전쟁을 없애느냐, 전쟁으로 없어지느냐 택일해야
한다."

영화에서 보듯 핵전쟁으로 완전히 폐허가 되어 전쟁이 무의미해지
는 시기가 온다면, 과연 그것을 '평화'라 부를 수 있을까?

8부
전후 세계의 발전

두 번이나 끔찍한 대전을 치른 세계는 상처를 추스르고 인류의 공멸을 막기 위해 국제연합을 발족했다. 그러나 국제연합은 강대국의 이해관계 앞에서 번번이 좌절했다. 국제연합이 창설되자마자 한편에서 핵무기가 발명됐다는 사실은 인류의 미래에 어둠의 그림자를 드리웠다. 전쟁이 일어나지는 않았지만 미국을 중심으로 한 서구 자유 진영과 소련을 중심으로 한 동구 사회주의 진영은 팽팽하게 맞섰다. 양 진영 어디에도 속하지 않은 '제3세계' 국가들은 제2차 세계대전이 끝난 뒤 정치적 독립을 이뤘지만 경제적으로는 여전히 서구에 예속되는 처지를 면하지 못했다.

관료주의와 비효율에 물든 현실 사회주의는 도미노처럼 무너졌다. 사회주의는 정치, 경제 면에서 서구 시스템에 완패했다. 그러나 사회주의가 절멸한 것은 아니었다. 북유럽 선진국들은 자본주의체제 위에 사회주의적 복지정책을 시행해 성공했고, 국제 시장에서 고립된 쿠바는 수많은 난관을 홀로 헤쳐나가며 사회주의 실험을 계속하고 있다.

이데올로기 대립이 끝난 자리에 들어선 것은 새로운 가치관이 아니라 종교 갈등이었다. 미국이 이라크를 두 번이나 침공한 것은 석유 확보 때문이지만, 그 기저에는 자신들이 서구 기독교 세계의 계승자이자 수호자라는 의식이 깔려 있다. 9·11테러를 기점으로 세계인을 긴장시켰던 이슬람과 기독교 문명의 충돌은 인류에게 중대한 과제를 남겼다.

1970년대 이후 신자유주의 풍조가 나타났다. 자유로운 교역과 시장의 무한한 확장을 주장하는 신자유주의 이념은 1980년대 사회주의가 무너지자 급속도로 세계 각국에 전파됐다. 신자유주의에 녹아든 오늘날 세계에서 특정 국가의 이익을 따지는 건 무의미해졌다. 자유무역협정을 맺으면 이익을 얻는 건 각 나라의 대자본가들뿐이고, 손해를 보는 건 각 나라의 힘없고 가난한 자들이기 때문이다.

구텐베르크의 인쇄술이 종교개혁을 촉진하고 고대인을 근대인으로 변모시킨 것처럼, 20세기 후반에 등장한 인터넷으로 누구나 자신의 이야기를 전 세계와 공유할 수 있게 됐다. 그러나 문해력을 떨어뜨리고 선정적인 정보에 중독되게 하며, 프라이버시를 위협하는 뉴미디어 환경은 인류의 지성에 심각한 장애요소가 되기도 한다. 한편 기후변화, 환경, 에너지 문제와 비교하면 미디어의 어두운 측면은 사소한 문제일지 모른다. 석유에 기반을 둔 현대문명의 종말이 눈앞에 보이고, 에너지 위기에 대한 뚜렷한 대안을 찾지 못한 상태에서 지구온난화를 비롯한 환경 재앙에 대처하려면 우선 탐욕을 줄이는 것에서 시작할 수밖에 없다.

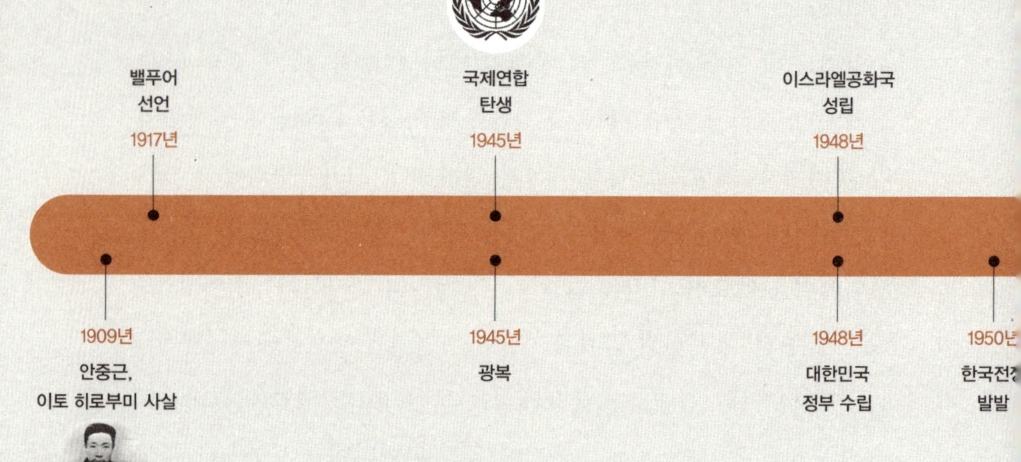

밸푸어
선언

1917년

국제연합
탄생

1945년

이스라엘공화국
성립

1948년

1909년

안중근,
이토 히로부미 사살

1945년

광복

1948년

대한민국
정부 수립

1950년

한국전쟁
발발

인터넷의 효시
'아르파넷' 가동

1969년

베트남전 종전

1975년

소련,
프라하 침공

1968년

제4차 중동 전쟁,
제1차 오일쇼크

1973년

이란 혁명

1979년

포클랜드 전쟁

1982년

1972년

유신헌법
공포

1979년

10.26
사태

1987년

6월
민주항쟁

1980년

5.18
광주민주화 운동

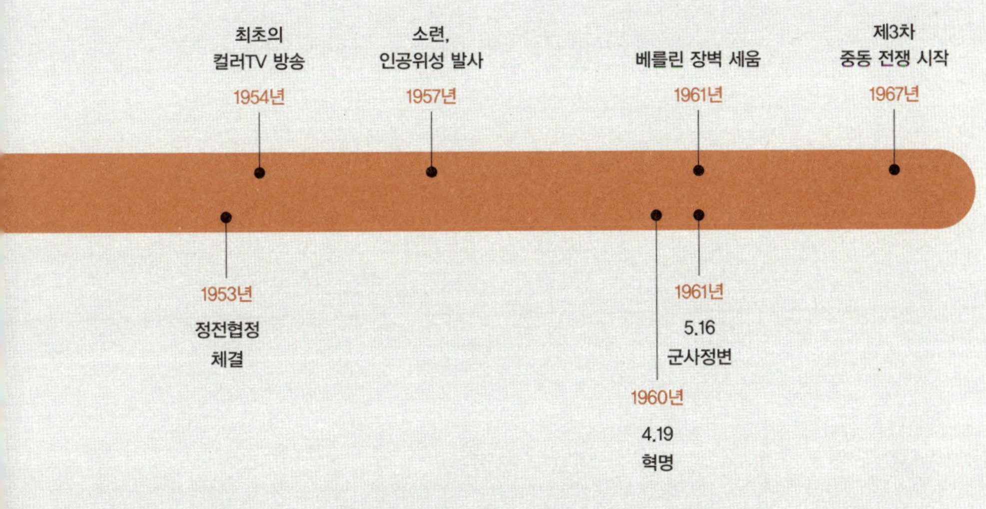

최초의
컬러TV 방송
1954년
소련,
인공위성 발사
1957년
베를린 장벽 세움
1961년
제3차
중동 전쟁 시작
1967년
1953년
정전협정
체결
1961년
5.16
군사정변
1960년
4.19
혁명

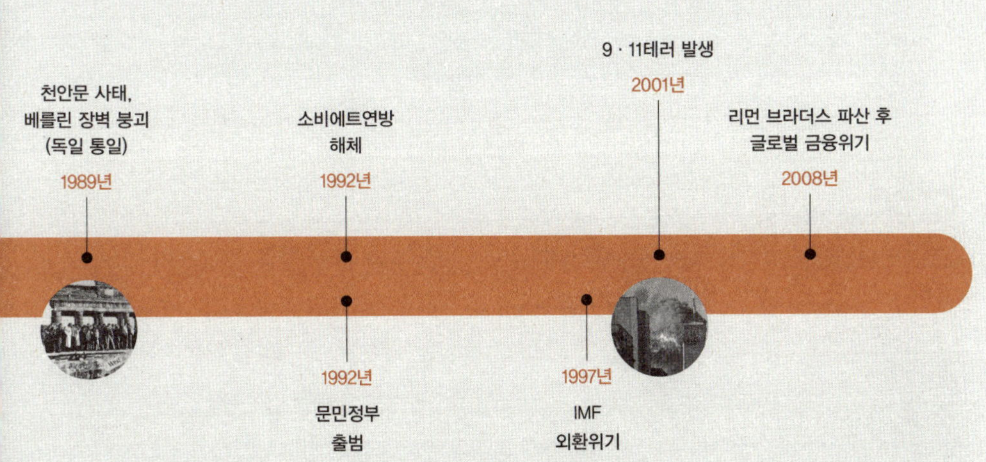

9 · 11테러 발생
2001년
천안문 사태,
베를린 장벽 붕괴
(독일 통일)
1989년
소비에트연방
해체
1992년
리먼 브라더스 파산 후
글로벌 금융위기
2008년
1992년
문민정부
출범
1997년
IMF
외환위기

1장

냉전체제의 변화와
사회주의의 몰락

● 국제연합의 성립: 냉전과 열전 사이에서 간신히 움켜쥔 평화 이니셔티브

● 사회주의의 몰락: 정치 · 경제 양면에서 자본주의에 완패한 현실 사회주의

냉전과 열전 사이에서
간신히 움켜쥔 평화 이니셔티브

제2차 세계대전이 막바지에 이른 1945년 6월 샌프란시스코에서 열린 회의는 이전의 회담과는 성격이 달랐다. 이전의 평화회담이 전쟁이 남긴 것을 '뒤처리'하려고 열린 반면, 샌프란시스코 회의는 장래에 닥칠 불행을 미리 막자는 취지로 열렸다.

냉전시대의 개막, 유엔 창립, 핵무기

1945년 4월 25일 샌프란시스코 회의는 연합국 50개 대표가 모여 제2차 세계대전의 전후처리와 평화 유지를 논의하고 국제연합UN 헌장을 채택했다.

1945년 4월 25일 샌프란시스코 회의에는 연합국 50개 대표가 모여 전후처리와 평화 유지를 논의했다.

1945년 10월 24일 전쟁 방지와 평화 유지를 위해 국제연합이 설립됐다.

그해 10월 유엔 창립식에서 트루먼은 "이 헌장으로 여러분은 한 세대 전의 위대한 정치가 우드로 윌슨의 이상에 현실을 부여했습니다. 세계적인 법의 지배를 수립하는 최상의 기회를 움켜쥐는 데 실패하지 맙시다"라고 말했다. 과연 유엔은 평화 주도권을 움켜쥐었을까?

유엔 2대 사무총장 다그 함마르셸드는 유엔의 목적이 "우리를 천국으로 인도하는 게 아니라 지옥에서 구하는 것"이라고 말했는데, 공교롭게도 유엔 시대의 개막은 우리 모두를 지옥으로 몰고갈지 모르는 핵무기 시대의 개막과 겹친다. 샌프란시스코 회의가 열리고 채 한 달도 안 돼 최초로 원자탄 실험이 성공한 것이다.

유엔은 힘이 없었다. 1950년 6월 25일 한국 전쟁이 발발했을 때, 미국 트루먼 대통령의 참전 결정이 유엔 결의보다 빨랐던 것을 보면 유엔이 얼마나 주변 눈치를 많이 봤는지 알 수 있다.

미국의 외교정책 전문가 월터 러셀 미드가 말했듯, "유엔만이 할 수 있는 일이 많다. 한편 유엔이 할 수 없는 일은 점점 많아진다." 유엔이 모든 것을 다 해결할 수는 없다. 그러나 분명한 게 있다. 국제 사회에서 간신히 균형을 잡고 세계 문제에 관여하는 유엔의 힘이 약해진다면, 그보다 한 달 늦게 세상에 태어난 동생 핵무기가 인류를 절멸의 공포로 인도하리라는 점이다.

제3세계 국가들은 왜 여전히 가난한가

냉전시대 양 진영에 속하지 않는 수많은 '제3세계' 국가들이 제2차 세계대전 후 독립했다. 그러나 이 국가들은 수탈의 폐허와 빚더미 속에서 다시 불행한 미래를 직감했다.

19세기로 거슬러 올라가 나폴레옹이 이베리아 반도 에스파냐를 침입하자, 아메리카의 에스파냐 식민국가에서 독립운동이 불타올랐다. 1828년까지 대부분의 라틴아메리카 국가들이 독립했다. 에스파냐가 물러나자, 영국이 중남미를 경제 식민지로 삼았다. 중남미는 21세기 초 영국으로부터 풀려났지만 그후에는 미국에 의해 예속당했다. 포르투갈, 에스파냐, 영국, 미국으로 이어지는 열강의 패권 흐름에 라틴아메리카는 온몸을 내맡겨야 했다.

중남미 국가는 독립 후에도 구시대적인 통치권력인 '카우디요caudillo'가 나라를 좌지우지했다. 정권을 잡은 카우디요는 이권을 위해서라면 외국의 검은 돈과 기꺼이 유착했다. 권력을 사적인 부의 축적 수단으로 삼는 관행은 에스파냐 정복자들이 오랫동안 누린 '엔코미엔다(식민지 주민의 노동력을 마음대로 부릴 수 있는 권리)'가 남긴 악습이었다.

19세기 말부터 라틴아메리카 대규모 경작지를 헐값에 사들인 미국의 다국적 농업기업은 카우디요 출신 지배자들을 매수해 막대한 이윤을 남겼다. 라틴아메리카에서는 돈이 되는 면화, 사탕수수, 커피 같은 환금작물을 비롯해 광물, 에너지원을 선진국에 납품하며 먹고사는 취약한 경제 구조가 자리잡았다. 볼리비아 포토시Potosi는 에스파냐 식민 시절 '꿈의 도시'라 불렸다. 무한정 쏟아져나오던 은 때문이다. 그러나 갈수록 은 채굴량이 줄어들자 이곳은 가장 가난한 도시로 추락했다. 옥수수를 세계에서 처음 재배했던 멕시코는 식용작물 대신 환금작물에 매달리다가 옥수수 수입국으로 전락했다.

라틴아메리카가 겪은 사정은 아프리카도 마찬가지였다. 제국주의
에 갈가리 찢겼던 아프리카 국가들은 반세기 넘도록 상처를 치유하
지 못하고 있다. 내전으로 1천만 명이 목숨을 잃은 코트디부아르는
전 세계 카카오 생산의 40퍼센트를 담당한다. 카카오 농장에는 말리
등 가난한 나라에서 팔려온 아이들이 노예처럼 일하고 있다. 그러나
아무리 힘들게 일해도 초콜릿 하나 사먹을 돈이 생기지 않는다. 이것
이 아프리카의 비극이다.

사회주의의 몰락

정치·경제 양면에서 자본주의에 완패한 현실 사회주의

중국중앙방송(CCTV)에서 제작한 다큐멘터리 〈대국굴기〉에는 프랑스 역사학자가 루이 14세의 몰락에 관해 이렇게 설명한다. "누군가 감기에 걸렸는데 죽었다면 오래전부터 중병을 앓아왔다고 봐야 한다." 일순간 벌어진 듯한 사회주의의 붕괴도 서서히 진행된 중병의 결과였다.

철의 장막을 무너뜨린 위성방송

소련을 중심으로 한 사회주의 패배 과정은 정치·경제 두 가지 면에서 분석할 수 있다. 스탈린은 자본주의의 확장 모델인 '제국' 시스템을 도입해 사회주의 제국을 건설하려고 했다. 이것이 스탈린의 정치적 착오였다. 국가를 초월해 노동해방을 기치로 내거는 사회주의 이념과 달리, 스탈린은 폐쇄적 국가 중심체제를 고수하고 독재권력을 키웠다. 스탈린은 소수민족을 강력하게 통제하고 반대파를 무자비하게 숙청했다. 스탈린의 악명을 드높인 것은 언론 통제와 미디어 조작

스탈린에게 길 안내하던 사람의 모습이 지워졌다(오른쪽). 길을 제시하는 것은 지도자의 몫이기 때문이다.

이었다.

스탈린은 독일을 몰아내고 동유럽 국가를 소련의 위성국으로 만들었다. 폴란드, 헝가리, 루마니아, 불가리아 등에서 공산당 일당독재가 이뤄졌다. 뒤이어 체코슬로바키아도 사회주의 혁명에 합류했다. 영국의 처칠은 1946년 "발트해에서 아드리아해에 이르기까지 '철의 장막'이 드리워져 있다"며 동유럽에 우려를 표했다.

스탈린 사후에 잠시 감돌던 화해 무드는 결국 위성국들의 반소운동과 소련군의 강제 진압으로 끝났다. 1956년 폴란드와 헝가리의 폭동, 1968년 '프라하의 봄'은 소련의 폭정에서 벗어나려는 민주화운동이었다.

1968년 8월 20일 체코 프라하 공항에 소련 여객기 한 대가 착륙했다. 뒤이어 군용기도 도착했다. 소련군은 체코슬로바키아를 무력으로 장악했다. 이로써 '프라하의 봄'은 반년 만에 소련군에게 짓밟혔다.

서베를린으로 망명하려는 동독인들이 늘어나자 1961년 총 45킬로

1968년 탱크를 앞세운 소련군에 '프라하의 봄'이 짓밟혔다.

미터에 달하는 콘크리트 장벽이 세워졌다. 그러나 자유를 향한 열망을 어찌 콘크리트 벽으로 막을 수 있을까. 1989년 11월, 베를린 장벽이 무너졌다. 장벽 붕괴의 일등공신은 마음대로 벽을 넘나들며 서방 이야기를 동독인들에게 전한 방송 전파였다.

인체기관 중 간은 95퍼센트가 손상될 때까지 아무런 이상 징후를 보이지 않는다. 그러다가 이상 징후를 보이면 이미 손쓸 수 있는 단계를 지나 대개는 사망하고 만다. 절대권력처럼 보이던 소련과 동유럽의 독재자들이 그랬다. 결국 소비에트 경제는 파탄나고, 소비에트 연방은 해체됐다.

1989년 11월 9일 베를린 장벽이 붕괴됐다.

소련, 동유럽 사회주의체제 붕괴 과정

1985년	3월	고르바초프, 소련 공산당 서기장 취임 → 페레스트로이카(개혁) 실시
1989년	6월	중국 톈안먼 사건 → 동유럽 민중 각성 폴란드 민주적 선거 실현 → 폴란드 통일노동자당 해체 → 폴란드 일당제(폴란드 인민 공화국) 붕괴
	8월	헝가리 공산당 정권 해체
	10월	헝가리 인민 공화국 붕괴 → 다당제를 기반으로 한 헝가리 제3공화국 성립
	11월	베를린 장벽 붕괴
	12월	벨벳 혁명으로 체코슬로바키아 공산당 정부 붕괴 루마니아 혁명으로 독재자 차우세스쿠 처형 → 루마니아 인민 공화국 붕괴 몰타 회담 → 냉전 종결 선언
1990년	3월	'발트 3국' 소비에트 연방 탈퇴 선언
	10월	동독과 서독 통일
	11월	바웬사, 폴란드 대통령에 취임. 자유주의 경제 정책 추진
1991년	4월	바르샤바 조약기구와 경제상호원조회의 폐지
	6월	슬로베니아와 크로아티아, 유고슬라비아 연방에서 독립 선언
	12월	소비에트 연방 붕괴

2장

세계의
오늘과 내일

- 기독교와 이슬람 세계의 대립: 이데올로기 대립을 대체한 종교 갈등과 문명 대립
- 신자유주의: 세계 부의 80퍼센트를 차지한 1퍼센트 인류
- 세계의 내일: 인류의 미래에 닥칠 도전

이데올로기 대립을 대체한 종교 갈등과 문명 대립

20세기 후반의 '이데올로기 대립'이 역사의 전면에서 후퇴하고 그 자리를 채운 것은 케케묵은 종교 대립이었다. 기독교 원리주의자인 새뮤얼 헌팅턴은 『문명의 충돌』에서 서구 기독교 세계에 대한 이슬람 문명의 위협을 현대의 위기로 진단했다.

시오니즘의 비극과 문명 충돌

역사학자 월터 라래커의 말처럼, 세계 지도에 더 이상 빈 공간이 없을 때 국제무대에 등장했다는 것이 시오니즘의 비극이었다. 또한 팔레스타인의 비극이기도 했다. 1917년 유대인 국가 건설을 찬성한다는 영국의 벨푸어 선언과 나치의 박해로 유대인들이 팔레스타인 땅에 대거 유입했다. 그러자 팔레스타인 사람들이 계속 외곽의 사막으로 밀려났다. 정착민과 이주민의 갈등은 터지기 직전의 폭탄처럼 위태로워졌다.

1947년 11월, 유엔 총회는 팔레스타인을 유대인과 아랍인에게 분할해주고, 예루살렘을 국제도시로 두기로 결정했다. 그러나 아랍인들이 이를 거부하고 시작된 중동 전쟁은 이후 수십 년 동안 상대 국가에 대한 공격과 보복 전쟁을 연례행사처럼 되풀이하고 있다.

이스라엘 독립과 팔레스타인 자치정부 설립 과정

1917년	밸푸어 선언(팔레스타인에 유대민족국가 건설을 보장한다고 약속)
1922년	UN결의에 따라 영국이 팔레스타인 지역에 대한 위임 통치권 부여받음. 유대인 이민과 팔레스타인 지역 정착 허용
1947년	UN의 팔레스타인에 각각 아랍과 유대인의 개별 국가를 건설하고 예루살렘을 UN에서 분리 권고 → 유대인측의 수락/팔레스타인측 거부로 인한 분열의 시작
1948년	이스라엘 국가 건립(5월 14일) 제1차 중동 전쟁(이스라엘 독립전쟁). 이집트·요르단·시리아·레바논·이라크에 의한 이스라엘 공격 이스라엘은 팔레스타인 영토의 70% 확보 팔레스타인의 주변 국가로 난민 생활 시작 독립국 이스라엘, 요르단강 서안 지구(요르단 점령), 가자 지구(이집트 점령)의 3개 지역으로 분할
1956년	제2차 중동 전쟁. 이스라엘의 시나이 반도 확보 수에즈 위기, 삼국 침략
1964년	팔레스타인해방기구(PLO)와 팔레스타인해방군(PLA)의 결성. 무장 투쟁 선언
1967년	제3차 중동 전쟁(6일 전쟁). 이집트의 시나이 반도와 가자 지구, 시리아의 골란고원, 요르단의 서안 지구 확보. 동예루살렘 합병
1973년	제4차 중동 전쟁(라마단 전쟁, 욤 키푸르 전쟁) → 제1차 오일쇼크 → PLO 해방운동의 급진전과 요르단 서안 지구에 대한 PLO의 주권인정
1975년	UN결의: 팔레스타인의 자결권과 PLO의 준국가(準國家) 인정
1993년	오슬로 평화협정: 이스라엘과 PLO 잠정자치안 협정에 서명

외곽으로 밀려나는 팔레스타인 난민들(왼쪽)과 난민 캠프의 비참한 생활(오른쪽).

제2차 수에즈 전쟁 당시 파괴된 포트 사이드(위)와 당시 이집트에서 사용한
대공포(아래).

역사학자 다카하시 미치히로는 "서구 열강의 시오니즘 지원은 서
구가 해결하지 못하는 유대인 문제를 아랍에 떠넘긴 것"이라고 지적
했다.

한편, 미국을 중심으로 한 서방과 이슬람의 문명 충돌 역시 오늘날
세계 평화에 중대한 위협이 된다. 미국은 1991년 이라크의 쿠웨이트
병합에 대한 응징을 명분으로 1991년 이라크를 침공해 걸프전을 일으
켰다. 2003년에는 에너지원 확보를 위해 또 다시 이라크를 침공했다.

2003년 미국의 이라크 침공은 서구의 폭넓은 지지를 얻는 데 실패

뉴욕 세계무역센터 쌍둥이 빌딩이 납치된 여객기에 충돌하며 발생한
2001년의 9 · 11사태. ⓒ Wikimedia

했다. 2001년 9 · 11사태에 대한 보복 공격의 성격이 짙었기 때문이다.

뿌리깊은 갈등을 벗어나 유대교, 기독교, 이슬람교가 평화롭게 공
존하는 시대가 과연 올 수 있을까? 과거가 미래를 비추는 거울이라면
그런 시대가 올 확률은 그저 희박하다고 말할 수밖에 없다.

세계 부의 80퍼센트를 차지한 1퍼센트 인류

신자유주의는 자본의 논리 아래 모든 정치사회체제를 복속시켜 자본과 기업에게 최대의 '자유'를 허용하자는 이데올로기다. 두 번이나 끔찍한 세계대전을 치른 뒤 자본은 새로운 논리와 시스템을 개발해 세상을 압박하기 시작했다.

위풍당당 신자유주의

'신자유주의'라는 용어는 1970년대에 등장했다. 이 이데올로기는 이전까지 자본의 앞길을 막았던 국경, 관세장벽, 외국기업에 대한 차별을 무서운 기세로 허물어버렸다. 우루과이라운드, 세계무역기구WTO, 자유무역협정FTA의 이름으로 신자유주의의 첨병들이 무서운 위력을 발휘하자 세상은 점점 더 '평평'해졌다.

신자유주의는 자유로운 투자 환경과 고용 조건을 요구한다. 재산권을 가장 신성한 권리로 추앙하기 때문에 공공재의 사유화, 공기업의 민영화, 사회복지정책의 축소를 요구한다. FTA 역시 신자유주의를 따른다. FTA를 체결한 국가는 국내 실정법보다 우선해 이 협약을 준수해야 한다. 예를 들어, 국가에서 금연 캠페인을 펼치고 싶어도 담배회사가 이를 문제 삼으면 중단해야 한다. 각종 공공사업마저 함부로 진행할 수 없다. 그 사업이 앞으로 진출할 국내외 기업의 향후 '기대이익'과 충돌한다면 배상 사유가 되기 때문이다.

신자유주의의 이론적 기반을 마련하고 세상에 널리 알린 집단은 미국의 시카고학파다. 프리드리히 하이에크와 밀턴 프리드먼 같은 경제학자들이 틀을 다진 신자유주의는 1974년 하이에크가, 1976년 프리드먼이 노벨경제학상을 수상하면서 강력한 힘을 얻었다. 이후 신자유주의는 1980년대부터 세계를 휩쓸었다. 미국의 경제학자 존 윌리엄슨은 1989년에 향후 전 세계가 따라야 할 경제정책에 관해 언급하고 '워싱턴 합의Washington Consensus'라는 용어를 만들어냈다. 미 행정부와 세계은행, 국제통화기금IMF처럼 세계 경제를 움직이는 기관이 워싱턴에 있기 때문이다. '워싱턴 합의'는 신자유주의 선언문이자 요약문으로 주요 내용은 다음과 같다.

"정부 규제 축소, 부자 감세, 자본시장 자유화, 시장 자율 금리, 무역장벽 철폐, 관세 인하, 해외투자 장벽 철폐, 국가 기간산업과 공기업 민영화, 재산권 보장 법제화."

신자유주의의 재앙과 희생양들

1989년부터 동유럽 사회주의 국가들이 붕괴하자 신자유주의 국가들의 경제정책은 더욱 굳건해졌다. 봐라, 우리가 맞지 않은가! 신자유주의 옹호자들은 철도, 도로, 항만, 상하수도, 전력 같은 공공재의 민영화를 주장한다. 이들은 '공유지의 비극'이라는 논리로 자신들의 주장을 정당화한다. 주인 없는 공공재는 필연적으로 남용되거나 황폐화되기 쉽다. 이를 막는 효율적인 방법이 민영화라는 것이다. 과연 그럴까?

2010년 2월 칠레 대지진 당시 모습. 사상자의 대부분은 빈민촌 거주자들이었고, 내진 설계가 잘된 부촌의 피해는 별로 없었다. © Wikimedia

칠레의 사례를 보자. 1973년 미 행정부와 다국적 기업의 지원을 등에 업은 아우구스토 피노체트가 쿠데타로 정권을 세웠다. 곧 신자유주의 이론을 공부한 칠레 경제학자들the Chicago Boys이 칠레를 신자유주의의 실험장 삼아, 공공지출을 줄이고 공기업과 연금을 민영화했다. 결과는 어떠했을까? 먼저 전력 사업이 민영화됐다. 독과점에 따라 가격이 상승했고, 기업은 이해타산을 맞추기 위해 멋대로 단전조치를 내렸다. 국부는 고스란히 해외로 유출됐다. 해외자본이 참여한 가스 사업 역시 수익성에 따라 공급이 좌우되는 상황이 발생했다.

아르헨티나는 중미 국가 중 무역자유화, 금융시장 개방, 해외자본 유치에 가장 적극적이었지만 신자유주의가 경제를 파탄낸다는 것을 뼈저리게 경험했다.

IMF는 전체 지분의 15퍼센트 이상 보유한 미국이 찬성하지 않는 정책은 실행할 수 없다. IMF에 돈을 빌린 채무불이행 국가들은 강대국의 이해관계에 따라 유엔 회의장에서 표를 던질 수밖에 없다. 한 나라의 주권이 소수의 이익을 위해 완전히 희생되는 세상을 만든 것이 신자유주의다.

인류의 미래에
닥칠 도전

"로마인이 부닥친 위기는 '피크 우드(peak wood)' 즉, 목재 생산의 정점에 도달했다는 것이었습니다. 우리는 이번 세기 안에 원하지 않던 피크 중 적어도 4개와 맞부딪칠 것입니다. 피크 오일, 피크 가스, 피크 석탄, 피크 우라늄…. 그러나 역사의 흐름은 바꿀 수 있습니다."
네덜란드 왕세자 빌렘 알렉산데르, 2009 아부다비 월드미래에너지정상회의 개막사 중에서

인구 80억 명 시대의 개막

약 20만 년 전 '인간'으로 진화한 인류는 지식과 발명품을 결합시켜 땅과 바다, 하늘을 지배하고 온갖 자원을 고갈시켰다. 민주주의, 세계대전, 대학살, 핵폭탄까지 해볼 만한 거의 모든 것을 다 시도해봤다.

그리고 2022년 11월, 인류는 인구 80억 명 시대를 맞았고, 2026년 기준 82억 명을 넘어섰다. '80억 명'이란 숫자는 어쩌면 인류의 운명에 치명적일지 모르는 위기에 봉착했음을 일깨웠다. 피크 오일(석유생산량이 정점에 달하는 시대), 기후변화, 지구온난화, 핵무기와 핵발전, 자원 고갈…. 이 모든 논의가 70억이라는 숫자에서부터 이미 화학적인 결합을 시작했던 것이다. 그 끝은 무엇일까? 과연 그 끝이 오기 전에 인류 문명을 후손에게 안전하게 물려줄 수 있는 길을 찾을 수 있을까? 그것은 전적으로 '지금'의 '우리'에게 달려 있다. 인류가 당면한 여러 문제 중에서 피크 오일과 기후변화, 핵문제를 중심으로 알아보자.

피크 오일

국제에너지기구IEA는 2023년 「세계 에너지 전망」World Energy Outlook 보고에서 석유 수요가 정점에 도달하는 시대가 2030년 이전에 올 수 있다고 전망했다. 이것은 석유가 사라진다는 경고가 아니라, 더 이상 세계를 움직이는 유일한 동력이 되지 못하는 전환점이 다가오고 있음을 뜻한다.

20세기 이후 인류 문명은 석유 위에서 폭발적으로 성장했다. 석유는 비료와 농약이 되어 농업 생산성을 끌어올렸고, 플라스틱과 의약품으로 변신해 일상의 모든 물질을 바꿨다. 전기 생산, 내연기관, 건축자재, 도로의 아스팔트에 이르기까지, 지구 역사에서 단 하나의 자원이 이처럼 광범위하게 문명을 떠받친 적은 없었다. 1900년 이후의 세계는 말 그대로 석유의 마술 속에서 피어난 문명이었다.

그러나 이제 피크 오일은 석유가 있어도 예전만큼 쓰이지 않는 순간을 의미한다. 전기차의 확산, 재생에너지의 성장, 에너지 효율의 개선은 석유 소비를 멈추게 하고 있다. 석유의 역할은 점점 줄어들고 있다. 이것은 자원의 종말이 아니라 문명의 사용법이 바뀌는 사건이다. 그럼에도 불구하고 전환의 충격은 작지 않다. 석유가 값싸고 풍부하다는 전제 위에 구축된 산업·물류·식량 시스템은 다시 설계되어야 한다. 석유가 없어서가 아니라, 석유에 의존하는 방식이 더 이상 지속 가능하지 않기 때문이다. '피크 오일 이후의 세계'란 곧 석유 없는 세상이 아니라, 석유 없이도 돌아가야 하는 세상을 뜻한다. 당신은 그런 시대에 들어설 준비가 됐는가?

기후변화(지구온난화)

갈수록 기상이변이 심상치 않다. 2001년 이후 500명 이상 사망하거나 5억 달러 이상 재산 피해를 낸 대형 기상이변은 1980년대에 비해 두 배 이상 증가했다. 이런 기상이변은 기후변화 탓이다. '기후변화에 관한 정부간 협의체IPCC'는 기후변화가 인간 활동에 의해 발생했을 가능성을 90퍼센트 이상으로 보고, 무서운 미래를 예고했다. 특히 방글라데시, 아프리카 나일강 유역 삼각주(메가 델타) 저지대는 해면이 수십 센티미터 상승해 곧바로 물에 잠길 것이다. 해발이 낮은 토지에 과밀인구가 몰려 사는 방글라데시는 치명적인 피해를 입을 것이다.

이렇게 되면 식량 자원도 심각하게 부족해진다. 특히 적도 인근은 사막화, 건조화가 진행될 것이고 북미부터 중남미는 극심한 한발 때문에 식량 생산이 거의 반타작에 그칠 공산이 높다. 식량 생산이 줄어들면 개발도상국이 먼저 타격을 입고 차차 선진국도 영향을 받을 것이다.

2006년 발간된 영국 스턴 보고서는 기상이변에 따른 경제적 피해가 2100년까지 세계 GDP의 5~20퍼센트에 달할 수 있다고 경고했다.

"만일 지구 기온이 2도만 올라가도 2억 명이 죽을 수 있다!"

핵발전소–핵무기의 안전성 문제

"4인 가정이 평생토록 전기를 공급받는 데 맥주 캔 하나 정도의 우라늄이면 된다."

얼마나 매력적인가? 여러 나라가 앞다퉈 원자력 발전에 뛰어들었다. '꿈의 에너지'를 내걸던 원자력 발전은 반세기도 안 돼서 인류 앞에 '재앙의 현실'을 드러냈다. 미국 스리마일, 러시아 체르노빌, 일본 후쿠시마…. 핵(핵발전소와 핵무기) 문제는 인류에게 다음과 같은 3가지를 도전 과제로 주고 있다.

1) 현재 가동 중인 핵발전소와 보관할 곳을 찾지 못한 폐연료봉 등의 안전성 문제는 어떻게 할 것인가?
2) 미래에도 수많은 핵발전소를 계속 건설해야 하는가?
3) 방대한 양의 핵무기를 안전하게 관리할 수 있는가?

원자력발전소에서 나오는 폐기물은 방사능량에 따라 고·중·저준위 폐기물로 나뉘며, 그중 가장 위험한 것이 고준위 폐기물이다. 고준위 폐기물에는 사용 후 핵연료가 대부분을 차지하고 핵연료 노심을 포함한 원자로도 포함된다. 폐연료봉에서 나오는 방사능의 반감기는 플로토늄-239의 경우 2만 4,100년에 이른다. 특히 일본 후쿠시마 원전은 건설 당시 규모 9.0의 지진과 그에 따른 15미터 높이의 쓰나미를 예상하지 못했다. 원전은 5미터 높이의 쓰나미에만 대비하도록 설계되었다. 2025년 전 세계에서 가동 중인 원자로 416기 중 후쿠시마처럼 느슨한 설계기준에 따라 건설된 게 얼마나 되는지 명확하지 않다. 미래세대는 이런 발전소와 거기서 만들어진 수억 다발의 폐연료봉 문제를 해결해야 한다. 그나마 다행인 것은 일부 선진국에서 원전 수가 감소하고 있다는 사실이다. 그러나 30년 이상 된 원전이 절반 이상이라는 점 등은 여전히 위험한 문제로 남아 있다. 핵무기의 경우, 특히 안전하게 관리하고 폐기하는 것이 중대 장기과제의 하나다. 지금 존재하는 핵무기를 어떻게 줄일 것인가? 과거 일부 국가가 해양투기를 했던 적이 있으나, 현재는 국제 규범상 방사성 폐기물의 해양투기를 금지하고 있다. 아니면 해체 뒤 플루토늄을 고속증식로에 집어넣어 핵연료로 쓸 것인가? 그 경우 일반 원자로보다 훨씬 위험한 고속증식로에 사고가 발생하면 어떻게 할 것인가?

현재의 세계 체제나 세계 질서는 이 모든 문제에 대해 정확하고 안전한 대답을 해주지 못한다. 진실의 길은 멀고, 안전과 평화의 길은 더더욱 멀다.

2011년 일본 후쿠시마 원자력발전소의 폭발 사고는 원전 자체의 안전성에 근본적인 의문을 던졌다. © Wikimedia

세균과 바이러스의 3면 공격

인류가 부닥칠 질병의 도전은 크게 3가지다.

첫 번째 도전은 슈퍼박테리아다. 사실 인류를 사망의 위험에서 구원한 것은 바로 항생제였다. 항생제로 웬만해선 모든 박테리아를 이길 수 있었다. 그런데 항생제로 승기를 잡던 인류에게 대반격의 포문을 열고 재등장한 존재가 바로 슈퍼박테리아다. 이에 인류는 전열을 가다듬고 2002년 슈퍼박테리아 병원균에 항생제 저항성을 부여하는 유전자를 밝혀냈다. 슈퍼박테리아 퇴치를 위해 속속 주목할 만한 성과를 낸 것이다.

하지만 전문가들은 근본적으로 항생제의 오남용을 줄이지 않는 한 박테리아와의 싸움에서 해법을 쉽게 찾지 못할 것이라고 경고한다. 한 가지 슈퍼박테리아를 퇴치한다 해도 또다른 슈퍼박테리아들이 금방 나타날 수 있기 때문이다.

두 번째 도전은 동물, 특히 가축의 집단밀식사육으로 발생하는 전염병의 창궐이다. 2010년 11월부터 이듬해 봄까지 전국을 강타한 구제역 사태에서 그 위력을 실감할 수 있다. 이 사태로 총 346만여 마리의 소와 돼지 등을 살처분해야 했다. 구제역은 특히 가축의 집단밀식에 의한 공장형 사육 환경이 주요 원인으로 꼽힌다.

세 번째 도전은 인수공통 전염병이다. 우리는 이미 COVID-19 팬데믹을 통해 변종 바이러스가 전 세계 경제와 일상을 어떻게 마비시키는지 목격했다. 밀식 사육과 무분별한 서식지 파괴는 동물의 바이러스가 인간에게 건너오는 통로가 됐으며, 이는 단순한 보건 문제를 넘어 인류의 생존을 위협하는 안보 문제가 됐다.

　인류를 위협하는 질병들의 공통점은 지구상에 인구가 너무 많은 데다가, 하나같이 편하게 잘사는 쪽으로 몰려 더욱 위험해진다는 것이다. 거기서 슈퍼박테리아가 생기고, '공장형 밀식사육'이 번성하며, 인수공통 전염병이 '실체 있는 위협'으로 증식한다.

　이 밖에 다음과 같은 문제들도 인류가 직면할 미래의 도전이다.

- 물 부족 및 사막화: 지구 물의 약 2.5%만 담수이며, 그 대부분은 빙하·지하에 있다. 사람이 주로 쓰는 강·호수 같은 지표수는 담수 중에서도 극히 일부다.

- 숲의 부족: 현재 숲은 전 세계 지표의 단 31퍼센트에도 이르지 못한다. 유사 이래 이렇게 숲이 작아진 적은 없었다.

- 인류 간 격차: 부자는 너무 부유한데 몇 명 되지 않는다. 가난한 사람은 너무 많은데 하루가 다르게 많아지고 있다.

- 세계 정부: 여러 나라가 머리를 맞대고 인류와 세계문제를 논의해도 해결책을 찾기란 요원하다. 사람들을 나라별로 나눠보라. 인류 공통의 해답은 나오지 않는다. 결론은 하나, 전쟁뿐일 것이다.

참고문헌

국내도서

A. J. 토인비(지음) 강기철(옮김), 『세계사, 인류와 어머니 되는 지구』, 일념, 1988.

A. 섯클리프(지음), 신효선(옮김), 『과학사의 뒷얘기4』, 전파과학사, 1978.

E. M. 번즈 등(지음), 박상익(옮김), 『서양 문명의 역사』(상 · 하), 소나무, 2007.

J. M. 로버츠(지음), 조윤정(옮김), 『히스토리카 세계사1』, 이끌리오, 2007.

N. K. 샌다스(지음), 이현주(옮김), 『길가메시 서사시』, 범우사, 2000.

가일스 밀턴(지음), 손원재 (옮김), 『향료전쟁』, 생각의나무, 2002.

간디(지음), 함석헌(옮김), 『간디자서전』, 한길사, 2002.

고마츠 히사오 등(지음), 이평래(옮김), 『중앙유라시아의 역사』, 소나무, 2010.

그레고리 코크란 등(지음), 김영주(옮김), 『1만 년의 폭발』, 글항아리, 2010.

기쿠치 요시오(지음), 이경덕(옮김), 『결코 사라지지 않는 로마, 신성로마제국』, 다른세상, 2010.

김동춘, 『미국의 엔진, 전쟁과 시장』, 창비, 2005.

김명섭, 『대서양문명사』, 한길사, 2001.

김용구, 『세계외교사』, 서울대출판부, 2006.

나종일 등, 『영국의 역사 상』, 한울아카데미, 2005.

나카니시 테루마사(지음), 서재봉(옮김), 『대영제국 쇠망사』, 까치, 2000.

니콜라스 카(지음), 최지향(옮김), 『생각하지 않는 사람들』, 청림출판, 2011.

님 웨일즈(지음), 조우화(옮김), 『아리랑』, 동녘, 1984.

다이애나 프레스턴(지음), 류운(옮김), 『원자폭탄, 그 빗나간 열정의 역사』, 뿌리와이파리, 2006.

댄 쾨펠(지음), 김세진(옮김), 『바나나』, 이마고, 2010.

데이비드 하비(지음), 최병두(옮김), 『신자유주의』, 한울, 2009.

동양사학회(엮음), 『개관 동양사』, 지식산업사, 1990.

라파엘 젤리히만(지음), 박정희 등(옮김), 『집단애국의 탄생 히틀러』, 생각의나무, 2008.

량얼핑(지음), 하진이(옮김), 『세계사의 운명을 바꾼 해도』, 명진출판, 2011.

루츠 판 다이크(지음), 안인희(옮김), 『처음 읽는 아프리카의 역사』, 웅진씽크빅, 2007.

르몽드디플로마티크(지음), 권지현(옮김), 『르몽드세계사』, 휴머니스트, 2008.

리처드 오버리(지음), 조행복(옮김), 『독재자들』, 교양인, 2008.

리청(지음), 강준영 등(옮김), 『차이나스 리더스』, 예담차이나, 2002.

마노 에이지 등(지음), 현승수(옮김), 『교양인을 위한 중앙아시아사』, 책과 함께, 2009.

마르얌 포야(지음), 정종수 등(옮김), 『이란의 여성, 노동자, 이슬람주의』, 책갈피, 2009.

마르크 블로크(지음), 한정숙(옮김), 『봉건사회1』, 한길사, 2010.

마리-모니크 로뱅(지음), 이선혜(옮김), 『몬산토-죽음을 생산하는 기업』, 이레, 2009.

마시모 리비-바치(지음), 송병건 등(옮김), 『세계인구의 역사』, 해남, 2009.

마크 몬모니어(지음), 손일(옮김), 『지도전쟁 : 메르카토르 도법의 사회사』, 책과함께, 2006.

메리 E. 위스너-행크스(지음), 노영순(옮김), 『젠더의 역사』, 역사비평사, 2006.

미타니 히로시 외(지음), 강진아(옮김), 『다시 보는 동아시아 근대사』, 까치, 2009.

미하엘 유르크스(지음), 김수은(옮김), 『크리스마스 휴전, 큰 전쟁을 멈춘 작은 평화』, 예지, 2005.

민석홍, 『세계문화사』, 서울대출판부, 2006.

박경희(엮음), 『연표와 사진으로 보는 일본사』, 일빛, 2003.

배은숙, 『강대국의 비밀』, 글항아리, 2008.

버나드 루이스(지음), 이희수(옮김), 『중동의 역사』, 까치, 2003.

사라 치룰(지음), 박미화(옮김), 『심해전쟁』, 엘도라도, 2011.

새로운사회를여는연구원(지음), 『신자유주의 이후의 한국경제』, 시대의창, 2009.

수요역사연구회(엮음), 『곁에 두는 세계사』, 석필, 2007.

스티브 올슨(지음), 이영돈(옮김), 『우리 조상은 아프리카인이다』, 몸과마음, 2004.

스티븐 A. 스미스(지음), 류한수(옮김), 『러시아 혁명』, 박종철출판사, 2007.

스티븐 F. 메이슨 (지음), 박성래(옮김), 『과학의 역사 1』, 까치, 1999.

시바 료타로(지음), 양억관(옮김), 『몽골의 초원』, 고려원, 1993.

신서원편집부(편역), 『동양사의 기초지식』, 신서원, 1991.

심재윤, 『서양중세사의 이해』, 선인, 2005.

아르데 다니엘스 등(지음), 조경수(옮김), 『자본주의 250년의 역사』, 미래의창, 2007.

알프레드 바알(지음), 지현(옮김), 『축구의 역사』, 시공사, 2006.

앤터니 비버(지음), 김원중(옮김), 『스페인 내전』, 교양인, 2009.

야콥 브로노프스키 등(지음), 차하순(옮김), 『서양의 지적 전통』, 홍성사, 1982.

양승윤, 『인도네시아사』, 한국외국어대학교 출판부, 2010.

에이드리언 데스먼드 등(지음), 김명주(옮김), 『다윈 평전』, 뿌리와이파리, 2009.

에이미 그린필드(지음), 이강룡(옮김), 『퍼펙트 레드』, 바세, 2007.

오귀환,『체게바라, 인간의 존엄을 묻다』, 한겨레신문사, 2005.

오에 가즈미치 등(지음), 채정자(옮김),『다시 보는 세계역사 1,2』, 친구미디어, 1993.

요시다 시게루 등(지음), 이언숙(옮김),『사건과 에피소드로 보는 도쿠가와 3대』, 청어람미디어, 2003.

요한 호이징가(지음), 최홍숙(옮김),『중세의 가을』, 문학과지성사, 2010.

유인선,『새로 쓴 베트남의 역사』, 이산, 2007.

이노우에 키요시(지음), 서동만(옮김),『일본의 역사』, 이론과실천, 1995.

이언 태터솔(지음), 전성수(옮김),『인간되기』, 북하우스, 2007.

이영림 등,『근대 유럽의 형성』, 까치, 2011.

장 마생(지음), 양희영(옮김),『로베스피에르, 혁명의 탄생』, 교양인, 2007.

쟝 라꾸뛰르(지음), 아시아 아프리카 라틴아메리카 연구원(옮김),『베트남의 별』, 소나무, 1988.

정병조,『인도사』, 대한교과서주식회사, 1997.

정수일,『실크로드학』, 창작과비평사, 2003.

제레미 벤담(지음), 신건수(옮김),『파놉티콘』, 책세상, 2010.

제임스 E. 매클렐란 3세, 해럴드 도른(지음), 전대호(옮김),『과학과 기술로 본 세계사 강의』, 모티브북, 2006.

제프리 애쉬(지음), 안규남(옮김),『간디 평전』, 실천문학사, 2004.

조지 세이빈 등(지음), 성유보/차남희(옮김),『정치사상사2』, 한길사, 1992.

존 보커(지음), 이종인(옮김),『사진과 그림으로 보는 성서』, 시공사, 2003.

존 아일리프(지음), 이한규 등(옮김),『아프리카의 역사』, 이산, 2003.

존 엘리스(지음), 정병선(옮김),『참호에 갇힌 제1차 세계대전』, 마티, 2009.

존 킹 페어뱅크 등(지음), 김형종 등(옮김),『신중국사』, 까치, 2010.

존 퍼킨스(지음), 김현정(옮김),『경제저격수의 고백』, 황금가지, 2005.

존 퍼킨스(지음), 김현정(옮김),『경제저격수의 고백2』, 민음인, 2010.

주디스 헤린(지음), 이순호(옮김),『비잔티움』, 글항아리, 2010.

진순신(지음), 서석연(옮김),『중국걸물전』, 서울출판미디어, 1996.

진순신(지음), 이혁재(옮김),『중국 오천년1』, 다락원, 2002.

진순신(지음), 이혁재(옮김),『중국 오천년2』, 다락원, 2002.

천징(지음), 김대환 등(옮김),『진시황 평전』, 미다스북스, 2002.

칼 마르크스(지음), 강유원(옮김),『공산당 선언』, 이론과실천, 2008.

칼 폴라니(지음), 홍기빈(옮김), 『거대한 전환』, 길, 2009.

케네스 O. 모건(지음), 영국사학회(옮김), 『옥스퍼드 영국사』, 한울, 2006.

케빈 패스모어(지음), 강유원(옮김), 『파시즘』, 뿌리와이파리, 2007.

콜린 존스(지음), 방문숙 등(옮김), 『케임브리지 프랑스사』, 시공사, 2008.

크래그 스탠포드(지음), 한국동물학회(옮김), 『직립보행』, 전파과학사, 2009.

클라우스 리젠후버(지음), 이용주(옮김), 『중세사상사』, 열린책들, 2007.

타넘 안사리(지음), 류한원(옮김), 『이슬람의 눈으로 본 세계사』, 뿌리와이파리, 2011.

탕진 등(지음), 이지은 등(옮김), 『대국굴기』, 이다미디어, 2007.

폴 존슨(지음), 김주한(옮김), 『2천년 동안의 정신1』, 살림, 2005.

폴 케네디(지음), 이일주 등(옮김), 『강대국의 흥망』, 한국경제신문사, 1996.

폴 콜리어 등(지음), 강민수(옮김), 『제2차 세계대전』, 플래닛미디어, 2008.

프랜시스 로빈슨 등(지음), 손주영(옮김), 『사진과 그림으로 보는 케임브리지 이슬람사』, 시공사, 2003.

프리드리히 엥겔스(지음), 박준식 등(옮김), 『영국 노동자계급의 상태』, 두리, 1988.

피터 왓슨(지음), 남경태(옮김), 『생각의 역사1』, 들녘, 2009.

한국미국사학회(엮음), 『사료로 읽는 미국사』, 궁리, 2006.

해리슨 E. 솔즈베리(지음), 박월라 외(옮김), 『모택동과 등소평 시대의 중국-새로운 황제들』, 다섯수레, 2007.

홍대선, 손영래(지음), 『축구는 문화다』, 책마루, 2010.

후루타 모토오(지음), 박홍영(옮김), 『역사 속의 베트남 전쟁』, 일조각, 2007.

해외도서

Ebrey, Patricia Buckley, 『Cambridge Illustrated History of China』, Cambridge University Press, 2003.

Goldstone, Jack A., 'The New Population Bomb', 『Foreign Affairs』 Jan/Feb 2010.

Gordon, Andrew, 『A Modern History of Japan』, Oxford University Press, 2003.

Heinberg, Richard, 『Peak Everything』, New Society Publishers, 2007.

Heinberg, Richard, 『The Party's Over』, New Society Publishers, 2005.

Kunstler, James Howard, 『The Long Emergency』, Grove Press New York, 2006.

Paludan, Ann, 『Chronicle of The Chinese Emperors』, Thames & Hudson, 1999.

Turnbull, Stephen, 『Samurai Invasion : Japan's Korean War 1592~1598』, Cassell & CO.,

2002.

金泳鎬,『東アジア工業化と世界資本主義』, 東洋經濟新報社, 1988.

難波正義,『石油の本』, 日刊工業新聞社, 2007.

大人の 科書編纂委員,『世界史の 時間』, 春出版社, 2010.

東京書籍編輯部(編著),『說日本史』, 東京書籍, 2003.

渡部義之 外,『秦 始皇帝』, 學研, 1995.

木下康彦 外 (編集),『詳說 世界史 習』, 山川出版社, 2007.

斯波義信,『華僑』, 岩波新書, 1995.

山田吉彦,『日本 境』, ソフトバンククリエイティブ, 2011.

山田吉彦,『日本は世界4位の海洋大』, 講談社, 2010.

世界の 史 編集委員,『山川 世界史』, 山川出版社, 2010.

野七生,『痛快!ロ マ』, 集英社インタ ナショナル, 2002.

劉 吉 外,『現代中 の 像』, ダイヤモンド社, 1999.

井波律子 (編集),『中 史重要人物101』, 新書館, 2005.

大塚 茂夫 外,『古代文明の旅エジプト』, 日經ナショナルジオ クライック, 2003.

村松 剛,『血と砂と祈り―中東の現代史』, 中央公論社, 1987.

ポ ル・ケネディ, 山口 瑞彦(한자−원본 pdf에서 복사해넣어주세요),『世界の 運命』, 中央公
論新社, 2011.

太丸伸章 外,『三國志 上』, 學研, 1997.

太丸伸章 外,『三國志 下』, 學研, 1997.

土肥恒之,『帝政ロシア』, 河出書房新社, 2009.

기타

강효백, '일중 해양대국화는 한국 해양을 자르는 가위',《데일리안》, 2011년 1월 22일
 http://dailian.co.kr/news/news_view.htm?id=235655

강효백, '중국 일본은 이미 해군기지 세웠는데 독도는 왜?',《데일리안》, 2011년 7월 23일
http://dailian.co.kr/news/news_view.htm?id=254872

위키피디아 http://www.wikipedia.org/

Encyclopedia Britannica http://www.britannica.com/

한국인을 위한
하룻밤에 읽는 세계사

초판 1쇄 발행	2026년 1월 28일

지은이	오귀환 · 이강룡
펴낸이	최용범
편집	양승순
마케팅	강은선
디자인	박영정
관리	이영희
인쇄	디온피앤피

펴낸곳	**페이퍼로드** paperroad
출판등록	제 2024-000031호(2002년 8월 7일)
주소	서울시 관악구 보라매로5가길 7 1309호
이메일	book@paperroad.net
페이스북	www.facebook.com/paperroadbook
전화	(02)326-0328
팩스	(02)335-0334
ISBN	979-11-92376-65-3 (03900)